互联网金融
监管与规范
在竞争与规制之间

刘鹏 著

知识产权出版社
全国百佳图书出版单位

图书在版编目（CIP）数据

互联网金融监管与规范：在竞争与规制之间/刘鹏著. —北京：知识产权出版社，2019.9
ISBN 978-7-5130-6487-3

Ⅰ. ①互… Ⅱ. ①刘… Ⅲ. ①互联网络—应用—金融监管—研究
Ⅳ. ①F830.2-39

中国版本图书馆CIP数据核字（2019）第212077号

责任编辑：荆成恭　　　　　　　　　　　责任校对：谷　洋
封面设计：臧　磊　　　　　　　　　　　责任印制：孙婷婷

互联网金融监管与规范：在竞争与规制之间
刘　鹏　著

出版发行：知识产权出版社 有限责任公司	网　　址：http://www.ipph.cn
社　　址：北京市海淀区气象路50号院	邮　　编：100081
责编电话：010-82000860 转 8341	责编邮箱：jcggxj219@163.com
发行电话：010-82000860 转 8101/8102	发行传真：010-82000893/82005070/82000270
印　　刷：北京九州迅驰传媒文化有限公司	经　　销：各大网上书店、新华书店及相关专业书店
开　　本：720mm×1000mm　1/16	印　　张：15.25
版　　次：2019年9月第1版	印　　次：2019年9月第1次印刷
字　　数：232千字	定　　价：79.00元
ISBN 978-7-5130-6487-3	

出版权专有　侵权必究
如有印装质量问题，本社负责调换。

序

第四次科技革命的深入推进带来了经济和社会领域极大的变革，法学理论、法律规范、法的适用等对此回应显得日益紧迫。作者以互联网金融法律关涉核心命题，"事实与规范"为通篇之叙事主线，通过对行业发展现状及源流等基本法律事实之考察，明确其基本定位。分析其革新背景下的风险新样态，通过跨学科多视角解构互联网金融之核心要素，尝试寻找到这一变革的深层契约系统机理及由此带来的约束条件的变化，把握顺应世界监管和规制范式变革之基本规律。将新规制理念定位为经由商谈主义、协商治理，达致契约系统搭建的有效市场模型中。并根据这两大理论支柱，尝试统摄与权衡规制框架和原则要求。在综合考察域外治理经验和对我国现行规制体制和规范评析后，提出审视和优化互联网金融行业共生性产业公地和子行业规制路径。本书以恩格斯《路德维希·费尔巴哈和德国古典哲学的终结》中结论性话语作为共识基础，运用了马克思科技哲学、政治经济学理论基本原理，结合互联网金融带来的变革和我国特有的文化传统，揭示出金融制度路径依赖之矛盾，对互联网金融行业监管和规制做出了较为系统的分析。然而，由于该学科仍然未能形成成熟的术语和学科体系，未来仍然有进一步探索和改进的空间。

该书涉及哲学、金融学、电子商务、法学、社会学等多个学科，凸显了作者较为厚实的研究基础。作者自2007年从事金融法、电子商务法、法理学、外国法制史的教学和研究工作，具有相对完整的学科框架。2013年开始，从事省内和国内互联网金融法律实务工作，对行业的了解更贴近现实。2016—2017年在英国谢菲尔德大学访学期间，以其承担的省法学会课题《互联网金融行业发展与规制路径探索》为研究目标，进行了为期一年

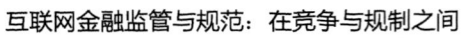

的独立研究。对英国互联网金融法律规范的行业发展和规制系统有较为客观和深入的认识。2017年回国后，多次向我国业内专家学者请教，为该书理论与实践的深入思考奠定了良好的基础。在研究此课题期间，作者参加多项国际、国内法学、金融学论坛，并申请或参与课题多项，发表论文多篇。积极的态度和持续的投入使该书能够顺利出版。然而由于该书是作者首部著作，仍然有许多疏漏和不妥之处。希望同行与实务部门专家给予关注，能从各自的研究领域为此书提出积极意见和建议，使该书能更为完善。此外，也希望作者继续深入研究、大胆探索，在该领域有所创新、有所建树、有更大的突破。

赵肖筠

2019年9月

自　序

马克思主义经典作家恩格斯在《路德维希·费尔巴哈和德国古典哲学的终结》篇末总结道："思辨（Spekulation）在多大程度上离开哲学家的书房而在证券交易所筑起自己的殿堂。"恩格斯用了"Spekulation"一词来表达这一含义，该词在德文中兼有"投机"和"思辨"的双重含义，投机为主要话语的 20 世纪的资本主义，经历了经济学、数学、计算机科学等学科模型的长足发展，在系统论、控制论、信息论的耦合下，掀起了新的技术革命，马克思所指的资本的精确时空计量在现代社会中逐步被认知，并极大地影响着后工业时代的经济与社会结构。

改革开放以来，中国的金融发展得益于世界经济的全球化这一历史环境，世界各国优秀文明成果的理论和制度输入，为我国金融行业的高速发展奠定了坚实的基础。我国金融的理论和实务界对国外的理论和制度进行了深入的批判和移植，形成了反映自身特色的制度体系。然而，这一外源性理论和制度的植入，产生了较为强烈的路径依赖，甚至一些学者认为这种依赖程度在不断加深。我国金融行业从一开始便不得不面临这些理论和制度在国内的效用问题；市场环境中发生的各类弊病，是否有较为适宜的理论解释的问题。互联网金融行业的发展便是其中一个待解的命题，它像一柄达摩克利斯剑，其蕴涵的技术创新不容忽视，带来的风险却不容回避，这一创新和风险的矛盾体考验着中国金融的现代化进程。2015 年以后，经济结构调整的内生需求、国际市场竞争的逐步加剧、技术革命步伐的风潮涌动，使得我国金融行业面临的内外形势更为复杂。这一时期的改革尤为迫切，对我国来说，分类管制制度之间缺乏系统筹划，如果管制过于严格，则会挤压资本的国内生存空间，使得资本离开中国市场；而管制环境过于宽松，则会导致金融行业混乱的加剧。因此，对互联网金融系统进行解构，厘清金融要素市场的新定位，进而夯实基础层面的契约机理、信息信用体系的客观反馈、强化制度竞争中的比较优势、合理设定宏观审慎指标体系显得尤为重要。最终通过优化系统性金融契约体系，并适时寻求缓释其负外部性的制度设计，以期实现竞争秩序和金融总体安全之目标。

  本书借鉴了相关行业研究者的理论研究和实证分析成果，尝试以互联网金融行业的现有状况为研究对象，从多学科视角解构其内生逻辑及功能变迁，分析现有的行业状况和制度设计，力图使近些年的研究尽可能地呈现现有实践的主、客观偏差，从而寻求现时较为妥当的逻辑理路、变革方向和制度方案。然而，受个人学识及本人对文字的驾驭能力所限，面对集互联网、金融、经济、法学等多学科而成的互联网金融这一庞杂的体系，以及多学科集成、不断变革的现实环境，还有受所获材料的限制，书中必然存在这样或那样的缺陷，不足之处，敬请各位师友批评指正。

  是为序。

刘　鹏
2019 年 8 月

目 录

导 言 ……………………………………………………………… 1
第一章 互联网金融基本命题及行业现状 ……………………… 8
 第一节 互联网金融的基本命题 ……………………………… 8
 第二节 互联网金融的行业创新 ……………………………… 16
 第三节 互联网金融现状及挑战 ……………………………… 29
第二章 互联网金融市场风险之再度诠释 ……………………… 32
 第一节 信用风险 ……………………………………………… 33
 第二节 市场风险 ……………………………………………… 36
 第三节 操作风险 ……………………………………………… 38
 第四节 其他风险 ……………………………………………… 40
第三章 互联网金融行业解构及监管面向 ……………………… 43
 第一节 功能解构视阈下的互联网金融供给 ………………… 43
 第二节 互联网功能等价对金融监管的影响 ………………… 46
 第三节 互联网金融技术及革新的资本话语 ………………… 50
 第四节 金融科技下的金融市场变革及规制 ………………… 62
 第五节 互联网金融监管及规制之平台治理 ………………… 66
 第六节 互联网金融监管及规制之考量因素 ………………… 70
第四章 互联网金融监管及规制理论基础 ……………………… 72
 第一节 互联网金融规制理论预设 …………………………… 72
 第二节 互联网金融发展两大支柱 …………………………… 76
 第三节 互联网金融核心监管理论 …………………………… 80
 第四节 统摄与权衡——互联网金融监管原则生成 ………… 87

第五章　互联网金融监管及规制域外经验 …………… 96
　　第一节　美国的互联网金融监管体制及规范 …………… 98
　　第二节　欧洲的互联网金融监管体制及规范 …………… 101
　　第三节　互联网金融域外治理及对我国的启示 …………… 106

第六章　互联网金融监管及规制规范评析 …………… 110
　　第一节　互联网金融监管体制现状 …………… 110
　　第二节　互联网金融监管规范及体制调适 …………… 114

第七章　互联网金融"产业公地"监管规范 …………… 123
　　第一节　互联网金融技术市场伦理制度之构建 …………… 123
　　第二节　互联网金融信用市场监管及完善路径 …………… 127
　　第三节　互联网金融监管市场准入之制度构建 …………… 130
　　第四节　互联网金融监管科技及监管沙箱的引入 …………… 133
　　第五节　我国互联网金融监管规范之目标设定 …………… 139

第八章　互联网金融行业监管及规范完善 …………… 144
　　第一节　P2P网贷行业的监管及规制路径构建 …………… 144
　　第二节　股权众筹行业的监管及规制路径构建 …………… 162
　　第三节　风险资本介入共享经济监管及规制路径构建 …………… 178
　　第四节　区块链行业的监管及规制路径构建 …………… 192
　　第五节　程序化交易行业监管及规制路径构建 …………… 203

结　　语 …………… 219

参考文献 …………… 221

导　言

一、问题的提出

著名的维也纳哲学家马赫曾经说过，科学的作用在于产生思维经济，正像机器产生劳动力经济一样。[1] 科技的发展带动生产方式的变革，也改变着其上的诸多制度设计。互联网络金融（ItFin）的兴起是发达国家在网络信息技术革新引导下，积极推动金融行业技术变革，在世界范围掀起的金融创新。这一技术的发展有其深刻的时代印记，表现为互联网社交平台技术和应用的大发展、金融脱媒的深入、复杂精密的交易体系的逐步实现，实质上反映着后工业时代世界经济结构的渐进性调整、金融市场间基于自身变革需要以及对行业格局重置后投融资体系旺盛的实际需求。网络时代的来临为人类沟通带来了革新性影响。近些年，在美特卡夫定律（Metcalfe's Law）影响下，在免费商业模式及估值体系驱动下，互联网社交技术的推进速度极快，各类借助于网络的应用不断增加。尤其是移动互联时代的到来，社交电子商务得到了迅猛的发展，电子商务与金融市场的耦合成为这一时代理论变革和制度设计的显著性的特征。

世界经济全球化和摩擦常态化注入了经济制度的不稳定结构，也考验着我国的宏观审慎安全性和市场规制体系的适应性。综观世界各国，在平衡资本的利益需求、行业业态的模型化、监管政策的有效供给中，通常需要漫长的博弈过程，甚至会出现规范引导下的倒退。如19世纪中叶，机动

---

[1] [法] 昂立·彭加勒. 科学与方法 [M]. 李兴民，译. 北京：商务印书馆，2010：18.

车的发明导致人的生命财产忧虑甚至让英国议会做出了"机动车速不得快于马车的规范"。[1] 2013 年，我国在负债结构失衡、利率市场化推进、银监会监管新规等因素影响下，实体经济发生"钱荒"，银行间市场利率飙升，极大地影响了金融市场总体格局。这一现象在让学界意识到系统性风险的同时，市场结构的自身变化则更为显著，民间信贷需求的井喷使新型的商业模式，如众筹、风险投资、区块链、智能投顾等迅速发展。虽然这些模式在美国、英国、德国等国存在的时间并不久远，但在内生民间融资旺盛的需求影响下，宜信财富、冠群驰骋等国内 P2P 网贷平台等新金融业态兴起。同时，野蛮生长的模式也诱发了一轮又一轮的集中违约，在国内监管呼声、行业自律行动、公司内部制度优化众多压力下，部分投机资本涌向海外。如何为市场的变革提供必要的理论阐释和制度设计，以使制度在满足竞争要求和市场公平保障中达成均衡，使我国的制度拥有比较优势，成为显著的面向。

金融科技（Financial Technology，FinTech）代表着互联网金融行业的发展新时代，它带动了金融行业的迅速发展，由于庞大的人口基数和不断更新的网络基建设施，中国已经成为仅次于美国的第二大互联网络金融市场。不可忽视的是，行业伦理共识缺位、监管内生逻辑缺陷、行业规范制定的路径依赖、规范适用不力等因素，并不能为现有市场提供明智的理论供给。主观制度设计和客观形势变化无法自洽成为造成市场混乱的一大重要的因素。期间，投资人损失惨重，如易租宝、善林金融、杭州 P2P 网贷集中违约等事件。2017 年比特币市场的巨幅震荡让学界和实务界担忧投机资本的国际化流动带来的外汇市场波动，进而引发系统性风险，监管措施适当与否已经成为促进行业发展和抑制不利因素的关键问题。在资本市场国际化、集团化、混业化形势下，规范的无效率容易产生灰色、违法地带，而这又最终会损坏一国金融体系。显然依靠过于严格的规制措施根本无法解决问题，甚至会加剧对市场的破坏和对正常投融资主体权利的侵害。

---

[1] Peter Baldwin. The Motorway Achievement: Visualization of the British Motorway System [M]. Thomas Telford Publishing, 2004: 30.

导　言

　　自20世纪以来，重要金融市场国家立法逐步趋同，而监管治理体系的碎片化也使各国均需面对国际规制标准体系、欧美国家规制标准体系、自我规制体系的内在调适和变化，以便竞争能够在保障公平、开放、有序等多元价值中寻求平衡。各国希望理性构建一种模型实现宏观审慎的宏观调控和公平竞争的市场规制的均衡，最大程度鼓励金融创新，服务实体经济透明性防护、结构和功能监管、内控量化技术标准、金融科技监管辅助，成为各国监管改革中的面向。甚至一些国家跳出原有治理逻辑，尝试辩证监管，监管沙箱和监管科技便是在这一形势之下的创新性尝试。学界对此问题进行了深入的探讨，如倡导软法治理❶、基于金融网络地方特点的地方治理路径❷，旨在以信息工具为核心的互联网金融规制体系建构❸，对于民间借贷激励性规制的理论范式❹。

　　我国市场规制理论的起点，源于1992年以来金融结构调整和规范调整的历史脉络。我国现有管制性规范体系源于国外软法，新的管制规范建立在过去规范基础上，形成了较为依赖科层化的管制体系，科层化与扁平化竞争秩序、碎片化的治理逻辑难以自洽，金融创新理论和规范上难以满足现实需要。在全球化视域下的金融监管呈现着更为复杂的特征，FinTech带来的跨境投融资的便利使各国央行普遍对2008年以来的宽松措施有所忌惮。而监管悖论也越来越突出：政策规范宽松，会导致大量投资进出过快，吸引热钱跨区域套利，会导致一国的流动性风险加大；而政策规范严格，则会迫使国际资本和本国资金从本国流出。2017年开始，我国监管体制改革，以期适应社会新的变化。事实上，监管的最大问题在于面对社会的不断变迁而不断调适，"没有哪一种进路，包括法律经济学，能一劳永

---

❶　王怀勇，钟颖．论互联网金融的软法之治［J］．现代法学，2017（6）：94．
❷　李有星，陈飞，金幼芳：互联网金融监管的探析［J］，浙江大学学报，2014（4）：87．
❸　杨东．互联网金融的法律规制——基于信息工具的视角［J］．中国社会科学，2015（4）：107．
❹　岳彩申．民间借贷的激励性法律规制［J］．中国社会科学，2013（10）：121．

逸地把握法律的复杂性。"❶ 法律规范自出现便随着社会变革不断调适，法律的变迁也是经过概念法学到价值法学，最终走向评价法学。从法律创生及规制逻辑上看，也经历了从主体逻辑、经由谓词逻辑，逐步向对话逻辑转向。经由反对只强调法律的抽象性质，而关注法律在社会中的运行和功能，反对"书本中的法律"而强调"行动中的法律"、反对"个人化的法律"而主张"法律的社会化"，最终经由否弃此前"诸神"二维法律，确立了一个外在的，但却实用的"神"——亦即我所谓的"社会神"。❷ 规范体系使命便是在"社会神"和"个人化"的博弈中，寻找新的语境，解读新的事实。当我们将问题放置于这些既定的分析框架时，总在探索一种框架以求尽可能完善地解释现有的问题。这便需要我们在坚持普遍性和特殊性基础上，关注世界金融规范中的一般性和我国自身的特殊性，深度挖掘基本原理，同我国现行的制度体系进行很好的兼容。规则应更多关注产业周期和行业周期影响，在成熟市场阶段对于博弈形成的均衡和外部性影响进行规制，应考虑金融行业混业中基础产业，即产业公域的安定，搭建一个监管科技（RegTech）机制构成规则性监管，激励相容，从而服务于社会的根本需求。

本书拟以行业发展现状出发，从世界范围内金融监管、功能等同、法律规制等方向对互联网络金融进行解读，并且在深入研究国外经验的基础上，以保障投融资主体权利为中枢，从互联网金融的公共领域和专有领域两个维度，在实现征信体系建设、互联网络金融行业准入与退出控制等方面进行系统搭建和措施优化，以及在股权众筹、风险资本介入共享经济、区块链、程序化交易等行业回应变革，以期对国内互联网金融监管有所裨益。

二、写作框架

本书立足于科技变革的推进深刻地改变着我国社会结构这一时代背

---

❶ 苏力. 波斯纳及其他 [M]. 北京：北京大学出版社，2018：14.
❷ [美] 罗斯科·庞德. 法律史解释 [M]. 邓正来，译. 北京：商务印书馆，2016：232.

景。自互联网金融 2015 年被公众所知起,便被市场寄予厚望,期待借此改革传统金融市场。然而,野蛮生长带来的负外部性风险不仅籍于自身特殊的经济利益,也有由此带来的市场失灵风险和监管风险,在网络经济话语逐步主宰市场的阶段中,政府监管的意义更多在于使其复归有效市场、扭转不公平、促进发展。社会政治经济变革需要有相应的制度体系进行保障,而制度归根结底需要服务于社会的需要。在竞争和规制之间,我们需要很好地处理几对矛盾:金融安全与金融效率之间、金融监管理念与金融现实需求之间、国际金融和国内金融制度环境差异带来的套利,以求我国的发展较之于各国,有体现自身特点的制度比较优势。

本书以"互联网金融生成及本质—多维视角下金融发展及控制的功能性需求和供给矛盾—互联网金融基本发展与规制理论需求—域外监管体制及规范的比较优势—互联网公共领域规制—各子行业激励监管兼容规制体系"为研究主线,以信息经济学理论、结构功能理论、激励监管理论为基础;关注现实,以国内债权市场结构失衡和金融资本的板块轮动为着眼点,分析其市场本质和风险成因,解析国内外监管及规范的公共领域和行业领域制度供给;以商谈主义理论为制度建构基础,借鉴监管沙箱(Sand-Box)和监管科技实践,打造技术和规范二元治理体系,从而生成统摄与权衡的监管原则,互联网金融的公共领域和各行业监管的柔性监管体系。以期在智慧社会语境下,从公共领域与行业领域及互动领域(主体间性)角度分别监管:公共领域着眼于共生所依赖的制度基础奠基,众筹(债权众筹、股权众筹等)、风险资本介入共享经济、区块链、程序化交易四个行业激励与监管兼容的规则体系。

本书包括以下四个方面的内容。

第一,科技革命带来了经济结构的巨大变革,互联网金融服务于受此影响的经济和社会结构的调整,在推动资本全球化、利率市场化、金融业脱媒的同时,其负外部性影响很难评估和量化。

第二,对于互联网金融行业,激励和抑制各有各自的理由,需要从理论上全面剖析。为了看清这种混合物的本质,需要我们从电商功能等价、金融功能分析、需求供给定位、金融社会功能四维视角中层层剥离,分析内部运作机理，并基于商谈主义进路，统摄与权衡，生成监管及治理原则。

第三，在资本全球化场域中，这一金融形式同时大大促进了传统金融的变革，需要我们看清治理逻辑和规范供给与现实的需求，与世界各国相比，"制度比较优势"对我国是紧迫的，也有利于变革及市场的重新均衡。

第四，这种根植于互联网基础上的金融进路，有其内在的结构，对其规制需要面向市场促进制度的生成，寻求技术与规范的二元治理是较为妥当的选择。首先，立足于基本权利的"产业公地"的重新界定和规制；其次，主要面向以下几种形式：债权众筹、股权众筹、风险资本介入共享经济、区块链、程序化交易规制，尊重行业定位及促进新的规范生成。

本书的创新视角如下：

以中国以及世界互联网金融行业源流及数字经济为背景，以市场活跃为前提，以互联网金融所依托的电子商务、金融监管、法律规制为主要学科视角，通过对于负债结构失衡诱发的问题和投机资本在行业内部的轮动大背景进行观测，梳理我国现实的监管制度供给和行业各类风险成因；通过互联网金融市场发展定位、技术中立及功能等价、功能监管基本原理，解析现阶段市场活跃成因、我国自身特色及功能；通过对各国监管制度的梳理，归纳国际经验和对我国制度建立的借鉴，以求搭建三者合一的技术伦理为基本规范的市场体系、基本权利保障为基础的规范体系、软法约束与功能监管结合监管体系；进而提出优化基本权利保障的互联网征信体系的优化措施，注重伦理体系的技术及市场规范体系的建设路径，适应金融市场融资结构市场规范，移植英国监管沙箱机制，逐步生成内控及风控指标的软法体系，最终逐步实现各监管机构之间的协同及有效监管。

通过对网贷之家公开数据和行业内特定公司的经营实际持续跟踪调研分析，得出借助于技术驱动的互联网金融市场问题处理应更加注重融资体系矛盾；以网络科技公司信息信用获取、存储、使用链条内在分析，提出以基本权利保障为基础的技术伦理体系及以权利为核心的规范是市场治理的重要基础；以现有规范的实际适用及理论分析，在宏观审慎框架下，借鉴英国监管沙箱机制推动行业内控及风控的不断生成和建设方案，以寻求与功能及统一监管和动态兼管的兼容有序。

三、研究方法

（1）文献研究法

通过查阅中英文文献获得资料（包括相关著作、论文和统计数据），对相关文献进行梳理。遴选与互联网金融与规范相关的材料，从而全面、精确地领会互联网金融与规范中竞争与规制的历史研究和前沿问题。力图在阅读马克思主义经典著作、国内外金融法律文献、开展调查研究、结合自身工作实务的基础上，进行分析和归纳，针对我国互联网金融在演进过程中存在的市场和监管问题，进行具体分析，并在发展和问题并存的情况下，为我国互联网金融制度健康发展，提出具有针对性、可行性的对策及建议。

（2）辩证分析法

运用马克思主义哲学、自然科学基本理论即联系的、发展的、全面的、对立统一的观点，通过对我国互联网金融发展中存在的问题进行分析，有针对性地提出完善互联网金融监管和规范生成的理论和制度，注重基础性、可操作性和实用性。

（3）比较研究法

分析英国、美国、欧盟、国际监管组织等对互联网金融与规范的理论研究、伦理设定、法治框架，以及在实践中的应对。对比我国现有学界研究、规范体系和实务界的操作，分析其中问题的根本分歧，探索其弥合路径。

（4）历史分析法

分析世界各国在不同的历史时期，面对互联网金融与规范的普遍态度，并梳理历次会议中争议及达成的共识。分析其中的行业与规范发展趋势，对理论研究、伦理规范和实务操作提供可资借鉴的方案。

（5）语义分析法

分析世界各国在互联网金融行业发展中的监管规范，分析该类规范在表决中诸多利益的考量和权衡，并客观评估这些规范在实际适用中的效用，确保该规范在相对确定的语义前提下，有一定的解释弹性，以服务于社会现实的需要。

第一章　互联网金融基本命题及行业现状

第一节　互联网金融的基本命题

一、互联网金融概念及定位

互联网金融源于欧美发达国家，代表着经济、贸易、技术、资本等各种要素国际化的需求和产物，是随着互联网与金融行业的跨界交叉而产生的新兴产业，具有透明度高、参与广泛、中间成本低、支付便捷、信用数据丰富等优势，在金融行业的支付、投融资、行业创新等方面有着积极的意义。该行业历经金融互联网、互联网金融、金融科技的发展变革过程，不断修正着金融行业的宏观体系和微观结构，并因其在世界经济和金融中发挥着越来越重要的优势，而被学界和实务界高度重视。

自互联网金融出现，国内外学界和实务界曾做出过多种概念界定。有学者认为，互联网金融（ItFin）是指传统金融机构与互联网企业利用互联网技术和信息通信技术实现资金融通、支付、投资和信息中介服务的新型金融业务模式。[1] 国内有学者重视互联网金融的普惠功能和包容性，将其界定为众筹（Crowdfunding）金融。[2] 也有学者认为应当注重于互联网金融

---

[1] 中国人民银行等十部委. 关于促进互联网金融健康发展的指导意见（银发［2015］221号）［G］. 2015-07-18.

[2] 杨东. 互联网金融风险规制路径［J］. 中国法学，2015（3）：80-97.

的功能应用,并将其列举为四项基本内容:一是与电商相结合的结算业务,二是基于销售信息的小微贷款业务,三是基于支付账户的标准化金融产品销售,四是借贷双方的信息平台。目前得到监管的是与货币运动关系密切的结算业务。❶ 爱尔兰都柏林国家数字技术研究中心(National Digital Research Centre,NDRC)更为重视其金融网络技术的职能,为金融服务革新,同时需要有交易为基础,这是对互联网金融的一种解析。❷ NDRC 以区块链中的比特币(BitCoin)为例,宣扬这一技术在支付手段、去信用化等方面的创新,并指明 FinTech 是未来金融变革的重要方向。英国、美国等重视技术功能的创新基础,为了将其与之前金融区分,提出"金融科技"名称,并将其视为主导金融行业变革和规制的重要方向。2016 年,英国金融稳定理事会(FSB)将金融科技即 FinTech 定义为,技术带来的金融创新,他能创造新的业务模式、应用、流程或产品,从而对金融市场、金融机构或金融服务的提供方式造成重大影响。

学界将互联网金融视为网络经济到来的金融行业变革。网络经济尚未有一个权威的定义,有学者在整合现存定义的基础上将网络经济界定为:"从概念上看,网络经济为经济体之间以节点和链路构成的系统为主要作用方式的经济现象;从经济学特征看,网络经济是具有网络经济效应等网络经济学特征的网络产业;从实践上看,网络经济是 20 世纪 90 年代兴起的一系列新的经济现象;从具体产业看,网络经济主要包括信息与通信技术产业、互联网(包括电子商务)及相关产业(如利用了网络技术的金融业)❸。"网络经济运行中存在着信息网络扩张效应的梅特卡夫法则,即使用某一产品或服务的用户人数越多,消费者从中得到的价值越高。❹ 近些年来,主要的金融市场都迎来数字化改革,并以数字经济推动金融市场降

---

❶ 吴晓灵. 互联网金融应分类监管区别对待 [J]. IT 时代周刊,2013 (21):14.
❷ National Digital Research Centre. So what is FinTech? [R]. (2014 - 03) [2014 - 11 - 26].
❸ 张小强. 网络经济的反垄断法规制 [M]. 北京:法律出版社,2007:27.
❹ 王庆功. 网络经济条件下的垄断市场与《反垄断法》的完善 [J]. 社会科学研究,2009 (3):83 - 88.

成本、提效率、控风险，新技术构造也极大地促进了金融基础设施、交易形式及监管制度的变革。

本书倾向于其金融革新的功能定位，这一新金融形式有别于传统金融相对闭合的框架，它是一种依托于互联网变革下的新的社会结构，在资本的新时空场域中各类行业的具体应用，其神经网络式的联结体系最终倡导着金融行业的技术革命。从理想层面来看，其底层的互联网金融基础设施有全球化、一体化配置的战略功能；以统一代码为基础的程序及应用，为搭建完善的信用信息互通的平台提供了可能；以 TCP/IP 为基础的信息传输和交换协议，代表着开放、去中心化、契约式的观念体系。其应用层面，是多项金融要素的解构和整合，如以国家、社会、平台公司三元主体为基础的新信息信用体系新结构、以金融互联网结构功能为基础的新主体、以大数据云计算等技术为核心的新应用、以更宽阔资本场域结构中形塑的新型金融体系，代表了金融市场要素在网络时空条件下更为精确的计量。从现实层面来看，互联网金融指金融行业中业务核心为互联网络介入的行业，主要是市场参与主体利用互联网平台开展的支付结算、融资、投资理财等金融业务。从电子商务技术角度来看，该行业依托于移动支付、云计算、社交网络以及搜索引擎等互联网工具，实现资金融通、支付和信息中介等业务的一种新兴金融形式。从互联网对金融行业的渗透角度来看，互联网金融包括但是不限于第三方支付、在线理财产品的销售、信用评价审核、金融中介、金融电子商务等模式。互联网金融的发展已经经历了网上银行、第三方支付、个人贷款、企业融资等多阶段，并且越来越在资金供需双方的匹配、融通资金等方面深入传统金融业务的核心。

互联网金融不是互联网和金融业的简单结合，而是在实现安全、移动等网络技术水平上全面变革。我国电子商务与美国发展基本同步，适应并伴随着经济全球化和网络技术发展，在发展中通过 B2B、B2C、B2G、O2O 等电子商务商业模式和行业推动，带动了技术水平提升、用户交易规范的形成和安全功能的提升。它是适应新的需求而产生的新模式及新业务，传统金融行业与"开发、平等、协作、分享"的互联网精神相结合的新兴领域。中国报告大厅发布的《2014—2018 年中国互联网金融行业市场价值评估及投资潜力咨询报告》中指出，互联网金融与传统金融的区别不仅仅在于金融业务所采用的媒介不同，更重要的在于金融参与者深谙互联网"开放、平等、协作、分享"的精髓，通过互联网、移动互联网等工具，使传统金融业务具备透明度更强、参与度更高、协作性更好、中间成本更低、操作上更便捷等一系列特征。

相比较于我国，欧美等国在互联网金融上率先尝试，互联网金融作为传统金融行业的补充或者替代者，其早期有普惠的含义（Inclusive）。随着技术的迭代，逐步发展为科技金融形式，并颠覆着传统金融行业。早期互联网金融在我国也有相应的商业模式，见表1-1。此外，在别的类型上，还有如 Mobile Payments、Nonbank Participation in the U.S. Retail Payments System、Proprietary Online Balance–transfer Systems、Electronic Money Institution（ELMI）、Digital Currency 等诸多名词。甚至有一些学者认为，我国的互联网金融更像是一个巨大的商业模式验证市场。近两年热度较高的金融科技、区块链（Blockchain）等词汇也逐步被国内学界和公众所熟知。甚至在投机的驱使下，大量资金在这些模式的业务功能并没有得到有效发现时，就进入新兴领域提前布局。

表1-1 早期互联网金融商业模式

类型	其他国家和地区	中国
第三方支付	Eway（1998，AU）、Paypal（1998）、Google Wallet（2011）	支付宝（2004）
众筹融资	Kickstarter（2009）	点名时间（2011）
P2P网贷	Zopa（2005，UK）、Prosper（2006）、Lending Club（2006）	拍拍贷（2007）、宜信（2006）
网络银行	SFNB（1994）	
信用卡服务	Credit.com（1996）	
互联网基金	Paypal MMF（1999）	余额宝
互联网保险	Insweb（1995）	众安在线（2013）
互联网证券	E*Trade（1991）	国泰君安支付（2013）

欧盟将众筹行业定位为对传统金融的包容式延伸，相比较于其他市场的乐观，他们更关注于新行业对于传统行业的补充和渐进式改革，以期在现有金融市场结构相对均衡的基础上，对互联网金融寻找清晰的定位并服务于经济。2015年9月，欧盟发布了资本市场联盟计划（CMU），对于成员国众筹板块的发展情况进行持续关注。❶ 并在此基础上，欧盟成立了专门的众筹监管部门，在这种情况下，大批传统金融企业也在逐步适应革新新形势，改造传统组织结构，如大量撤并分支银行等。同时与金融科技相关的技术控制也逐步得到发展，科技监管技术逐步被研发和应用。

2013年，中国人民银行发布了《2013年第二季度中国货币政策执行报告》，提出互联网金融发展情况："近年来，第三方支付、网络信贷、众筹融资以及其他网络金融服务平台等互联网金融业迅速崛起作为一种新的金融模式，互联网金融业也给金融监管、金融消费者保护和宏观调控提出了新的要求。""与传统金融业相比，互联网金融业的风险主要集中在消费者信息安全和风险管控等方面。宜积极适应趋势性变化，开展相关研究和立法工作，充分认识和合理评估互联网金融业发展的特点及潜在影响；明确监管部门，提高监管的针对性和有效性，引导互联网金融业健康发展；推进社会信用体系建设，加强对金融消费者的教育和保护，为金融体系创新以及金融支持实体经济发展创造良好的市场环境。"近年来，数字经济的兴起，多种具有颠覆性的金融创新在API技术支撑下谋求融合，使市场变化日新月异。

近年来，互联网金融已逐步向区域化和国际化两个维度迅速发展。除沿袭了金融风险隐蔽性、传染性、广泛性和突发性的特点外，互联网技术不仅改变着微观金融主体结构、经营结构、交易结构，在宏观上对金融市场利率结构、期限结构、交易量能、场域体系也有巨大的影响。在此条件下，确保客观反映实体经济的契约底层设计，打造市场竞争和

---

❶ European Commission. Press Release Database：Capital Markets Union：Commission supports crowdfunding as alternative source of finance for Europe's start‐ups [EB/OL]. (2016‐09). http：//europa. eu/rapid/press‐release_ IP‐16‐1647_ en. htm? locale = en.

规制工具相宜的金融竞争环境，选择明智的政策和法律等制度工具，进行系统性的构建与适用，从而适应制度竞争需要，并在此基础上稳定区域市场、国内市场乃至国际市场金融秩序，对国内乃至于国际市场意义重大。

二、互联网金融的行业分类

有学者提出，互联网金融是传统金融业的发展和延伸，与传统金融有着密切的联系，并按照传统金融与互联网的结合程度，将互联网金融划分为以下三种类别（模式）。

①传统金融业务的互联网化。如各大银行的网上银行，网上证券。这类业务将传统的金融业务搬到互联网上，互联网是纯粹的查询、操作、销售平台。传统银行基本都开通了网上银行业务，但受制于银行业的互联网产品能力，网上银行的体验绝大多数比较糟糕，多年来一直被用户所诟病。而近几年，由于互联网金融的鲶鱼效应，多数银行受竞争影响，网上业务发展迅速。一些银行逐步推行新金融科技，加大网络的科技支持度，并开始撤并分支机构，削减成本。一些金融科技公司积极尝试变革，如国际上各国开放银行概念体系和实务的兴起。

②互联网企业发展金融业务。这一类型以平台公司（集团）为代表，主要业务形态包括第三方支付（支付宝）、小额贷款（阿里小贷）和基金销售（余额宝）。第三方支付在国内早已不是新鲜事物。支付宝成立于2004年并且注册用户数早已突破7亿。此外，我国第三方银行支付牌照已发放了250多个，其中从事互联网支付的企业近100家，其余150多家为预付卡公司。小额贷款在我国并不专属于银行。除了银行外，国内也有一些专门的小贷机构运营这项业务。阿里小贷的独特之处在于是纯粹的互联网公司进入小贷领域，并且放贷对象均为阿里系平台上的卖家。余额宝的出现是我国"互联网金融"热的导火索，2013年6月，支付宝收购并与天弘基金合作，在支付宝官网售卖后者提供的货币基金等理财产品。18天后，余额宝宣布用户数突破250万。余额宝模式中，支付宝仍然只是一个售卖渠道。实际上，支付宝此前就已经和国内的部分基金合作，进入后者

的官网成为支付渠道之一。

③金融结合互联网技术的创新业务。主要指众筹业务，即债权众筹（P2P 网贷）和股权的众筹。P2P 模式中，借款人通过第三方网站发放自己的借款标的，投资人通过竞标进行放贷。交易的过程全部在网络完成，但第三方网站不经手这些贷款资金。国内最初主要的 P2P 网站包括宜信、陆金所和人人贷。众筹融资是指个人或者企业将融资项目放到网上，一般公众可以进行数额不等的投资并获取收益，而网站通过向融资项目方收取佣金获益。全球最成功的众筹网站就是美国的 Kickstarter，现在有在线展示、多样化的产品众筹体系，同时链接在线交流平台（Facebook）。为了更好地服务于初创企业，美国颁布《JOBS》法案将众筹融资合法化，并且对于投资者人数、资金等方面进行了明确的界定。众筹模式在国内出现后，最先由民营资本先行先试之后大量的国资也尝试实践，然而，缺乏监管也会导致众筹业务沦为非法集资的风险大量存在，我国最早的众筹网站包括人人投和追梦网。

除了上述三种类别（模式）外，还包括融 360、好贷网、网贷之家等贷款产品搜索平台，此外在国外高盛、摩根士丹利等著名投行中，也有一些建立在网络历史数据数理统计基础上金融科技搜索平台公司。

此外，国内对互联网金融也有其他分类，如从互联网金融渠道及技术方向来看，分为两类：基于互联网平台开展金融业务和全新的互联网金融模式。在基于互联网平台开展金融业务方面，第一类是作为现有金融业务补充销售的金融产品，如以余额宝为代表的各类货币基金和以招财宝为代表的投资理财开放平台；第二类是主要利用平台上的交易流水与支付记录，甄别风险评测信用额度，进而发放信用贷款的面向平台用户开展的金融业务，如互联网平台发放的信用贷款、蚂蚁小贷和京东白条等商业模式。在全新的互联网金融模式方面，有股权众筹、债券众筹、公益众筹和房产众筹等以满足零散化需求的互联网金融模式。以及代表去信用、分布式的区块链代币新金融模式。在主流市场，互联网金融还仅仅停留在网上银行、"证券与保险+互联网"阶段，包括美国最具代表性而中国尚在起步的互联网银行、传统券商与互联网企业合作开展的互联网券商，以及互

联网保险等。❶

作为传统金融业与互联网结合的新兴领域，互联网金融业在金融产品和服务方面的创新弥补了传统金融业的不足，逐步从单纯的支付业务向转账汇款、跨境结算、小额信贷、现金管理、资产管理、供应链金融、基金和保险代销、信用卡还款等传统银行业务领域渗透。❷

我国是世界各国中对互联网快速反应的国家之一，早在2014年3月，国务院总理李克强在做政府工作报告时便指出：促进互联网金融健康发展，完善金融监管协调机制，密切监测跨境资本流动，守住不发生系统性和区域性金融风险的底线；让金融成为一池活水，更好地浇灌小微企业等实体经济之树。这是历届政府工作报告中首次提及互联网金融，"促进互联网金融健康发展"。正是由于互联网金融过去十年间的快速发展，以及庞大广阔的市场前景，使其成为金融体系及支持我国经济转型升级和大众创业的重要组成部分。2015年3月，李克强总理再次提及互联网金融的迅猛发展，并提出：加快资金周转，优化信贷结构，提高直接融资比重，降低社会融资成本，让更多的金融活水流向实体经济。同时，中国人民银行也于2015年3月发布了第211号文件，提出"鼓励创新、防范风险、趋利避害、健康发展"的互联网金融发展要求。对互联网金融开放的态度很好地适用了日益复杂的经济需求。改革开放以来，经济的迅速发展极大地影响着市场结构，同时由于经济快速发展带来的各类矛盾也不容忽视。这也使在经济发展中进行改革的难度加大，经济改革的结构性调整和资本的时空持续性矛盾，促使金融资本盈利难度加大。高技术的力量对于改革显然意义重大。2019年9月6日，中国人民银行发布《金融科技（FinTech）发展规划（2019—2021年）》，提出建立健全我国金融科技规则体系，完善金融与科技的深度融合、协调发展。这一事件标志着金融科技国家战略的形成。

随着数字经济时代的来临，从技术市场来看，大数据、人工智能、全

---

❶❷ 叶强，刘作仪，孟庆峰，马涛，张紫琼，熊熊，李建平，文凤华，卢乃吉，郭海凤，李勐．互联网金融的国家战略需求和关键科学问题［J］．中国科学基金，2016，30（2）：150-158．

球物联网、云计算（"大智物云"）成为新一代信息化的四大技术基础，正在重构全球一体化的"计算"架构体系，也正在重构基于云计算、物计算和边缘计算的全球网络结构。在这样的大背景下，数据的大规模聚集、推荐算法的日益精进和人工智能技术的广泛应用，共同构成了多元化的应用场景，形成创新金融生态系统。从我国行业转型升级来看，金融资本市场通常面临着较大的调整压力，这一形势也考验着我国监管和规章制度的稳定性和适应性。

第二节　互联网金融的行业创新

互联网金融的兴起是多种学科经由计算机和网络技术耦合的产物，计量经济学推动了逻辑和金融模型的精准运算，证券市场波动的技术指标分析使以资本价计量时空为约束条件的场景清晰可鉴，依托于互联网技术的应用，证券、衍生品等市场率先应用这些新技术进行计量，推动了金融资本市场独立性的提升，以效率为基础的资本市场成为资源配置的工具，而互联网特殊的估值和盈利模型也使其发展与传统金融大相径庭，二者深度结合带来了普惠精神、创新精神的进一步发展。2015年，中央政府"互联网＋"指导意见的提出，是国家对互联网对于各行业改造的深刻认知之后的快速反应，也是国家阶段性对互联网行业的指导性方案，互联网金融被寄予厚望。

一、互联网精神促进金融功能普惠化

互联网底层协议为TCP/IP协议，这种平等交互交流机制也使学界将其基本精神解析为"开放、平等、协作、分享"。这一精神特质不断地影响着金融市场，金融科技作为金融与科技深度融合的产物，一方面有助于提高金融服务的可获取性，将更多小微经济主体或个人纳入经济活动中，促进普惠金融发展；另一方面大数据、人工智能等技术的应用，有助于降低信息不对称，提升风险定价和风险管理能力，为互联网金融的发展注入新的活力。

(1) 市场在金融资源配置中起决定性作用

互联网金融更加关注细分市场的实际需求。由于需要披露更多的信息，需要受到不特定人群的监督，这样就使各位融资人需要依靠自身方案的科学性获取融资，社会福利最大化，供需双方均有透明、公平的机会，可以在诸多市场和品种中寻找符合自身需求的产品。诸如中小企业融资、民间借贷等方式可以让不认识的人或企业通过借贷而形成社交网络关系，进而拓展了其合作的可能性，如投资入股、买卖产品等。

(2) 互联网金融为传统金融带来了渠道革命

电子商务带来了经营模式变革，万物互联和交易无纸化极大地推动了金融风险内涵的改变。传统金融形式在与互联网耦合后形成了新的商业业态，通过网络对接实现信息共享、自动化批量式运行、融资业务全流程线上操作等业务特性，该业务具有明显的"信息化""虚拟化""集中化""批量化"等特征。在自发的风险约束方面，尽管互联网金融也通过信息技术，在陌生人主体之间，拟制了熟人社会交易场景和规则，但其本质仍是公开化的陌生人主体交易，跨市场、跨地域甚至跨国境的现象将会成为常态。

(3) 互联网金融业是传统金融的有益补充

互联网金融业在资金需求方与资金供给方之间建立了有别于传统银行业和证券市场的新渠道和新业务模式，提高了资金融通、支付等金融业务的效率，是现有金融体系的进一步扩展和有益补充。在金融产品的定价方面，互联网金融业通过大数据分析，在一定程度上解决了信息不对称和信用问题，能够提供更有针对性的特色服务和差异化定价的产品，交易成本的大幅下降、风险分散以及支付的便捷性提高了金融服务覆盖面，使小微企业、个体创业者和居民等群体受益，已成为普惠金融的重要组成部分。❶传统银行由于追求规模经济性，总是将有限的资源集中在对利润贡献最大

---

❶ 叶强，刘作仪，孟庆峰，马涛，张紫琼，熊熊，李建平，文凤华，卢乃吉，郭海凤，李勐. 互联网金融的国家战略需求和关键科学问题［J］. 中国科学基金，2016，30（2）：150-158.

的业务领域。而对于向小微企业贷款、小额理财、P2P网贷、个人借贷担保等业务，银行则无暇顾及，或者由于风险较高而不愿意涉足。这就为互联网金融公司提供了发展空间。根据国外学者近几年归纳形成的"双边市场理论"，一个双边或者多边的平台同时连接着双边或者多边的用户，为用户的交易提供平台服务，它的盈利模式主要是以交易佣金为主，而不是差价。互联网金融企业充分利用平台的集聚功能，促进双边用户规模的交互增长，并利用互联网技术为高度分散的供需双方进行配对交易提供便捷服务。[1]

（4）互联网金融适应了社会融资的多元化

有学者提出，市场经济的发展重新定义了城乡场域和社会结构，对一个像我国这样人口众多、差序格局明显、城乡发展失衡的国家而言，在秩序与安全的维护上，普惠金融的政治、经济、法律意义无论如何夸大都不为过。[2]市场经济的迅速发展带来了城市和农村的差异性发展，城市之间、农村之间也因为各自的特点，差异显著。在央行整体管控资本流动性的统筹之下，银行、非银金融机构、保险、证券、互联网金融各自顺应市场需要，逐步供给各类融资主体，在这一层次上，金融资本的中心化、去中心化结构是共时的，这也为互联网金融的存在意义，即推动普惠意义上的资金供给奠定了社会基础。此外，移动互联技术的普及和投资工具的增加，也使大量的青年民众个性化金融需求不断增加，金融机构面向主体的变革和需求的满足显得尤为迫切。

（5）互联网金融带来了市场效率的迅速提升

互联网时代往往在商业和生活场景中借助系统自动获取数据，并可以实时更新；由于数据数字化，跨机构的数据整合和分享也变得容易。数据实时、可连接、动态，数据的使用效率、金融产品和体系的可依赖度和透

---

[1] 叶强，刘作仪，孟庆峰，马涛，张紫琼，熊熊，李建平，文凤华，卢乃吉，郭海凤，李勐. 互联网金融的国家战略需求和关键科学问题 [J]. 中国科学基金，2016，30（2）：150－158.

[2] 黎四奇. 中国普惠金融的囚徒困境及法律制度创新的路径解析 [J]. 现代法学，2016（5）：93－103.

明度高。互联网金融可以充分运用大数据下的数据分析成果,提高金融服务产品、服务人群的针对性,提升金融风险管理能力,对传统金融业的发展也有巨大促进作用。2015 年,互联网金融首次得到关注始于货币基金与第三方支付工具的结合,即互联网平台新金融形式的出现。以销售金融产品为例,余额宝的冲击明显抬升金融机构资金来源成本,将促使金融机构加快利率定价能力建设。不仅如此,以债券类和股权类等众筹为代表的全新互联网融资模式,与互联网社会下的小额融资、创业融资特点相适应,符合当前我国政府创新驱动经济发展的基本要求。❶ 公益众筹与社交平台结合,使临时需求较大程度上得到了满足。

二、金融脱媒影响金融微观和宏观结构

互联网金融深刻影响现代金融市场的微观和宏观结构,也在不断加速全球范围内有效市场的逐步形成。

(1) 新金融模式推动了金融脱媒的加速

在信息技术革命背景下,投资人通过直接金融交易这一人类最早的金融模式会突破传统的安全边界和商业可行边界,焕发出新的活力。在金融服务供需信息几乎完全对称、交易成本极低的条件下,互联网金融模式形成了"充分交易可能性集合",双方或多方交易可以同时进行,信息充分透明,价格充分竞争(如拍卖式),投资权益的完全透明、利率招标、众筹股权询价、转让股债权在网络平台上更加灵活。

(2) 互联网金融推动了以效率为中心的信息信用决策流程

大数据时代的到来使信息分享的方式发生了根本性的变化,这种变化正改变着投资者的实际决策行为,行为金融学的发展为互联网金融的规范提供了规制依据。社会化媒体将以往媒体一对多的传播方式改变为参与用户之间多对多的"对话"。随着社会媒体的深入发展和用户的不断参与,

---

❶ 叶强,刘作仪,孟庆峰,马涛,张紫琼,熊熊,李建平,文凤华,卢乃吉,郭海凤,李勍. 互联网金融的国家战略需求和关键科学问题 [J]. 中国科学基金,2016,30 (2): 150 – 158.

用户在互联网上产生的数据呈爆发式增长。这些信息正以前所未有的速度在金融活动者中进行传递，其中既包含生活中实际发生的事件，也蕴含着越来越多的情绪信息。在信息分享过程中，事件和情绪信息极大地影响着金融参与者的决策，这也带来了公司和行业风险的加剧。同时，投资者行为模式与大数据的结合也可能影响程序化交易策略，以及金融市场的流动性和波动性。互联网科技的迅猛发展以及移动手机和智能化移动终端的实现，使数据量急剧增加，在数据科技的大力发展下，在线大数据的分析也应运而生。过去受限于数据的可获取性，行为金融的研究有倾向于侧重实验方法的趋势，当前有关互联网金融的在线大数据分析，为行为金融和监管的发展提供了新的契机。如利用基于网络借贷交易过程中产生的海量数据，研究互联网环境下借贷参与者的行为模式和行为特征，从微观角度揭示网络借贷的关键影响因素和参与者决策模式；又如关注投资者在互联网金融中的行为特征，建立计算实验金融模型，并采用大数据校准，研究机构自身风险管理手段与体系性风险间的动态关系，并在此基础上研究针对体系性金融风险的行业中微观机构风险管理标准与规范，这些研究使得数字经济时代的信用信息的战略意义加大，其标准制定、规范设计和监督机制逐步被学术界所重视。

（3）金融脱媒改变了市场期限结构

互联网金融促进了利率市场化，其市场活跃度的持续增加促使市场的期限结构在逐步改变。互联网货币基金等金融产品的出现，使大量中低收入人群的闲余资金享受到了真实利率带来的收益，不少商业银行也开始推出活期理财产品，放弃活期存款利率带来的巨大利差，事实上开启了存款利率市场化的步伐。互联网金融模式是资金供需信息直接在网上发布并匹配，供需双方通过互联网支付平台"直接"联系和交易，不经过银行、券商或交易所等中介，降低交易费用。在供需信息几乎完全对称、交易成本极低的条件下，互联网金融市场充分有效，接近一般均衡定理描述的无金融中介，形成"充分交易可能性集合"，这种资源配置方式最有效率、社会福利最大化，也最公平，供需方均有透明、公平的机会，有效地解决了小企业融资、民间借贷、个人投资渠道等问题。

(4) 新技术依托开放性网络环境使投资的时点性更加精准

科技发展促进了市场投资的精准性。几乎所有的投资决策都包含跨越时点的情况，时点和不确定性是影响决策行为的核心因素。金融和经济学家通过指数折现消除跨期选项的时间属性，通过随机抽样样本或者历史信息反映跨期选项的不确定性，利用期望折现效用理论来进行最优决策和资本定价，建立金融理论。现有金融理论基本上都建立在折现率恒定的指数折现基础上，但以指数折现为基础的资本定价理论的合理性受到越来越多的质疑。大数据时代的来临尤其是互联网金融的兴起使研究者能得到反映投资者实际决策行为的海量数据以及连续在线大数据，通过分析这些数据，研究决策者在现实生活的实际价值判断、偏好、消费、投资行为。然而，不可忽视的是，概率问题和实际发生可能会大相径庭，大数据的全样本也可能使一些特征信息无法测算，尤其是在面对实际情形时。

互联网金融最核心的问题是提高效率，小额分散时代的互联网金融更是如此，提高效率集中在两个方面：一个是提高获取域，凭网络实现社交流量向金融流量的有效转化；另一个是提高风险控制的效率。进入高合规时代后，行业的马太效应会加速显现，那些真正的互联网科技和真正的金融创新依然是推动经济社会发展的重要力量。然而，对互联网技术的应用需要建立在理解其优势和缺陷基础上，否则很多问题的解决会适得其反。

三、金融风险的识别场景新应用

大数据时代的到来给互联网金融的风险度量和管理带来了新的机遇和挑战。大数据可以令信用评分客观性大大增加，数据更新实时迅速，并且利用结构化和非结构化信息，运用人工智能技术，扩充很多传统信用评分中没有包含的信息，深入挖掘客户全方位的特征。利用大量分布的互联网信息，可以实现反欺诈检测，将客户资料与互联网上的信息相互验证，从而识别客户在信用资料中的虚假信息。如何有效地识别和防范互联网金融业务中的潜在风险对于互联网金融平台的可持续发展至关重要。目前已有的关于识别和防范互联网金融业务风险的研究大致集中在三个方面：一是信用信息评分制度的应用。信用评分高的借款人往往有比较低的违约率；信用评级越低和贷款时间越长越容易违约。二是信息披露的重要性量化分析。信息披露所产生的信号效应（Signaling Effect）对于资金筹集的成功起到重要作用。有学者运用多种文本分析技术（自然语言处理）抽取文本的可读性、情感、主观性以及欺骗线索等特征，构建了理论解释模型和贷款违约率预测模型。三是非标准化指标的重要性。有学者研究发现，在传统金融信用报告硬性指标的基础上，加入非标准化指标，如性别、年龄、国籍等，能够有效地提高对融资人违约预测的准确度。

对于互联网络金融，国内外学者及实务界纷纷看好其未来发展前景，甚至将之称为颠覆性创新者。不可否认，该种金融形式一出现，便大大提升了利率市场化、金融脱媒（Disintermediation）等市场变革。然而，互联网金融在带来诸多便利的同时，新的风险也随之出现。同时由于风险高发，业内负面评价较多，金融监管政策、制度工具仍然面临着较大的挑战。我们应该看到，这一商业形态才刚刚诞生，风险是必然的，对于管理层来说，试错机制在该行业的运行要比单纯的打压更加理性，即互补多于颠覆。

四、互联网金融的新阶段——科技金融

资本市场革新的累积效应远远比其他行业更为迅速，信息化、互联网与金融技术的深入融合，驱动着经济社会各领域加速向数字化、网络化、智能化的更高阶段发展。人工智能（AI）、云计算（Cloud）、大数据（Big Data）、区块链（Blockchain）等互联网信息技术在金融领域的应用日益深化，见表1-2。互联网金融是金融科技发展到一定阶段的产物，伴随科技进步，金融科技在自身业务管理规则不断完善的同时，其治理规范也逐步影响着社会治理规范的变革。这些技术既代表了业务领域的开拓，也深深地影响着金融监管和规范治理格局。

表1-2 互联网信息技术在金融领域的应用

技术 阶段	人工智能	区块链	云计算	大数据
数据采集/ 传输	—	—	提升采集数据的规模 提升采集数据的速度	—
数据安全/ 存储	—	提升存储数据的准度 （可信度）	提升存储数据的规模	—
数据加工	—	—	提升整理清洗数据的规模 提升整理清洗数据的速度	提升整理清洗数据的规模 提升整理清洗数据的速度
数据分析	提升分析数据的规模 提升分析数据的准度	—	提升分析数据的规模 提升分析数据的速度	提升分析数据的规模 提升分析数据的速度 提升分析数据的准度
数据呈现/ 决策	提升数据决策的规模 提升数据决策的准度	提升数据决策的速度 提升数据决策的准度	提升数据决策的速度	—

资料来源：https://news.p2peye.com/article-532028-1.html.

互联网金融平台自身治理的不断发展显然是一个新的趋势。如业务体系中，资产获取、风险控制、信息披露、贷后管理、逾期催收等运营需要提供个性化的智能解决方案，以进一步提高互联网金融平台的产品质量及服务效率。近年来，FinTech的应用场景与人工智能深度结合，产生了多项技术创新。从网贷之家搜集并整理的信息来看，主要涉及两大维度，一类为逻辑规则自我推演，另一类为感知辨认。将这两大维度植入网络中，主要涉及以下几个方向的应用。

（1）用户画像，见表1-3

表1-3 用户画像

结果反馈	数据特征	用户画像	机器学习	
数据源	特征a b c …… z	基本信息 行为轨迹 …… 社交圈	还款能力、还款意愿 ……　欺诈识别	信用评级
			投资能力、投资意愿 ……　羊毛行为	营销策略

资料来源：https://news.p2peye.com/article-532028-1.html.

与传统客户关系管理系统的功能不同，大数据条件下互联网金融平台能对客户进行更加深入和全面的了解，从而更高效地获得新客户（营销）、唤醒沉睡客户、提升客户的活跃度。另外，结合风控规则进行风险管理，快速甄别符合同样风险属性的恶意用户再次发起的事件请求。

（2）推荐算法，如图1-1所示

推荐系统可以为客户或潜在客户提供个性化的产品或服务推荐，其算法包括内容关联算法（Content-Based）及基于协同过滤的推荐算法

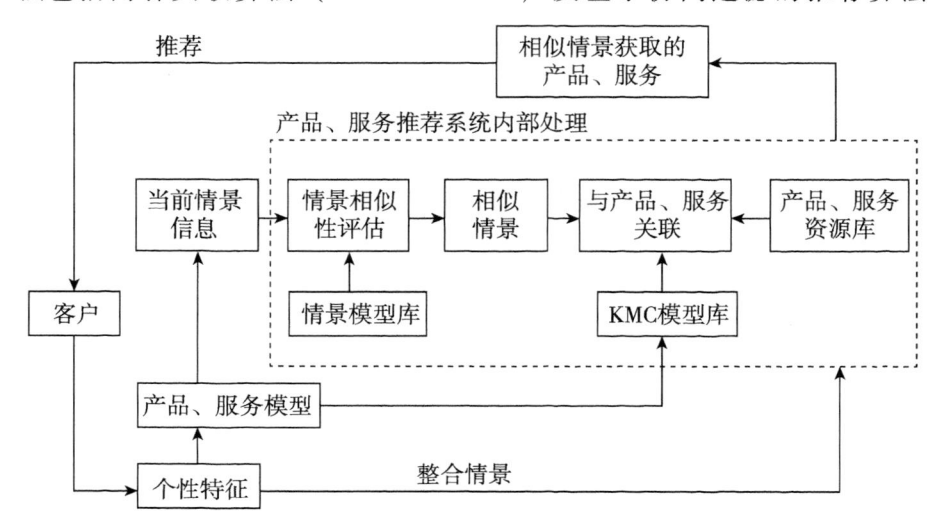

图1-1 推荐算法

（Collaborative Filtering）等。推荐算法与用户画像相结合，利用用户画像中的标签与互联网金融平台或服务之间的关联，为客户提供个性化的产品、服务，提升客户体验。

（3）知识图谱分析，如图1-2所示

知识图谱可以理解为一个由知识点（实体）相互连接（关系）而形成的语义网络（Semantic Network）。知识图谱有以下新特点：多维度，需要从大量的信息源中抽取多维度的特征信息，为后续算法拓展深度关联关系提供必要的素材；深加工，在信息素材的基础上，通过智能推理实现从数据到智慧的深加工；可视化，深加工的结果以可视化的方式展现给用户，并与用户交互，直观易懂。在互联网金融领域，从数据可视化、风险评估与反欺诈、风险预测到用户洞察，知识图谱的底层性支撑作用越来越显著。

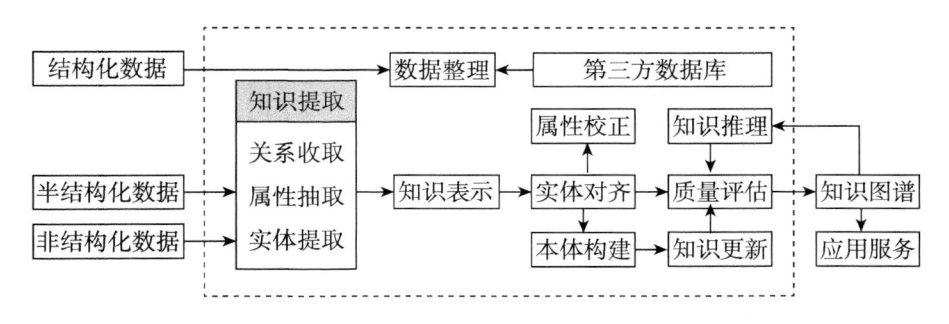

图1-2 知识图谱分析

（4）生物特征识别，如图1-3所示

身份核验验证有数字加密算法和生物特征加密两种方式，较早见于数字签名技术。通过计算机与光学、声学、生物传感器和生物统计学原理等高科技手段密切结合，利用人体固有的生理特性（指纹、脸相、虹膜等）和行为特征（笔迹、声音、步态等）来进行个人身份的鉴定。生物识别技术是目前最为方便与安全的识别技术，在所有的技术中，现阶段更受瞩目并迅速发展的是人脸识别。与其他类型的生物识别比较，人脸识别具有如下特点：非强制性、非接触性、并发性、符合视觉特性。

```
┌─────────────────────────────────────────────────────────────┐
│              某金融机构生物识别平台系统                      │
├──────────────┬──────────────────────────────────────────────┤
│人脸识别管理门户│                前端应用                      │
├──────────────┼────────┬────────┬────────┬──────┬───────────┤
│ 用户管理      │柜面应用│自助应用│移动应用│ …… │ WEB应用   │
│ 权限管理      ├────────┴────────┴────────┴──────┴───────────┤
│  ……          │              人脸识别客户端                  │
│              ├──────────┬──────────────────┬────────────────┤
│              │身份证OCE │  人脸照片质量检测 │   活体识别     │
├──────────────┴──────────┴──────────────────┴────────────────┤
│                      接口适配层                              │
├─────────────────────────────┬───────────────────────────────┤
│      人脸静态识别功能模块    │     人脸动态识别功能模块      │
├─────────────────────────────┴───────────────────────────────┤
│                   数据采集及分析模块                         │
├──────────────┬──────────────┬──────────────┬────────────────┤
│  基础服务层  │  关系数据库  │  内存数据库  │   分布式存储   │
└──────────────┴──────────────┴──────────────┴────────────────┘
```

图1-3 生物特征识别

（5）自然语言处理，如图1-4所示

自然语言处理技术（NLP）主要的应用是语义识别，把N元向量、决策树等逻辑运算用于分析、理解和生成自然语言，以便人和计算机设备进行交流。目前，自然语言处理在金融客服及市场分析等业务中已经得到了广泛应用，如聊天机器人、分析客户/客服交互、情感分析、客户提问自动回复，有助于在降低人力成本的前提下提高客户体验。未来通过理解文本、分析文本，自然语言处理技术还将推进诸如法律和保险等行业在合同管理、条款摘要、精简数据流、欺诈检测等方面的发展。

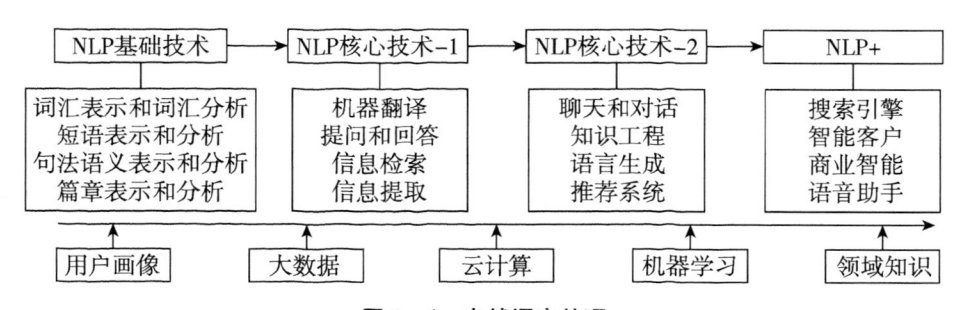

```
┌──────────────┐   ┌──────────────┐   ┌──────────────┐   ┌──────────────┐
│ NLP基础技术  │──▶│ NLP核心技术-1│──▶│ NLP核心技术-2│──▶│    NLP+      │
├──────────────┤   ├──────────────┤   ├──────────────┤   ├──────────────┤
│词汇表示和词汇分析│ │  机器翻译    │   │ 聊天和对话   │   │  搜索引擎    │
│短语表示和分析 │   │ 提问和回答   │   │ 知识工程     │   │  智能客户    │
│句法语义表示和分析│ │ 信息检索     │   │ 语言生成     │   │  商业智能    │
│篇章表示和分析 │   │ 信息提取     │   │ 推荐系统     │   │  语音助手    │
└──────────────┘   └──────────────┘   └──────────────┘   └──────────────┘
   ┌────────┐    ┌────────┐    ┌────────┐    ┌────────┐    ┌────────┐
   │用户画像│    │ 大数据 │    │ 云计算 │    │机器学习│    │领域知识│
   └────────┘    └────────┘    └────────┘    └────────┘    └────────┘
```

图1-4 自然语言处理

（6）云计算

依托大量的特征数据集来进行有监督或无监督的计算方式，对数据和信息进行分析，并对非结构化的数据进行向量分析，从而发挥其较好的特征生成和抓取能力。云计算为分布式计算、并行计算、效用计算、网络存储、虚拟化、负载均衡、热备份冗余等传统计算技术和网络技术发展融合的产物。现阶段云计算正在与金融领域深度融合，助力金融行业降低IT成本、提高系统可靠性和可展性、提升运维自动化程度、支撑大数据和人工智能技术的应用。

自2006年亚马逊推出弹性云计算之后，作为信息技术创新服务模式的集中体现，云计算开始被广泛应用。Gartner和中国信通院的数据显示，2017年全球公有云计算市场规模中我国份额占全球公有云市场的份额不足5%，如图1-5所示。美国已有54%的企业使用云计算，其中互联网公司的比例高达90%以上。相比之下，我国各行业在使用云计算方面的积极性仍有待提高。应用云计算技术，采取多元线性回归模型进行平台综合评级可以实现以下三个方面的提升：①客观性。模型调试确定后全部计算过程均由计算机完成，避免了人主观判断而产生的偏差；②精密性。计算机可以归纳发现人类大脑难以归纳或难以理解的、更复杂的规律，且通过深度计算等运用数学模型表示平台运营状况，可以做到精确评价；③高效性。评级评分过程非常迅速，计算机可处理平台数量无上限，可对数据库中所有平台的数据进行评分。

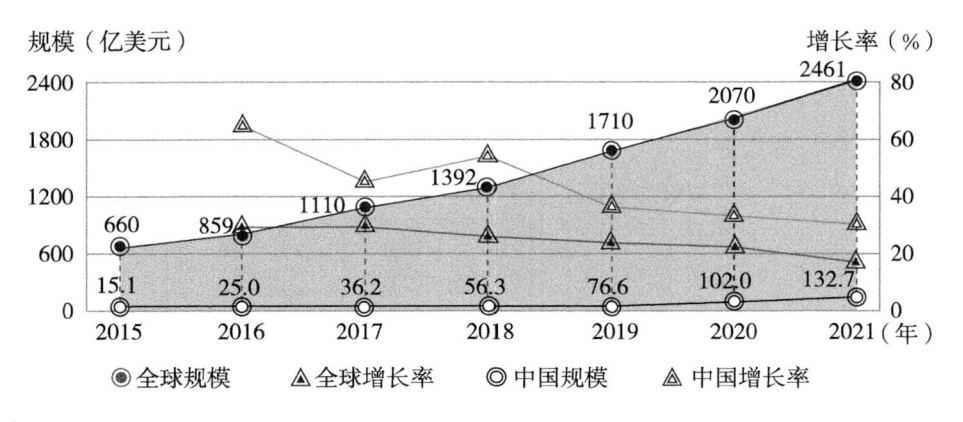

图1-5 公有云市场规模及增长率

数据来源：Gartner、中国信通院。

近年来，我国网络科技公司大量借鉴世界网络科技成果，如网贷之家所使用的网贷天眼行业大数据系统和基于行业大数据的综合评级体系较早实现了该技术。为保证数据运算效率与准确度，网贷天眼搭建了一套分布式存储（HDFS）与分布式计算（Spark）的大数据计算体系，可以满足用户了解平台数据的需求以及公司对行业数据研究的需求，如图1-6所示。数据来源以数据接口和爬虫为主，合作平台通过数据接口提供全部标的基础信息、脱敏投资/借款信息，由天眼大数据系统（Spark + HBase）进行运算并在网站前端展示常用数据指标，如图1-7所示。

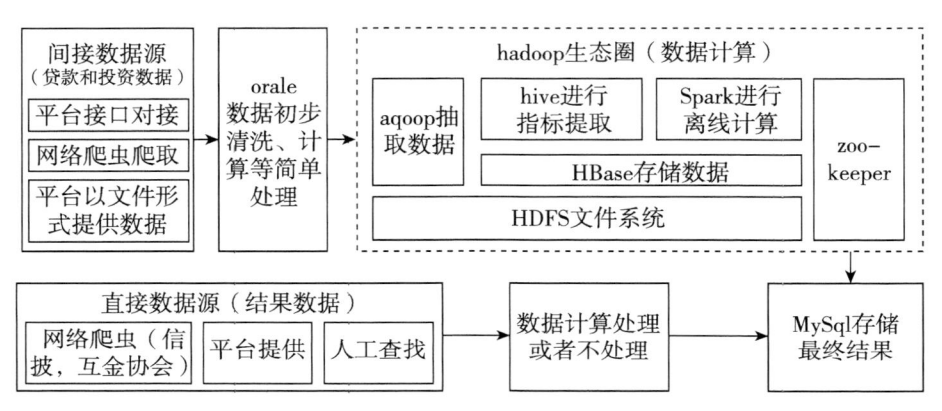

图1-6 网贷天眼大数据运算系统

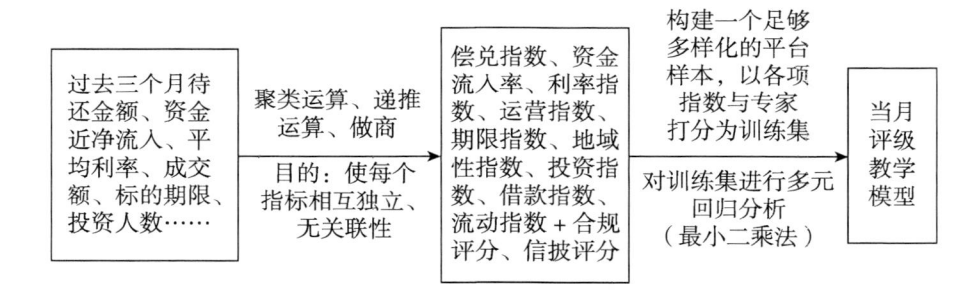

图1-7 网贷天眼综合评级模型训练示意

为了提升行业数据库的丰富度与准确度，网贷天眼加大了网络公开信息的爬取力度，并增加了多个数据源参照比对的环节，大大提升了异常数据的排查效率。多个数据源的计算结果一并存入MySQL数据库中，前端根据既定策略进行展示或研究。

以上，用户画像、推荐算法、知识图谱、生物特征、自然语言处理、大数据等技术为现代金融行业带来了巨大的变革，这些技术促进金融行业业务规则的不断完善，推动商业主体治理结构更趋严谨，同时也深刻地影响着互联网金融的监管和治理技术的现代化。开放 API 以聚合各项应用，成为各个国家互联网金融发展的重要方向。2018 年被称作开放银行元年，各个商业银行在科技革命的主导下，逐步开放与金融科技公司的合作，如图 1-8 所示。

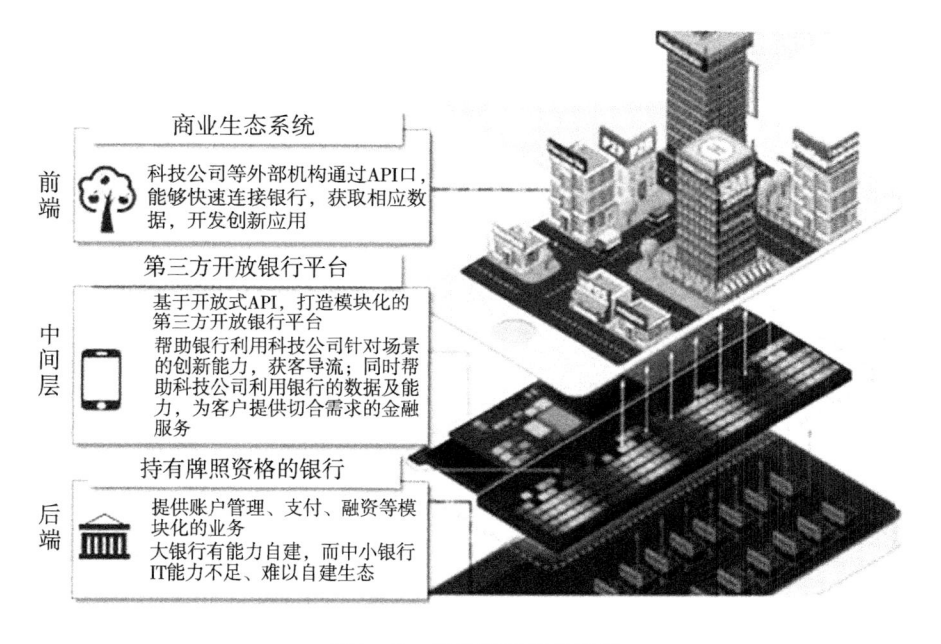

图 1-8 开放银行平台示例

资料来源：BCG、LifeSREDA 等公开资料。

第三节 互联网金融现状及挑战

近十年来，互联网的快速发展得益于两大重要的理论应用：蓝海战略及摩尔定律。W.钱·金和勒妮·莫博涅[1]曾言："产业发展史显示，市场天地

---

[1] W.钱·金，勒妮·莫博涅. 蓝海战略——超越产业竞争，开创全新市场 [M]. 吉宓，译. 北京：商务印书馆，2005：7.

从来不是静止不变的,相反,不断有蓝海被开创出来。"所谓蓝海战略,就是企业突破红海的残酷竞争,不把精力放在打败竞争对手上,而主要放在全力为买方与企业自身创造价值上,并由此开创新的"无人竞争"的市场空间,彻底甩脱竞争者,开创属于自己的一片蓝海。❶ 受这两大理论的驱动,我国得到国外风险投资机构的大量投资,电子商务平台公司发展迅速。此外,中国的互联网金融在迅速发展的同时,也促进了普惠金融发展、提升了金融服务质量和效率、满足了多元化投融资需求等,展现出了很大的市场空间和发展潜力,但也面临着诸多挑战。将互联网金融上升为国家战略成为学界和实务界的选择。2015 年,国家召开互联网金融会议,主要探讨与互联网金融有关的国家战略需求和关键科学问题,涵盖"互联网金融的风险与监管""基于在线社会媒体数据的信用及风险评估理论""面向在线大数据的行为金融理论""在线数据与资产价格的动态关联及事件套利相关理论""程序化交易对金融市场的影响机制以及程序化交易的风险与监管""互联网金融运营管理中的关键问题"❷ 等多个互联网金融命题。

根据中国互联网金融协会的统计数据和调查研究,目前,中国互联网金融的发展呈现出以下三个方面的特点。

①从快速发展阶段转入新的发展阶段。为了尽可能减少互联网金融带给市场的负外部性,除对投资者进行教育等措施外,专项整治也是一个较为有效的措施。一是经过整治,互联网金融风险整体水平在下降、互联网金融风险案件高发频发势头得到初步遏制,业务监管规则和要求进一步明确,业务发展环境得到进一步净化。二是业务占金融总量的比重较低,但业务涉众面较广,普惠特色明显。三是业务模式众多,但主要业态发展呈现分化态势。具体来说,互联网支付发展迅速,非银行支付呈笔数多、单笔交易额较小的特点。债权众筹(P2P 网贷)行业整合、退出现象明显,

---

❶ 何平平,车云月. 互联网金融 [M]. 北京:清华大学出版社,2017:8.
❷ 叶强,刘作仪,孟庆峰,马涛,张紫琼,熊熊,李建平,文凤华,卢乃吉,郭海凤,李勐. 互联网金融的国家战略需求和关键科学问题 [J]. 中国科学基金,2016,30(2):150-158.

运营平台数量下降明显，成交量与参与人数也开始下降。互联网基金销售稳步增长，业务集中在互联网货币基金销售。互联网消费金融参与主体多元化，发展快速，以小额、短期的贷款业务为主。互联网股权融资发展相对滞后，股权众筹融资监管规则尚未发布，互联网非公开股权融资实际开展业务的平台较少。互联网金融"鲶鱼效应"明显。互联网金融在理念、技术和模式等方面的创新，促使中国传统金融机构不断改变业务模式和服务方式，为传统金融机构的改革发展注入了新动力。

②互联网金融监管硬件仍然相对滞后，业务基础设施有待进一步夯实。一是业务信用信息共享机制有待继续加强，融资方的欺诈和违约成本较低。二是许多从业机构游离于金融统计体系之外，特别是资金流向方面基本空白，给实施监管和调控带来难度。三是不同从业机构在业务操作、系统运维、产品定价、合同文本、合格投资者认定等方面标准化、规范化程度较低。金融监管基础设施处于中心地位，互联网金融在各个区域发展不平衡、东部和西部地区监管人员素质差异较大，为金融监管场域应用提出了新的挑战。

③金融法律制度体系系统性和包容性受到挑战。在世界互联网金融发展日新月异的背景下，各国的规范体系均面临着自身规范的自洽、与国际规范的兼容、各国规范之间竞争的挑战。国内法律制度体系仍然面临着紧迫的完善需求：一是现有金融管理类法律法规是以传统金融机构和金融业务为适用对象制定的，其适用到互联网金融领域，难免存在适用上的不匹配。二是现有法律未对以互联网理财、互联网资产管理等为主营业务的各类互联网金融公司属性做出明确规定。三是互联网金融反洗钱、反恐怖融资、个人信息保护等方面亟待优化现有立法或出台实施细则。

第二章　互联网金融市场风险之再度诠释

互联网金融改变着市场的期限结构、场域结构、利率结构、量能结构，带来"颠覆性"创新的同时，也必然会带来"颠覆性"的风险，如没有改变金融风险的隐蔽性、传染性、广泛性和突发性的特点及互联网金融自身特有的风险。有学者从金融安全角度进行考察，提出金融与科技的融合发展不但使金融市场的广度和深度不断得到拓展，同时也使金融领域的技术风险和操作风险更加复杂，甚至有诱发系统性风险的可能，迫使金融监管当局从严监管。❶ 有学者将互联网金融风险纳入社会网络分析方法中考察。❷ 如何科学系统地评估互联网平台的各种风险尤其是极端情形下出现的传染性风险并对这些风险进行识别、分类、评估和治理，是一个亟待解决的问题。在风险频发情形下，对新金融带来的影响分析成为学界关注的焦点，如有学者广泛关注市场效率、价值研判、价格形成规律、风险度量及管理、服务运营管理、监管等问题。❸

---

❶ 杨东. 监管科技：金融科技的监管挑战与维度建构 [J]. 中国社会科学，2018 (5)：69 – 91

❷ 许多奇. 互联网金融风险的社会特性与监管创新 [J]. 法学研究，2018，40 (5)：20 – 39.

❸ 叶强，刘作仪，孟庆峰，马涛，张紫琼，熊熊，李建平，文凤华，卢乃吉，郭海凤，李勣. 互联网金融的国家战略需求和关键科学问题 [J]. 中国科学基金，2016，30（2）：150 – 158.

第一节　信用风险

关于"信用风险"的金融监管最早见于信用风险监管的争论中，表现为货币发行管理和"最后贷款人"制度的建立。1825—1865 年，以桑顿为代表的"通货学派"和亚当·斯密为代表"银行学派"有过激烈争论，通货学派主张集中管理银行券的发行数量，即对货币发行进行金融监管。而银行学派则认为在混合通货中，竞争性银行业的正常运转完全可以控制货币流通量，因此无须监管。最后通货学派取得了争论的胜利，中央银行开始建立。如何进行有效的信用管理，是选择市场自发形成路径，还是选择央行管控路径，自此便成为一对矛盾。在金融监管中，形成了以中央银行为基础的信用管理体系和以哈耶克提出的"自由银行制度"为基础的"选择性条款""分支银行"和"指数化存款"等方式降低和分散风险制度体系。为了克服单一路径的缺陷，各国纷纷将二者混合运用于金融市场监管中。然而，无论最后是贷款人制度还是自由银行制度，信用制度无疑在其中起到了根本性的作用。在互联网金融时代，依托网络运用大数据云计算、人工智能有很强的特征信息搜集和运用信息的能力，除传统金融结构化信息外，非结构化信息通常也被用于信用计量模型中，这一应用完善了信用评估体系，但是大量信息的运算又给隐私权的保障带来了巨大的威胁。如在互联网金融企业中，社交媒体与网络金融平台的合作是常规形式，利用社交平台搜集身份性信息成为常规做法。

（1）信用信息样本采集直接影响风控模型的效用

互联网金融中的征信问题，与传统金融模式比较有快速性、动态性、准确性等不同的决策需求。因此，风险评估和风险管理需要突破传统的方式，融合包括在线社会媒体数据在内的多源数据。互联网金融风险在原先金融风险基础上又增加了新的变化，如 P2P 网贷等行业，由于地域分布、借贷主体分散等特点，加大了平台方及投资人信用审查方面的难度，此外，基于互联网上"刷信用""刷评价"等违反诚信的行为仍然存在，网络数据的真实性、可靠性会受到影响。另外，部分互联网平台缺乏长期的数据积累，未经优化的风险计量模型的科学性也有待验证，甚至出现了一些诸如针对风控条件，利用财务和法务手段精确造假的情形。以上几种情形使大量风控模型的效用存在很大的不确定性。

（2）个人或企业信息泄露风险大大增加

互联网金融的一大基础是在大数据基础上进行数据挖掘和分析，在这个过程中，个人交易数据的敏感信息很容易被广泛收集并非法利用，对客户账户安全和个人信息的保护提出了巨大的挑战。目前平台客户的信息数据丢失或非法交易的案例较多，交易平台并没有在传输、存储、使用、销毁等方面建立个人隐私保护的共识和控制机制，加大了信息泄露的风险。互联网金融公司采用电视、网络广告等形式购买信息数据用于自身宣传，还有一些互联网公司利用手中通过各种渠道获取的个人信息采用电话营销、微信营销等方式发展客户，给我国公民的个人隐私信息安全造成了巨大的风险。这一风险显然并不专属金融行业，但需要在个人信用信息数据的流转过程中加以控制。

（3）信用链条的扩张带来信用风险加剧

互联网金融会使货币流通速度加快，如果货币供应量和有效需求不变，则可能导致物价上升从而引起通货膨胀；虚拟货币如果脱离法定货币约束，可能通过信用扩张引起通货膨胀。[1] 目前，央行主要通过存款准备金、利率等货币政策对货币的流动性进行调控，而互联网金融第三方支付平台的信用链条更为复杂，如余额宝等交易保证金、货币市场资金等，如果未能有效地计量其资金流转，将很难对这些新金融形式带来的信用扩张进行有效控制。[2] 从互联网金融网络链条来看，一方面，各个主体多节点之间的连接密度具有分散、降低金融风险和加剧金融风险积聚、扩散的双重作用；另一方面，互联网金融风险的形成和社会放大受到"所嵌入的关

---

[1] 李真. 互联网金融：内生性风险与法律监管逻辑 [J]. 海南金融, 2014 (4): 76 – 81.

[2] 盛松成、张璇. 余额宝与存款准备金管理 [N/OL]. (2014). http://ifb.cass.cn/show_news.asp?id = 61507.

系网络"的制约。互联网金融系统性风险除具有复杂、传染快、波及广等基本特征外,还具有"太多连接而不能倒"以及"太快而不能倒"的新的表现形式。❶ 任何一家平台公司的违约都可能产生巨大的社会负面影响。

(4) 区域性或系统性金融风险发生的可能性增加

信用链条的迅速扩张,还有可能引发区域性或系统性金融风险的发生。从市场参与者角度来看,参与者多为普通民众。金融业属于高风险行业,在银行面临严格监管的同时,需要保证一定的行业公平,防止监管套利。在监管方面,还需要在金融服务对象的便利性和投资者的资金安全性之间找寻适当的平衡。互联网金融拓展了交易的可能性边界,服务了大量不被传统金融覆盖的人群("长尾"特征),使互联网金融具有不同于传统金融的风险特征。具体表现有以下三个方面。

第一,互联网金融的投资者群体以个人投资者为主(更多的还表现为弱势群体),他们普遍缺乏对互联网金融交易规则及相关专业知识的认知与了解,投资理念和风险意识缺失,存在投机心理和"搏傻"心态,投资中的非理性交易行为严重,导致其投资权益和利益受损。

第二,个人投资者的投资额小且分散,作为个体投入精力监督互联网金融平台或机构的成本远高于收益,所以"搭便车"问题更突出,针对互联网金融的市场纪律更容易失效。

第三,一旦互联网金融出现风险,从涉及人数上衡量,对社会的负外部性很大。中国互联网金融还处于野蛮生长的状态,公平的制度环境、完善的博弈规则和公开透明的信息披露机制还没有形成,投资者(尤其是弱势群体)面临着巨大的系统性风险。加上国际第三方支付公司的资金收付、证券市场和外汇市场波动等因素影响,宏观审慎体系仍然面临着较大的风险。

(5) 信用监控问题较为突出

信用信息的客观评价一直是难以实现的问题,因此信用监控问题需要高度重视。有研究认为其内容涵盖以下九个方面:

---

❶ 许多奇. 互联网金融风险的社会特性与监管创新 [J]. 法学研究, 2018 (5): 20 - 39.

①多源异构实时大数据的获取与质量问题；

②行为数据（个人特征数据）与金融数据一致性；

③信用特征选择与提取问题；

④信用状态转移及违约判断；

⑤高维动态数据下信用评价体系构建；

⑥应对复杂决策需求的信用评估新理论、新技术问题；

⑦多维动态数据下信用评价体系构建与映射，违约状态转移连续化与违约概率分布确定；

⑧线下借贷者的社会网络结构与线上互联网络结构的耦合作用对单个或者系统性的违约风险的传染扩散影响；

⑨问题平台的特征分析与监管。

如此复杂的信用技术控制，需要在概率中寻找相对客观的评价，然而，这回避了信息不对称中的道德风险和逆向选择的问题，使得信用风险呈现出特殊的含义。

不可忽视的是，互联网金融的显著特征在于投融资双方通过网络平台直接接触，融资方与传统金融市场上的上市企业和金融机构相比获得的信息非常有限，而作为个体的投资者又无法像传统金融市场参与者（如银行等大型机构）一样掌握大量可用的信息和资源，仅仅根据网络平台提供的信息难以判断融资方的信用以及潜在的投资风险。虽然传统金融业已有一些成熟的理论和方法评估借款者的信用和违约风险，预测投资者的投资行为规律，但在互联网金融领域，各种创新都独具一格，评估依据与传统金融相差较大甚至已完全改变，导致传统的理论和方法应用到互联网金融领域可能得不到正确的结论。

第二节 市场风险

鉴于互联网金融技术环境中存在所谓监管和违规之"道高一尺，魔高一丈"，互联网金融风险监管难度较高。互联网金融市场环境变化极大，如网络银行、手机银行等的交易和支付过程均在互联网或者移动互联网上完成，交易的虚拟化使金融业务失去了时间和地理限制，交易对象变得模糊，交易过程更加不透明，金融风险形式更加多样化。由于被监管者和监管者之间信息不对称，金融监管机构难以准确了解金融机构的资产负债实际情况，难以针对可能的金融风险采取切实有效的金融监管手段。主要体现在以下五个方面。

（1）互联网金融高流转速度容易造成流动性风险

互联网金融领域一直在探索提高支付账户的活跃度，而第三方支付投身互联网金融领域又存在资金期限错配的风险因素，一旦货币市场和外汇市场出现大的波动，可能会出现大规模的挤兑，进而引发流动性风险。由于互联网金融的门槛低，大部分从事该行业的人员素质并不高，对于现金流供应体系缺乏经验，因此在缺乏足够资本金的情形之下，负债和资产无法很好地匹配，资金池压力非常大，所以一些地方性平台集中违约频现。即便在理想状态下，金融资本的流转设计有多个节点，但各个节点很难无缝对接。这也使多数互联网金融模型回测数据与实际并不相符，甚至在特定的情形下，容易导致债务人逆向选择的情形。

（2）互联网金融平台的高杠杆率带来的风险

高杠杆率在程序化证券投资和 P2P 网贷中较为常见。对投资人来说，尽管大多数 P2P 网贷平台承诺"包赔本金"，但几乎没有相应的可操作的制度去约束和保证。国内部分 P2P 网贷平台对出资人的本金提供相应担保，但这种本金保障模式很有可能将出资人面临的信用风险转嫁给 P2P 网贷平台，从而形成流动性风险。而融资性担保公司管理办法规定，担保公司的杠杆不得超过 10 倍，但大多数 P2P 网贷平台的成交量与风险覆盖总量极不相称，远远无法达到这项规定的要求。

（3）资金期限错配风险

高流动性需要资金的错配，"余额宝"作为客户购买的基金产品，不属于客户备付金的缴存范围，支付宝公司就不必为转存的资金缴存备付金。在以转出或支付的形式赎回基金的过程中，支付宝公司只能利用本公司的自有资金或客户备付金垫付基金赎回资金，才能实现实时到账。这种资金错配对交易保证金、账户内存量资金规模来说有较高的要求，除大型平台公司以外，小型平台公司很容易遇到挤兑。

（4）资金安全风险

根据人民银行《非金融机构支付服务管理办法》，支付机构接受客户备付金的，应当在商业银行开立备付金存款账户并存入备付金，从而实现大量"碎片化"资金的转移和清算。《支付机构客户备付金存管办法》明确指出，支付机构接受的客户备付金，必须全额缴存于支付机构客户备付金专用存款账户。虽然客户备付金存管有明确的规定，但是账户资金调配权在互联网金融机构手中，仍然存在资金被挪用的风险。同时，相关办法未明确擅自挪用、占用、借用客户备付金，以及利用客户备付金为他人提供担保的处罚措施。

（5）虚拟网络风险

互联网存在着极强的虚拟性，一些国家为克服因此带来的风险，实施了实名制。如比特币天生就具有虚拟性，容易被用于犯罪活动，比如在平台上注册虚拟账户，通过虚假商品交易进行洗钱，等等。虚拟性的存在，使监管部门找不到风险主体，事后也很难追责，从而不能遏止一些非法设立的互联网金融主体从事洗钱等交易。在司法实践中，由于案件管辖问题、实际维权成本等因素，使得契约机制并不能很好地兑现。

第三节 操作风险

操作风险源于错误操作风险和技术缺陷风险。前者是因为对技术了解不清晰或个人疏忽造成的风险；后者则源于技术缺陷，因为任何技术都不是完备的。

（1）互联网金融存在技术风险

技术风险主要源于以下问题：工作人员或者投资者操作不当的操作风险、可通过互联网快速扩散与传染的计算机病毒；此外，计算机操作系统本身就存在漏洞，且层出不穷，如相关加密技术不完善，给利用互联网窃取别人隐私的黑客提供温床。一些支付机构只追求便捷支付，却忽视了安全问题。当人们通过互联网进行投资或融资业务时，也就将个人信息及资产暴露于互联网风险之前。互联网金融风险的存在是必然的，从计算机本身的漏洞到资金周转的滞留；从管理方面的不足到监管体制的不健全，每个互联网金融阶段都存在风险，规避互联网金融风险是投资者最应该做的事，也是必须考虑到的因素。

（2）技术或系统上的缺陷也会影响交易安全

信用卡非面对面收单交易中，通常第三方支付商户与发卡行建立了系统端口互接。在航空售票、保险类交易中，用户只需拨打商户电话，向座席报出信用卡卡号、卡片有效期、持卡人姓名、CVN码等主要信息，只要信息核对一致，无须通过银行短信验证，第三方支付商户即可完成在线扣款，款项实时借记持卡人账户。由于缺乏必要的监督和规范，业务实践发生在航空售票类的第三方支付商户，受益人并非持卡人本人的情况不在少数，给持卡人造成实际损失，引发大量投诉。而且在航空售票、保险类使用的非面对面收单交易被延伸到购买游戏币、彩票、电话费充值业务中时，交易风险也在不断升高。

（3）网络环境下互联网支付存在操作风险

网络环境下互联网支付与传统支付方式不同，因其在互联网中运行，故在操作方面也存在着一定风险，其中支付业务中断与失败是比较常见的操作风险。在信息传输方面，互联网支付模式相比传统银行支付，需要在计算机、移动通信设备等中介下向银行发出指令，或者通过网络设备在第三方支付系统上支付，这一过程需要通过互联网来进行，而当信息传输出现问题时，整个支付过程将存在失败风险，而在处理系统上互联网支付属于信息传输网络类型，第三方收单支付需在互联网中经过很多信息传输环节，社会公众登录互联网个人信息可能会被不法分子所盗窃，入侵到支付系统，对支付安全产生威胁。加之，互联网支付需在互联网支持下才能完成，一旦网络出现问题，就会导致业务系统中断，而且这种隐患是客观存在的。

第四节 其他风险

除以上三节所述风险以外,互联网金融的发展还面临着我国特有的风险,如我国金融和实体经济发展的特有风险,以及政策与制度匹配的难题。

(1) 我国金融市场结构性矛盾带来的风险

与欧美国家不同,我国自 20 世纪 90 年代开始金融市场化,2005 年前后才开始股权分置改革,实体经济以及金融行业发展模式与规制措施大多受国外经验的影响,而各个金融行业里,发展较为稳定的是银行业。2003 年开始,我国广义货币量(M2)开始迅速增长,信用链条迅速扩张,2008 年后影子银行发展迅速。影子银行的根本特征是脱媒性、监管套利性和信用创造性。信用创造性是影子银行的目的性价值;脱媒性和监管套利性是影子银行的工具性价值。从影子银行不同参与者的角度解读影子银行的本质属性及其对我国金融业的影响,我国并没有对影子银行的迅速扩张进行很好的监管。理念性监管规则和工具性监管规则相对滞后。[1] 加上民营和国有资本双轨制的存在,导致在 2008 年后,我国并没有有效地改善既有融资结构。

2013 年,债务结构失衡,矛盾更加凸显,实体经济挤泡沫逐步提上日程,互联网金融在这种机遇与风险并存中发展迅速的态势逐步显现。互联网金融诚然有技术成熟的前提,但是市场需求的井喷也是其"疯狂"的一个主因。我国银行业作为国内经济的引擎,对市场结构、期限结构影响巨大。由于投资过热,中国政府在 2012 年年底便执行稳健的货币政策,挤压实体经济的泡沫。在实践中,主要战场为银行,银行为了挤压泡沫,不断提高风控指标,为了收回贷款,极个别银行采用了虚假许诺的方式来收回贷款。实体经济中被收回贷款的大多为民营经济,在国内一些资源型经济

---

[1] 沈伟,余涛. 影子银行的监管逻辑和进路:以影子银行本质属性为切入点[J]. 学海,2017(2):188-195.

企业,如煤炭企业和与煤炭相关产业链的其他企业,这些企业为了实现"过桥"的目的,不得不以民间高利贷的方式获取资金。而这些企业却没有得到银行的续贷,这样使得大量的融资需求"井喷",尤其是一些轻资产企业、加工制造业现金流遇到了极大的风险,从 2014 年前后的国内几家 P2P 网贷公司如微金所、人人贷、冠群驰骋等公司的客户结构来看,大量公司融资需求得不到满足,而我国互联网金融由于缺乏市场的定位和监管,利用技术创造平台,以高息为诱惑的 P2P 网贷公司便成为企业满足其融资需求的第一选择。2015 年后,从市场化利率推进以及不成熟的投资心理影响,大部分投资者对于高息诱惑并没有应有的抵御能力,P2P 网贷公司抬高利率赢得资金的情形非常多,高利率像毒药一样侵蚀着企业,导致企业违约情况频现,这是构成 P2P 网贷公司现金流干涸及集中违约的一个主因。

(2)法律制度的滞后性风险

首先,法律制度需要面对互联网金融变革中的新问题设计新的制度体系。互联网金融是建立在互联网信息技术基础上所形成的特殊运作机制,随着我国存款保险制度和市场利率化的推出和深化,互联网金融创新的步伐加快,互联网金融向传统金融体系和金融监管框架提出挑战;相应地,与传统金融相比较,网络金融背景下的法律风险更加复杂和突出。为了实现有效监管,我国在顶层设计方面仍然有所欠缺。在政策实施中既强调其创新一面,又提出抑制其负面影响。这事实上带来了金融市场的复杂、无形和监管有形之间的矛盾,这也导致监管机构的监管效率很难提高。

其次,我国现有法律定位与实际需求有一定的出入。金融市场紧密联系着实体资本的需求,由于信贷资金供给、信贷结构调整、风险控制体系的提升,催生了旺盛的民间资本需求。民间金融自 2013 年起发展迅速,国家为了控制非法集资风险,在现有刑法体系中,利用立法及司法解释明晰相关概念的边界。主要界定了"越界"、触碰法律"底线"的两个罪名:一个是不能非法吸收公众存款,另一个是不能非法集资,两项罪名的犯罪构成从人数和金额方面明确了标准。而究竟采用何种技术标准来界定 P2P 行业合规与否,则没有具体的说法。2016 年《网络借贷信息中介机构业务活动管理暂行办法》的颁布,对信息中介机构的定位、合规管理、风控条件等方面均进行了详细的规定。现有的法规严格贯彻执行普惠金融的界定，对个人投资和法人投资及融资限额的规定、对资产证券化禁止性的规定，将会极大地影响信贷需求。

最后，监管政策缺乏系统性、持久性。监管措施缺位、市场规则滞后、准入机制不明确等因素的存在，以及互联网络的迅速发展所带来的与之相应的负面效应，使越来越多的人认识到，互联网络是一柄"双刃剑"，需要有效抑制其负面影响，才能促使其健康发展。在制定规范和政策时，必须面对我国国有和民营二元所有制结构、互联网金融巨大的负外部性，否则会加剧区域市场的混乱局面。

（3）各类风险带来的问题

自2015年开始，以e租宝、泛亚、中晋、大大集团等为代表的非法集资性质的案件成为危害社会的"毒瘤"，互联网金融在一定程度上演变成酝酿巨大风险的土壤。大量风险揭示出以下三个方面的问题：

①交易市场化问题。由于我国信贷结构方面存在的问题和民营经济的脆弱性，民间融资的需求旺盛却无法得到满足，P2P网贷可以提高融资速度，但也造成大量自融平台的出现，最为典型的是泛亚事件；

②信息不对称下的伦理问题。由于互联网金融操作技术方面的漏洞和道德风险的存在，一些实体经济中的自融平台得以大量组建，但大部分关联资产质量却非常糟糕；

③违法责任不清晰问题。由于违法成本过低和网络犯罪监控难度较大，非法集资、诈骗等网络犯罪大量存在。

第三章　互联网金融行业解构及监管面向

互联网金融未根本改变金融的本质，只是在发展中各个要素功能的重新配置。因此需要解构、识别旧体系的要素和结构，通过要素功用的重组，实现对新体系的认知较为妥当。互联网金融在影子银行兴起的背景下迅速发展，支持互联网金融脱媒和抑制监管套利性是监管路径和工具选择的逻辑起点。多学科、多领域的耦合带来了技术的巨大革新，对于这一领域的监管面向，需要充分考量其生成进程，认可其内在破坏性创新的应用，进而解构其体系，从而在保障金融秩序、促进监管有效实现的维度上推动各项制度的完善。所以，从以功能解构视阈下的互联网金融供给（主体）、互联网功能等价对金融监管的影响（技术）、互联网金融技术及革新的资本话语（资本）、金融科技下的金融市场变革及规制（科技）、互联网平台治理规则内生制度面向（权利）、互联网金融监管及规制之考量因素（框架）几个角度来解构互联网金融，显然对明确监管面向有着积极的意义。

第一节　功能解构视阈下的互联网金融供给

互联网络金融的主体性解构是对其进行适当规制的逻辑起点。在金融行业发展和规制变迁史中，基于机构性的规制和基于功能性的规制是两个重要的方向。互联网金融是在行业发展过程中，在网络和信息社会来临的大背景下，根据技术的变革对各种金融要素的重新整合。这种整合带有明显的旧机构解构和新机构生成的属性。

首先，这些新金融形式是对传统金融的补充，因此也被称为普惠金融。P2P 网贷公司最早源于东南亚，其最初功能接近于互助组织。在与互联网耦合后，2005 年在英国诞生了最早的公司 ZOPA。该公司并没有对传统金融地位造成冲击，其新技术的适用带来了循序渐进的组织体系变革的效果。众筹行业拥有较多的形式，如房产众筹、公益众筹、产品众筹、股权众筹，其最初是针对特定标的进行的前期投资，与组织严密的风险投资行业相比，其公益性远远大于营利性。尤其是在欧洲国家，这种众筹实质上很好地遏制了资源的浪费。在美国和我国，众筹行业更侧重于赋能，这些赋能行业通常依托一定的互联网平台进行经营。

其次，互联网金融功能是对传统金融功能的碎片化解构和功能重组。互联网金融不断依托网络对于金融行业的功能进行解构，并以自身需要的形式进行重组。第三方网络支付公司与社交媒体或电子商务公司进行整合，如腾讯理财通、阿里支付宝等企业，作为渠道或保证金等形式形成了较好的现金流，之后对这些资金进行有效利用。从传统来看，在网络安全保障较好的情形下，该种形式显然要比银联、VISA 等支付工具更加迅捷。区块链是一种加密的分布式账本，有着去信用功能，典型代表比特币。因其严格的加密算法，在世界央行量化宽松过程中，依托于严格算法的代币甚至发挥着国际货币的功能，对世界各国央行的货币政策制定有着风向标的作用。大量的互联网平台依托网络渠道的全球化和网络的长尾效应，不断修正着金融行业的场域解构、期限结构，给社会带来了巨大的便利。

最后，信用链条创造和延伸使得发生系统性金融风险的可能性大大增加。如前所述，互联网金融兴起于影子银行的迅速扩张期，这一时期也是我国货币乘数迅速增长的阶段。互联网金融无疑对于信用的创造功不可没，而金融行业信用制度的相对滞后和信用链条扩张之间的矛盾不可避免，因此诱发了区域性、行业性的互联网金融大案。这些案件有几个成因，包括我国传统金融带来的负债结构缺陷、传统金融和互联网金融之间的内在矛盾、我国法律政策的相对滞后。

我国金融市场的发展源于 1992 年的金融体制改革，2005 年前后的股权分置改革以及巴塞尔银行业监管委员会（Basel Committee on Bank Supervision）的各项资本协议（Basel Accord），对金融行业的发展起到了重要的作用。在这种大潮下我国对世界规则的移植，为市场的发展带来了立竿见影的作用，同时不得忽视的是我国现有金融改革仍然需要面向社会实际不断调适。这一社会条件需要考量国内经济状况、也需要考虑其他国家和国际经济和制度的状况。

微观上的功能监管和宏观上的审慎监管成为重要的面向。根据兴起于 20 世纪的结构功能理论（Structural Functionalism），金融机构的基本功能不会随时间和空间而改变，只有金融机构的形式和特征会发生改变，因此，金融功能比金融机构更稳定，金融机构的竞争和创新能力会使金融系统各项功能提高。❶ 无论是美国还是德国❷，世界各国在 20 世纪末，逐步抛弃了金融防火墙及分业监管，向统一的监管模式过渡，网络技术大大促进了混业经营体系的运营复杂性和运营绩效。面对互联网，各国均以开放的态度，审慎考察其对金融市场的冲击，注重于制度环境、安全环境、投资人保护为一体的综合监管方案。2008 年国际金融危机爆发后，构建宏观审慎政策框架成为国际金融监管改革的重点之一。所谓审慎监管，是指以防范系统性金融风险为目标，主要采用审慎工具，以必要的治理架构为支持的宏观的逆周期的相关政策，更好地防范和管理跨时间维度和跨行业维度在整个金融体系中的风险，解决金融体系经济周期性和系统性风险集中问题，弥补微观功能监管和传统货币政策工具在防范系统性金融风险方面的不足。近年来，数据和运算技术迅速发展，大数据是当前的热词，而探讨较为薄弱的是如何利用大数据形成有效监管制度。当前无论是对产品功能的监管还是对机构的监管，都是单维数据搜集、点状数据分离的分散化监管。在大数据时代中，对数据的维度和收集方法均有想象空间，这些技术可以为微观功能监管和宏观审慎监管防范系统性风险提供重要的基础。

---

❶ 李成. 金融监管学 [M]. 北京：高等教育出版社，2007：41.
❷ 2002 年 5 月 1 日，德国把德意志联邦银行和保险监管、证券监管机构合并，成立统一监管组织——德国联邦金融监管局（BaFin）。德国联邦金融监管局（BaFin）成立，标志着德国金融监管体系改革的又一次重大变化。

从互联网交易中介体系来看，世界各国把该类金融称之为普惠金融或者选择性金融，在国外一些国家其功能主要限于一些特定的领域。我国有所有制二元化和自身的文化传统，这就使我国现有融资结构性矛盾较为突出。再加上准入机制缺乏、业务模式问题等使大部分的平台成为设立方的自融平台或者成为民间融资的主要载体，融资规模偏离了普惠定义，在金融监管中，给这一金融形式以较好的定位，有助于防范和化解金融风险。另外，无论供应链金融、P2P网贷、众筹行业、大数据金融，事实上均为中介市场主体，依靠自身信息获取渠道，去撮合投融主体之间的实际交易需求，这便需要平台方具有强大的信息搜集、信用审查、风控措施审查主体，同时不逾越刑事红线。由此来看，仅凭普惠金融部门的设立和既有执法经验，缺乏市场博弈的监管，无法全面叙述被监管主体的特征，更无法真正实现有效监管。

第二节 互联网功能等价对金融监管的影响

互联网金融是利用现代网络平台，对金融信息的汇总处理、资金供求的在线撮合、资金的移动支付为技术方案的新的金融服务模式。无论是垂直电商还是平台电商，网络无疑是互联网金融发展的最重要技术力量。国内大型的互联网公司几乎都从事过互联网金融行业，较为典型的有京东金融、蚂蚁金服等公司。

网络公司和电子商务结合的迅速发展，在内在技术方面，受摩尔定律影响。摩尔定律是由英特尔（Intel）创始人之一戈登·摩尔（Gordon Moore）提出来的。其内容为：当价格不变时，集成电路上可容纳的元器件的数目，约每隔18~24个月便会增加一倍，性能也将提升一倍。而在资本运作方面，受美特卡夫定律（Metcalfe's Law）影响。在免费商业模式及估值体系驱动下，互联网社交技术推进速度极快，各类借助于网络的应用不断增加，在近些年还受到了风险资本的青睐。尤其是移动互联时代的到来，社交电子商务得到了迅猛发展，电子商务与金融市场的耦合成为这一时代理论变革和制度设计的显著性的特征。

互联网网络技术也推动了技术标准和行业治理的推进，涵盖通信设施的技术标准、网络安全技术、网络程序标准、网络平台公司的管理规范、网络平台服务和商品的交易规范等各个角度，在新技术的驱动下，出现了被遗忘权、通知删除权利、避风港规则、冷静期、电子签名和认证、虚拟财产等新兴权利，这些新的权利体系如何解析便成为重要的理论问题。学界对于该问题的处理有两个方案：其一为针对该问题订立新规范，其二为对现有规范进行扩大解释。前者因为新规范与原有规范的兼容问题难以控制，所以被学界诟病。后者则对一些权利的扩张解释，仍然无法达到逻辑自洽。一些国家选择针对不同的规范试行折中方案，然而对于是否新立规范，均采用功能等价的学说。通过该标准适用的比较和区分将现有的问题与旧的规范联系起来，如20世纪末联合国贸法会颁布的《电子商务示范法》、我国的《电子签名法》等规范。

"电子商务法"中的功能等价学说，其核心在于从电子商务角度解析互联网金融中的核心内容及各个环节，解析其要素的传统功能，并有适当的法律风险及防控的理论，由此形成伦理和技术语言的规制。运用电子商务法中的功能等价学说❶解析以及参照 ZOPA、PROSPER 等 P2P 网贷公司的国外互联网金融企业实务，我们可知：多数互联网金融平台需要身份性信息作为非结构化金融信息的发布整理汇总、搜索引擎和云计算寻找供需、移动电子安全及支付为平台支持这三项功能。三种技术方案体现在金融功能中，可以实现金融主体征信（Credit Investigation）、信息撮合、资金清算的功能。

互联网金融公司各项资产中，最为核心的是互联网平台程序。互联网络程序实质为一种作品，程序的内在设计和外在表达均受制于伦理和技术两个方面的考量。在互联网中，信息数据较传统环境中更为开放，其基本权利内容、信息的处理、政府和社会、网络公司的管理，在信息数据的采集、保存、整理、加工、利用中均需要严格的考虑。从互联网络使用率高

---

❶ 高富平，张楚. 电子商务法［M］. 北京：北京大学出版社，2006：68.

的国家中可以总结出如下经验。

①网络基本权利的基础研究和法律实践先行是成功经验。在美国不同主体服务区分、免费与收费服务分层是主要途径，依法规范互联网版权、管理成人网站和保护儿童网络权利、监控互联网通信，保护力度很强而且惩罚性规定严厉，该类条款系统地界定了互联网络信息的采集和禁止性规定，隐私权法极大地保护了公民的隐私权，同时明确可以公开的事项，而互联网版权的保护也给互联网程序的著作权带来了很好的保障。如欧盟2018年发布的一般数据保护规则（GDPR）。

②信息过滤和内容分级是另外一条行之有效的方案，具体制度包括分级制度、违规网站和经营者、有网络性犯罪污点的人纳入负面清单予以全国公布，这一措施有着极大的震慑作用。

③政府和社会协调监管是另外一个手段，政府的治理和授权独立机构的治理构成了监管的基础性力量，社会组织自律的自我监管，构成了社会三元治理模式。伦理规范在其中作用较大，伦理规范的形成通常对法律规范起着根本性的支撑作用，极大地促进了遵守法律的主动性。如美国电脑伦理协会制定的"十诫"、美国互联网保健基金会的网站规定的八条准则等。一些国家如韩国自2002年起，便开始推动网络实名制，2005年正式实施网络实名制，这一方案对于网络中商品和服务及相关责任承担起到了较好的规制作用。

④与电子商务相关的制度体系应当成为互联网金融规范化的重要技术力量，建立在B2B、B2C等环境中的国际标准和国际规范使世界网络中的协调性更加完备，极大地推进了互联网金融的国际化进程。如电子合同法、电子签名法、电子认证法律规范等，不仅可以给互联网络金融带来必要的技术力量，也可以在实践中对联合国、OECD、欧盟的各种政策、规范进行持续分析以优化我国各项制度。

新技术的发展带来了互联网金融的迅速发展，也带来了技术专家和理论界的忧虑，对人造的完美理性"人工智能"开发的规制便成为一个重要的方向。2019年4月，欧盟发布人工智能道德准则，AI可信赖的7大条件以谋求技术时代伦理知识的搭建。欧盟召集了52名专家组成小组，提出了他们认为未来 AI 系统应该满足的七大条件。

①受人类监管：AI 不能侵犯人类的自主性。人类不应该被 AI 系统操纵或威胁，人类应该能够干预或监督 AI 的每一项决定。

②技术的稳健性和安全性：AI 应该是安全和准确的。它不应该轻易受外部攻击的影响，它应该非常可靠。

③隐私和数据管理：AI 收集的个人数据应该是安全的、私有的。它不应该让任何人接触，也不应该轻易被盗。

④透明度：用于创建 AI 系统的数据和算法应该是可访问的，应确保 AI 决策的可追溯性。换句话说，运营商应该能够解释他们的 AI 系统是如何做出决策的。

⑤多样性、非歧视性和公平性：人工智能提供的服务应面向所有人，无论年龄、性别、种族或其他特征。同样，系统不应该有任何偏向。

⑥社会和环境福祉：人工智能系统应该是可持续的（它们应该对生态负责）并"促进积极的社会变革"。

⑦问责制：应建立机制，确保对 AI 系统及其成果负责和问责。此外，欧盟委员会将启动 AI 道德准则的试行，邀请工业界、研究机构和政府机构对该准则进行测试和补充。

以上内容在技术性内容中凸显伦理的价值，对于现代技术的运用，我们应尽可能排除对技术本身的歧视，即技术中立的价值立场。在互联网金融发展的过程中，英国和美国由于对基本权利的基础研究的优势和对网络伦理扎实的研究，同时依靠健全的法律条款和政府行政管理，以及对于版权和信息使用的界定，使互联网技术有了一个健康的外围环境，这样法治对于新技术的兼容能力是许多国家所不能比拟的，同时因势利导，英国监管局（FCA）创设了 FinTech 加速中心用于基础研究和动态监管。不可否认的是，互联网络金融监管是一个系统工程，而有效监管并不是一朝一夕可以实现的，当我们在对它有明确的预期或者目标时，首先需要处理其给世界带来的负面影响。较之于系统性的规范而言，这种问题导向的处理，更加符合现实需求。

第三节　互联网金融技术及革新的资本话语

自20世纪60年代起,资本和技术深度融合的信息技术革命、资本话语与公众利益之间的矛盾,总是通过"技术中立原则"处于博弈的中心位置。以网络为核心的信息技术变革使各个学科高速发展,在其中资本市场无疑起到了极其重要的作用。诸多次危机和负面事件中博弈逐步形成了技术伦理,网络法治凸显了一个经由伦理规范到资本博弈的规则,最终走向法律规范治理的过程。为了尽可能实现中立原则的统摄和衡量❶的功能,需要对中立技术❷、中立规范❸等原则进行多角度分析。近些年,资产及信息的证券化、证券的原子化使信息社会在诸多场域中有着复杂的样态,科技对社会的深度渗透,很大程度是资本话语对各种要素的扭曲,这种扭曲也带来了人与自然和社会的关系呈现复杂的样态,看清本质是必要的。

一、资本话语下网络中立原则的发展

(一) 资本与技术的深度融合使得中立伦理问题凸显

研究通信系统的理论家马歇尔·麦克卢汉把交流信息的手段和文化方法的发明创造称之为人的延伸部分。❹信息社会的来临带给世界以前所未有的变革,随着第三次科技革命的到来,大数据、云计算、人工智能等依托于网络技术的变革对法律实务界进行着全方位的渗透,现代社会的制度运行体系已经深深镶嵌在这个互联网的世界里。

---

❶ Robert Alexy. On the Structure of Legal Principle [M]. Ratio Juris, 2000: 297.
❷ 罗昕. 美国网络中立规制研究: 脉络、实质与启示 [D]. 武汉: 华中科技大学, 2012.
❸ 邹军. "网络中立": 美国立法之困及启示 [J]. 现代传播(中国传媒大学学报), 2014, 36 (12): 123 – 127.
❹ 马歇尔·麦克卢汉. 古腾堡的群星 (The Gutenberg Galaxy) [M]. 多伦多: 多伦多大学出版社, 1962.

技术变革和发展有着深刻的经济根源。随着20世纪50年代工业社会向信息社会的过渡，到20世纪60年代硅谷的科技行业集成；为孵化和加速科技公司的发展，1971年美国证券交易商委员会设立了NASDAQ指数。风险投资（Venture Capital）为代表的财务投资诞生，开始进行高新产业的世界范围筛选。1986年的《广场协议》成为1987年华尔街股灾和1990年东京危机事件的诱因，预示着信息社会对世界的全面渗透。对资产证券再次证券化的衍生品交易迎来了发展契机，全面的风险事件经由信息演绎为证券市场波动进而深入地影响着民众的财产和生活。资本的趋利本性更加隐蔽和变本加厉，依托互联网信息及数据的提取、运算提升及证券化速度变快、技术理性的扩张呈现加速度态势，立法和监管相对滞后，噬利和技术的协同到背离等多种原因，不仅支撑了美国在20世纪90年代网络信息行业中诸多大公司证券市场的非理性繁荣，也导致了2000年美国互联网泡沫事件（DOT泡沫）。NASDAQ上市网络科技公司崩盘后，政府和社会开始检视自身。欧盟于2001年11月通过了国际上第一个针对计算机系统、网络或数据犯罪的多边协定——《计算机犯罪公约》（Convention on Cybercrime，也译作《网络刑事公约》）。通过对政府、行业组织、企业家联盟的深度省察，美国国会和政府加速通过了《2002年萨班斯—奥克斯利法案》，以约束上市公司信息披露、会计机构财务报告和保护投资者。同年，美国联邦通信委员会（Federal Communications Commission，FCC）开始了网络行业的自律行动，一场监管机构和网络公司之间的对抗由此拉开序幕。

（二）市场和监管博弈中的网络中立原则生成

纵观美国互联网发展史，网络中立是其中心议题。网络中立（Net neutrality），也称互联网自由，是指网络服务提供商（Internet service providers，ISP）应当平等地对待网络数据，不对用户、内容、网站、平台、应用、关联设备及通信方式进行主体及价格歧视。❶ 看似简单的伦理性设

---

❶ Minjeong Kim, Chung Joo Chung, Jang Hyun Kim. Who Shapes Network Neutrality Policy Debate? An Examination of Information Subsidizers in the Mainstream Media and at Congressional and FCC Hearings [J]. Telecomunications Policy, 2011, 35 (4): 314-324.

定，经历了长期而复杂的博弈过程，需要看到规则背后之内涵。实践中甚至更像是一种精神的力量。"网络中立"的思想自2002年由美国宽带用户和创新者联盟（CBUI）首次提出，其后成为行业和国家之间的最重要话题。❶ 该组织将FCC视为互联网规制主体，并提出FCC应采取措施，防止网络所有者歧视不附属于网络运营商的网站、应用、服务或设备。然而，网络服务提供商（ISP）却认为监管者提出的标准并不会体现社会实际。谁来负责划定这一标准成为模糊不清又充满争议的问题。哥伦比亚大学法学院教授吴修铭对网络中立是由政府管理方界定、互联网工程任务组界定、出于理论家的直觉界定，提出了制定主体疑问，旨在为网络中立提供一个更为精确的概念。❷ 从实施主体来看，网络中立是ISP应平等对待而不应歧视不附属于自己或合作方所有合法的内容/应用/设备的网络接入基本原则。❸ 从政策法规来看，网络中立规制又有着不同的主体含义，支持政府介入规范和支持行业组织规范的各自有各自的理由。

行业协会和ISP相互博弈使得中立标准逐步清晰。2004年，FCC主席米歇尔·鲍威尔（Michael K. Powell）最先提出互联网自由四原则：介入合法内容的自由、使用应用软件的自由、接触个人设备的自由、获得服务计划信息的自由。从实践来看FCC声明的互联网自由四原则并没有法律约束力，更像是内部的自律规范，同时这一规范宣告着自身作为裁决者在技术中立适用中的地位。2007年，FCC因下发康姆卡斯特令（Comcast Order）引发了诉讼，美国联邦法院在2010年肯定了部分网络管理权限，但法庭并没有否决基本的网络中立原则。其后的上诉法院的终审裁决则变更了判决：并不认可FCC执行其规则的直接管辖权，对于其他具体案件则没

---

❶ Minjeong Kim, Chung Joo Chung, Jang Hyun Kim. Who Shapes Network Neutrality Policy Debate? An Examination of Information Subsidizers in the Mainstream Media and at Congressional and FCC Hearings [J]. Telecomunications Policy, 2011, 35 (4): 314 – 324.

❷ Tim Wu, Network Neutrality. Broadband Discrimination [J]. Journal of Telecommunications and High Technology Law, 2003 (2): 141 – 178.

❸ 罗昕. 美国网络中立规制研究：脉络、实质与启示 [D]. 武汉：华中科技大学，2012.

有明示，也就是将管理职权置于怀疑的旋涡中。该案改变了 FCC 和 ISP 之间的力量平衡，即 ISP 发现自己有能力支配他们的网络管理实践而不用对谁负责。FCC 继而转向请求国会的确认，但国会的选择受制于集体行动，成员的利益也各有不同，投票制度设计、意见多元化、认识问题的不同立场使得其所设计的中立标准无法实现。利益角逐中的网络中立其后成为美国总统竞选筹码。为应对美国次贷危机，2008 年奥巴马的竞选政策从一开始便带有明显的倾向性，即承诺"网络中立"，以回应民众的期待。当选后，他对互联网上"难以置信的平等"大加赞赏。FCC 的主席被聘为奥巴马高科技顾问期间，网络中立立法进程加快。2009 年 FCC 在原网络接入四原则基础上扩展为六原则，新增了下面两个原则：非歧视性原则，即互联网接入提供商不能歧视互联网上的任何内容或应用程序；透明原则，即互联网接入提供商的网络管理措施必须公开透明。六原则涵盖所有有线与无线的宽带连接，其中包括智能手机数据连接，提出了迄今为止范围最广、内容最具体的管理互联网接入提供商和无线运营商的规则。❶

2010 年 7 月 21 日，次贷危机中运用信息工具造假带给世界巨大的系统性风险，奥巴马签署《多德—弗兰克法案》（Dodd-Frank Wall Street Reform and Consumer Protection Act），以抵御系统性风险为核心的宏观审慎系统得到认可。以风险治理为核心的金融系统需要一个相对稳定的网络信息安全系统。网络中立原则在 2010 年 11 月经过中期选举和后续努力后，FCC 发布了低位阶规范《开放互联网报告与指令》（Report and Order, 2010 R&O），也称为"网络中立指令"。该指令明确：FCC 采取重要步骤来维护互联网，以作为创新、投资、创造就业、经济增长、竞争和自由表达的开放平台，并阐释为三原则：透明度、非阻挡和非合理歧视原则。它援引了 1996 年的美国电信法案，对相关条款进行了扩大解释，并明确了自身如下三个职权："开放互联网规制职权、促进竞争和投资、通过频谱许可来保护公共利益"。然而，由于该条文存在巨大的漏洞，被实务界广泛

---

❶ 罗昕. 美国网络中立规制研究：脉络、实质与启示 [D]. 武汉：华中科技大学，2012.

诉病。在 2011 年条例生效一周后，因为 FCC 及《网络中立条例》被诉，正式实施暂缓，双方的焦点在于后两项原则是否有效的问题。2011 年 4 月，美国政府正式发布了《网络空间可信身份国家战略》。此战略阐述了美国政府意图在现有技术和标准的基础上，建立"身份生态体系"，实现相互信任的网络环境。2014 年，美国联邦上诉法院哥伦比亚特区巡回法庭否决了 FCC 制定的"开放互联网指令"。法庭确认 FCC 有权监管宽带业务，还可以重新修订其网络中立指令。不过 FCC 可能会提起上诉，主席汤姆·威勒说，他在考虑"所有可能的选项"，以确保互联网的开放性。2017 年 12 月 14 日，共和党占多数的 FCC 投票推翻了奥巴马政府的"网络中立"规定，但该决定遭遇了互联网巨头和民众的反对。有调查显示，有 83% 的美国民众拒绝废除"网络中立"规定。❶ 2018 年 5 月，欧盟出台的《通用数据保护条例》（General Data Protection Regulation，GDPR），旨在对网络服务提供商信息利用做出限制，并对滥用权利做出更加严格的惩罚，以保障信息安全。

  由上可见，网络中立作为一项技术标准，共识性规范的生成需要经过伦理建构、政治博弈到规范建构的过程，但事实上任何规范都不是完成状态。市场的剧烈动荡使得网络中立突破了原有的内容，成为规避系统性风险、实现宏观审慎的重要保障力量。作为美国政策规范，它只是一个相时而动的规则，稳定性较差，党派斗争对其影响巨大。从行业协会和行业翘楚的斗争中，民众的各项信用信息利益始终是 FCC 和 ISP 之间斗争的焦点，利益是行业发展中最重要的考量因素。另外，民众对于中立的期待和努力客观上影响着中立的效果和进程。网络中立实质权衡因素为技术理性，价值中立是互联网推广者的普遍表达，技术是否能够体现价值无疑成为核心命题，其实质为人文主义和科技主义两种理念的碰撞，互联网金融行业的发展也是资本话语围绕人文和科技之间的反复博弈。

---

  ❶ 郑伟彬. 美国废除"网络中立"原则，影响几何？[EB/OL]. (2017 – 12 – 18) [2019 – 06 – 16]. http://www.bjnews.com.cn/opinion/2017/12/18/468990.html.

二、人文主义与科技主义争论下的技术中立原则

（一）工业时代科技理性对世界变革正当性反思

马克思将科学技术看作是"人的本质力量""历史的有力杠杆"，为人从"物的依赖性为基础的人的独立性"阶段向"人的自由全面发展"提供了必要的物质基础。科学技术渗透着人本意蕴，"工业的历史和工业的已经产生的对象性的存在，是一本打开了的关于人的本质力量的书，是感性地摆在我们面前的人的心理学"❶。"由于我们生活在一种技术化的环境之中，因此不免要遇到这样一些问题：人类是这种新技术的主人还是奴隶？技术使人类的选择和自由得到了发展，还是受到了限制？"❷ 以人认知科技现象及规律的学科——科技哲学本质为人与科技的关系。

科技在文艺复兴和宗教改革中起到了巨大的祛魅作用，然而却成为资本控制人类的利器。"文艺复兴思想家们再一次强调了以人为中心，在这样的思潮中，人的活动应当以其自身价值而受到重视，因此科学探索也开始以新的惊人步伐向前迈进。"❸ 然而，技术推动的强大的物质改造并没有实现人的全面发展，却呈现了财富的更迅速集中。"科学、文学和艺术，窒息着人们那种天生的自由情操。"❹ 自然科学将失去它的抽象物质的或者不如说唯心主义的方向，并且将成为人的科学基础，正像它现在已经——尽管以异化的形式——成了真正人的生活基础一样。❺ 马克思深刻地批判科技的异化，"在工场手工业中，工人是一个活机构的肢体。在工厂中，死机构独立于工人而存在，工人被当作活的附属物并入死机构"❻。过分偏重于技术理性带来了深重的分歧，"我们的一切发现和进步，似乎结果是

---

❶ 马克思恩格斯文集（第1卷）[M]. 北京：人民出版社，2009：192.
❷ [美] J T. 哈迪. 科学、技术和环境 [M]. 唐建文，译. 北京：科学普及出版社，1984：7.
❸ [英] 伯特兰·罗素. 西方的智慧 [M]. 北京：世界知识出版社，1992：362.
❹ [法] 卢梭. 论科学与艺术 [M]. 何兆武，译. 北京：商务印书馆，1963：9.
❺ [德] 马克思. 1844年经济学哲学手稿 [M]. 北京：人民出版社，1985：85.
❻ 马克思恩格斯文集（第5卷）[M]. 北京：人民出版社，2009：486.

使物质力量成为有智慧的生命,而人的生命则化为愚钝的物质力量。现代工业和科学为一方与现代贫困和衰退为另一方的这种对抗,我们时代的生产力与社会关系之间的这种对抗,是显而易见的、不可避免的和毋庸争辩的事实"❶。

20 世纪的两次世界大战既是源于科技理性对于利润的超越民族国家边界的争夺,同时也是人类利用科技力量实现自我争夺的极端表现,而最终将可能通向人类的毁灭。为反思战争成因、重建国际秩序,《联合国宪章》《国际人权宣言》等一系列超主权国家规范的颁布,重申了人类基本伦理、遏制科技异化,从而降低共生风险提升生存协同。在对技术理性异化的深刻反思下,形成惩治战犯、遏制大规模杀伤性武器等制度。重建人文伦理的新秩序得到了各国的认可,通过技术理性为人类造福的发展黄金期成为各国重建的基石。一种将文明、学科、技术系统化集成的信息社会成为理想,罗马俱乐部成员 E. 拉兹洛认为,在 20 世纪的最后 10 年,"世界上那些先进的社会都已经彻底地'信息化'了。他们不再仅仅是社会系统、社会政治系统、社会经济系统和社会文化系统,而且还是信息加工系统"❷。然而,"任何一位思想家都难以回避对技术的哲学反思,因为这种反思实际上就是对人类的前途与未来的沉思与求索。"❸

(二)形成逻辑的"单向度"技术的意识形态化

1955 年,海德格尔在《技术的追问》一文中对技术表达了忧虑,他指出技术的本质并非技术本身,而是一种解蔽手段,事物通过技术呈现了它们自身的本质。❹ 被誉为"发达工业社会最重要的马克思主义理论家"❺

---

❶ 马克思恩格斯文集(第 5 卷)[M]. 北京:人民出版社,2009:580.

❷ [美] E. 拉兹洛. 决定命运的选择:21 世纪的生存抉择 [M]. 李吟波,等,译. 北京:生活·读书·新知三联书店,1997:6.

❸ 高亮华. "技术转向"与技术哲学 [J]. 哲学研究,2001 (1):25.

❹ [德] 海德格尔. 演讲与论文集. 孙周兴,译. 北京:生活·读书·新知三联书店. 2011:3 - 37.

❺ 陈学明. 二十世纪的思想库——马尔库塞的六本书 [M]. 昆明:云南人民出版社,1989:1.

的赫伯特·马尔库塞对病态的发达工业社会意识形态批判指向当代科学技术，他将发达工业社会及其思想文化"单向度"根源当作工具理性和实证主义的思想基础来批判，创立以剖析科学技术的消极社会功能为核心的科技异化批判理论。

马尔库塞对科技中立论❶提出批判，他把发达工业社会定义为"工艺装置"，定义为按技术的观念和结构而运转的政治系统。❷ 在形式逻辑基础上而形成的实证主义是技术理性的哲学本质，科学技术的实证性、功利性和反辩证法性，对现存事物的顺从性、肯定性和非批判性，使其自身成为资本主义的统治工具，成为更具辩护性、更具控制性的意识形态。❸ 马尔库塞认为，科技异化现象之所以在当代发达工业社会中日益凸显的原因，从思维方式来看在于形式逻辑的发展和应用。❹ 他认为，"在科学合理性之外，人们生活于一个价值世界中"，非科学合理性仍然是价值多样性判断的表达，理性的哲学思维方式要求所有的事物均代入考量中，用经验主义定性和定量分析逻辑否定不符合标准的，从而构成对多元价值和现实的否定，"在形式逻辑的统治下，本质和现象相冲突的观念如果不是无意义的，就是可以消融掉的；物质内容是中立的；同一原则与矛盾原则相分离，终极原因被从逻辑秩序中清除了出去。"❺ 这种只关注技术手段而不关注人文主义的观念，构成了异化的逻辑基础。

（三）法兰克福学派技术中立的思考

技术并非独立于人的精神世界，甚至在法兰克福学派的代表者哈贝马

---

❶ 李桂花. 科技哲思——科技异化问题研究［M］. 长春：吉林大学出版社，2011：149.

❷ 陈振明. 法兰克福学派与科学技术哲学［M］. 北京：中国人民大学出版社，1992：298.

❸ 李桂花，张媛媛. 超越单向度的人——论马尔库塞的科技异化批判理论［J］. 社会科学战线，2012（7）：30.

❹ 李桂花，张媛媛. 超越单向度的人——论马尔库塞的科技异化批判理论［J］. 社会科学战线，2012（7）：31.

❺ ［美］马尔库塞. 单向度的人［M］. 刘继，译. 上海：上海译文出版社，1989：123.

斯看来，技术和科学都是意识形态。❶ 哈贝马斯延续了马尔库塞科技异化批判理论的合理内核，将技术和科学视为新的意识形态。然而，他将技术扩张带来的严重的实践后果并不视为压抑和奴役人的功能，他对科技进步持乐观主义态度。"随着大规模的工业研究，科学、技术及其运用结成了一个体系。……于是，技术和科学便成了第一位的生产力"❷"科学在技术中的应用和技术进步又反过来应用于科学研究，成了劳动世界的核心和实体。"❸

哈贝马斯观点受到了马克思所著《经济学手稿》的影响，他认为科学技术也对社会生活甚至经济生活和政治生活的各个领域产生着非常重要的作用。"社会系统的发展似乎由科技进步的逻辑来决定。科技进步的内在规律性，似乎产生了事物发展的必然规律性"❹。在陈旧的意识形态被摧毁之后，新的意识形态就是科学和技术，"社会的不断'合理化'是同科技进步的制度化联系在一起的。当技术和科学渗透到社会的各种制度中使各种制度本身发生变化的时候，旧的合法性也就失去了它的效力。"❺ 哈贝马斯认为科学技术有着意识形态特征弱化、较高的说服力、非政治化和可以通向话语民主的特点，并借此可以通往一种话语的商谈活动，"真理是观念和对象的符合"❻。在科学技术和政治之间、技术专家与普通大众之间可以通过言语论辩的形式而展开对话民主，通过这一商谈程序实现公开的对话和辩论，从而实现科学技术和资本话语的融合。

---

❶ ［德］哈贝马斯. 作为"意识形态"的技术与科学［M］. 李黎，郭官义，译. 上海：学林出版社．1999：38－83.

❷ ［德］哈贝马斯. 作为"意识形态"的技术与科学［M］. 李黎，郭官义，译. 上海：学林出版社，1999：62.

❸ ［德］哈贝马斯. 作为"意识形态"的技术与科学［M］. 李黎，郭官义，译. 上海：学林出版社，1999：89.

❹ ［德］哈贝马斯. 作为"意识形态"的技术与科学［M］. 李黎，郭官义，译. 上海：学林出版社，1999：63.

❺ ［德］哈贝马斯. 作为"意识形态"的技术与科学［M］. 李黎，郭官义，译. 上海：学林出版社，1999：39.

❻ ［德］黑格尔. 哲学史讲演录（第二卷）［M］. 贺麟，王太庆，译. 北京：商务印书馆，1959：301.

海德格尔和马尔库塞对技术的批判态度与现代社会对技术的美化有些格格不入，但技术的社会功能需要在更为宽广的社会交往形式、社会结构和目标的脉络之中进行考察。在芬伯格所称的技术和社会"共同建构"的领域中，技术理性与社会经验之间互相纠缠。❶ 技术一旦进入社会领域，必然会被社会制度、社会组织和社会群体的各种利益、诉求和价值判断所塑造和限制。马尔库塞所批判的价值中立观提供了一个考察技术和社会之共同建构的思维方式，因为技术作为一种工具性和目的性的编码系统，在生活世界中是以价值的实践样态进入公共领域和论争之中。我们无法从这些复杂的效益之中提炼出一个统一形式的目的，因为尽管技术带来了这些福祉，但同时它也会严重破坏这些福祉。❷

进入 21 世纪，在金融资本驱动下技术的非中立性特征越来越明显。技术的全球化形成的共生秩序使得各国陷入囚徒困境中，本国经济安全与国外之间的联动性增强使各国无法独善其身。一是技术集团正在分享、参与、染指国家传统权力的运作；二是国家开始积极拥抱大数据、人工智能技术，政治权力运行更多地开始依靠大数据、人工智能技术并与之深度融合。郑戈认为制定"人工智能社会的宪法"❸ 显得尤为迫切。世界民主的呼声也从来没有间断，多极和多元将会成为未来社会的主要特征，而其中的博弈将会伴随始终。开放社会是政治多级和文化多元的社会。文化多元不仅是开放社会的特点，也是开放社会不断发展的活力源泉。

科技主义与人文主义的斗争在现代社会中更为明显，也激起更多人对"现代性"的思考，网络时代的来临需要警惕资本话语对于技术的驾驭和侵蚀。互联网金融以其日益复杂的技术制度使人更多地屈从于其提供的各项条款中，使多数用户在得到满足的同时，处于风险之中。金融本应更多关注人的实际需求，而不是资本话语。

---

❶ [加] 芬伯格. 在理性与经验之间：论技术与现代性. 高海青，译. 北京：金城出版社，2015：6 - 7.
❷ [美] 布莱恩·阿瑟. 技术的本质 [M]. 曹东溟，王健，译. 杭州：浙江人民出版社，2014：186.
❸ 郑戈. 人工智能与法律的未来 [J]. 探索与争鸣，2017（10）.

三、网络信息技术法律规制的考量因素

"人类有能力驾驭和引导技术向需要的方向发展,然而人类现在掌握的知识,已经赋予了人类几乎能摆布自然的本领,因此必须谨慎小心地衡量各种技术抉择是否合乎需要,这种强大的力量必须用于高尚的目的。"❶我们面对网络技术立法的难题在于,很难实现体现其发展规律的规范体系,在其发展需要规范时,规范能够促进技术的发展;在其遇到瓶颈时,又不会被资本及利益所控制。因此,①价值总是经由技术表达,它可以是用一套明确的逻辑语言表达为貌似中立的技术语言体系;②价值也会附着在技术层面,从而用各种形式价值表达充满伦理意味的倾向;③同时,价值观念会通过政治形式、经济形式和各种类型表达为不同的目标。为了很好地把握其实质,必须从以上三个层面关涉的内容进行考察。

第一,作为一种技术形态,以 Cooper(2004)模型看,建构了一个由物理层、逻辑或代码层、应用层和内容层组成的数字传播平台。❷ 首先,在物理层,计算机、路由器、交换机和高容量的光纤电缆是数字经济得以迅速繁荣的物理基础设施。如果纯物理层不会关涉价值的话,经由莱布尼兹和布尔代数到现代逻辑阐释的代码层,无疑会带有形式逻辑本身的缺陷、关涉样本的取舍、算法公允与否,因此需要重视该基础层面的问题。其次,技术的内在价值和现实价值作为技术的价值存在形态,也是不可分割的"技术矛盾"统一体。"它既存在于技术设计中,也存在于技术使用和技术体系之中……是一种置身于两种不同的可能性之间的矛盾发展过程。"❸ 从技术开发角度来看,任何技术开发均不是纯粹的为人类解放之伟

---

❶ [美] J T. 哈迪. 科学、技术和环境 [M]. 唐建文,译. 北京:科学普及出版社,1984:7.

❷ Mark N, Cooper, et al. Open Architecture as Communications Policy Preserving Internet Freedom in the Broadband Era [M]. Stanford: Center for Internet and Society, Stanford Law School, 2004: 102.

❸ Feenberg A. Transforming Technology: Critical Theory of Technology [M]. Oxford: Oxford University Press, 1991: 14.

大的理想，是政治、经济目标和个人实现的混合产物，完全中立无法实现。

第二，技术作为一种话语表达载体而言。在应用层，软件革命是能使信息路由、传输和协调的神经系统。在内容层，每个声音、符号和图片都能数字化。当计算速度、存取容量和传送速率越来越大、越来越快和便宜时，远距离搬运大量的声音、数据和视频也就越来越可行。在应用层和内容层里，价值选择成为大家关注的焦点。因为参与主体多样、参与价值观多元、参与目标不同，因此有着不同的表达方式和路径。互联网的兴起描绘了一个"平等、自由、分享"的美丽图景，这样的理性描绘与经济和法学思想家预设的理性人假说并无二致，这种人格独立、自由且能够有很好的控制力，能够理性地表达和充满博爱之心对待所有人，但这种抽象意义上的人格无法通过实践和历史检视，在西方国家精神和物质方面的负面价值影响之下的色情、赌博、毒品泛滥成灾，因此抽象人格无法满足其设想中的形态，所有被认为普遍伦理的最后也只是幻想。

第三，技术作为一种政治经济目标实现的方式。对美国中立政策而言，无论是小布什还是奥巴马政府，均反映了美国借助于网络信息社会来进行政治外交、金融体系和商业贸易中争取控制权的表现，在一切的形态中，金融利益无疑是关键。发展理念和路径分歧会带来诸多矛盾，以贸易战、汇率战为基础的经济安全战争不可避免。这些经济利益通常还借助网络世界的控制和干涉。"棱镜"秘密监控项目中的众多国际网络巨头考量着网络中立的伦理困境，美国对于欧洲高层信息的监控；在"谷歌退出中国事件"中，谷歌声称其"经常面临不同程度的网络攻击"，同时"对同意审查部分搜索结果感到不舒服"，❶ 美国时任国务卿希拉里随即表态，希望中国政府对导致谷歌考虑撤出中国市场的网络攻击事件进行彻底透明的调查。脸谱（Facebook）在美国特朗普和希拉里竞选期间，公司对于舆情

---

❶ 牛琪、缪晓娟. 中国回应谷歌事件强调互联网企业依法运营［EB/OL］.（2010－01－14）［2018－10－28］. http：//finance.ifeng.com/news/tech/20100114/1709886.shtml.

的控制,以及美国网络巨头出售网络数据等信息体现着经济及政治目标。2017年,勒索病毒事件、比特币的疯狂和2018年特朗普威胁断网等各种事件均体现着资本话语对网络中立的蔑视。

在贯彻"网络中立"理念上,国内学者对于信息社会的规制模式主要有管制、回应、重构三种。管制意味着对网络世界进行控制;而回应则侧重于发挥现有规范体系的基本功能,并且对于法律的适用采用扩大解释的方式;重构则更加侧重于对于网络社会规范的重新建设。在立法中也显现着不同的立法倾向,例如,管制模式建议统一网络立法,回应模式侧重于按照联合国贸法会《电子商务示范法》中的功能等同原则的应用,扩大解释相关规范,而重构(另立类型)模式则希望更多地借鉴国外先进经验。笔者认为,扩大解释无疑更加适合现有阶段的立法规范以及修改。通过法律的严格执行,从而真正落实规范体系的社会控制功能。

第四节 金融科技下的金融市场变革及规制

金融行业处于产业资本生态链条的顶端,其负外部性抑制是各国在立法中关注的重要目标。20世纪以来,每一次经济危机均源于金融市场的崩盘,各国在立法中开始协调拟定规范。因德国赫斯塔特银行(Bankhaus Herstatt)和英国巴林银行(Barings Bank)事件,1975年2月,国际清算银行(BIS)召集十国集团,在国际清算银行下设的监督机构巴塞尔银行监管委员会亦称"巴塞尔委员会"(Basle Committee On Bank Supervision,BCBS)。随着巴塞尔银行业《资本协议》的出台,世界加强了银行业各国之间的协调监管,在国际清算银行的持续引导下,资本协议不断完善。资本协议中确定的规则也被多数国家所认可下来,形成了各国制定金融法的重要实证基础,其中有关于最低注册资本、内控制度、外部监管中的相关量化指标也逐步被各国移植。我国移植这一规范后,这一软法也成为商业银行法的重要来源。软法的刚性化也使得我国金融体系带有了较强的科层化特点,加之资本市场内控移植于英美,使得我国的制度在欧美规则之间反复试错，这一制度路径依赖使得我国的金融体系很难发展出自身的特色。

一系列的内控技术指标在何种情况下有效、如何确定其有效边际、如何不断修正指标成为软法需要重视的因素。金融机构需要针对现实社会不断调整自身，而监管部门也需要针对存在的各种负外部性进行监管，在制度路径依赖的大环境下，通常很难实现自洽的结果。监管部门无法继续适应科层制的管理方式，以授权监管立法和独立调查等形式进行监管，各种行业自律组织也在不断地调整自身的自律规范，以尽可能弥合上层制度与社会现实之间的矛盾，监管对话和协商治理成为主要的方案。

为适应数字经济的影响，监管范式由科层制转向了对话协商式，以促进金融创新。部分欧洲和英联邦的国家重视法律现实主义理论，并通过软法治理、柔性监管的模式，加强监管层与互联网金融平台公司之间的协商成为重要的方向。英国最早出现了 P2P 网络借贷，ZOPA 公司经过十年的完善，其贷款利率已经持平甚至低于传统银行。2008 年的金融危机重创了英国的传统金融服务业，英格兰银行（BOE）被迫进行改革，目标是实现金融稳定以及对其他银行和金融机构进行申诉、监督的两项监管权力分置，下设金融政策委员会（FPC），作为宏观审慎监管机构，负责监控和应对系统风险；2013 年，将金融服务管理局（FSA）功能拆分，新设审慎监管局（PRA），负责对各类金融机构进行审慎监管；新设金融行为监管局（FCA），负责监管各类金融机构的业务行为，促进金融市场竞争，鼓励和保护金融创新，保护消费者权益。2013 年 10 月 24 日，《关于众筹平台和其他相似活动的规范行为征求意见报告》[1]，对规范众筹业务提出了若干监管建议。征求意见报告共得到了 98 条反馈意见，FCA 对反馈的相关意见进行了采纳。正式出台了《关于网络众筹和通过其他方式发行不易变现证券的监管规则》[2]，该规则于 2014 年 4 月 1 日起实施。FCA 计划在 2016 年

---

[1] The FCA's Regulatory Approach to Crowdfunding and Similar Activities, CP13/3 [EB/OL]. https://www.fca.org.uk/your-fca/documents/consultation-papers/cp13-13. 2016-9.

[2] FCA, Feedback to CP13/13 and Final Rules [EB/OL]. https://www.fca.org.uk/your-fca/documents/consultation-papers/cp13-13, 2014-3.

对监管规则实施情况进行评估,并视情况决定是否对其进行修订,涉及最低资本金要求、客户资金管理、争议处置及补偿机制、信息披露制度以及定期报告制度等,除了最低资本要求是定量指标之外,其他基本都是规范性要求。

在沟通和商谈机制之下,尊重创新引导商业规则变化。2015年,以辩证立法理论为基础,英国借鉴计算机沙箱技术原理,推出互联网监管沙箱,该监管沙箱机制目标很明确,在于通过对个别创新的逐层约束,对金融创新进行保护,从而为法律规范的推出奠定基础。这一做法适应了国际金融规制主体碎片化后的行业现实。国际金融危机后,世界各国金融监管强化成为各国的共识,金融机构合规压力上升,金融创新快速发展与风险监管难度逐步加大,互联网金融在提升投资工具的同时,另一种带有管控技术形式的监管科技应运而生。

监管科技具有较强的系统灵活性,有助于推动金融监管方式的持续优化,可显著降低合规管理的人工风险。监管科技在监管数据管理、情景模拟和预测、金融交易实时监测、落实"了解你的客户"原则和对监管规则进行机器解读等方面具有广阔的应用前景。然而,现阶段监管科技也面临技术风险较大、研发成本较高,以及存在隐私保护和数据安全问题、监管科技标准化在短期内难以实现等因素的制约。[1] 2015年11月,英国金融行为监管局(FCA)在《支持监管科技发展和应用的征求意见稿》中,将监管科技定义为"运用新技术促进监管要求的达成"。2016年6月,FCA在上述文件的反馈意见总结报告中,将监管科技进一步明确为"金融科技的一个子集,重点关注能够比现有技术更加高效地促进监管要求达成的新技术"。该定义明确了监管科技的应用领域,并着重强调其高效率。国际金融协会(IIF)认为,监管科技是"运用新技术以更加高效地达成监管和合规要求"[2]。我国有学者提出,狭义的监管科技仅仅指金融机构内部的合

---

[1] 傅强. 监管科技理论与实践发展研究 [J]. 金融监管研究, 2018 (11): 32-49.

[2] IMF and FSB. The Financial Crisis and Information Gaps: Second Phase of the G20 Data Gaps Initiative (First Progress Report) [R]. 2016: 8.

规程序通过使用科技辅助手段变得更加高效,广义的监管科技还包括监管机构对技术创新加以利用以提高监管效率。❶

近年来,我国的互联网金融规范渗透着管控和高压的意蕴,各个行业监管机构受制于科层制,疏于对问题的系统处理。从2008年的货币政策宽松带来的投资扩张到2013年开始的挤泡沫政策之间缺乏缓冲,给民营资本带来了巨大的影响。影子银行在不断创造信用链条的同时也累积了较大的风险,以透明为要求的监管理念需要透过互联网金融产品的表面形态看清业务实质,将资金来源、中间环节与最终投向穿透连接起来,按照"实质重于形式"的原则甄别业务性质,根据业务功能和法律属性明确监管规则。对跨界互联网金融产品和金融活动,不同监管部门之间的监管协调成本还比较高,部门协作监管机制有待完善。例如,在业务人员管理上,上海银监局建立了上海银行业从业人员监管信息系统,实时收集、分析、汇总、分类监管信息,并且和证监局、保监局进行合作,避免"交叉感染","互联网金融行业可以参照类似做法,建立全行业的诚信经营信息系统,加强违规信息共享,从源头上控制风险"。不可否认的是,法律规范的滞后性特征使之后的立法工作受到较大影响,规范的拟定显然与监管现实不同步甚至出现了两者相"脱节"的情况。

在我国互联网金融的发展过程中,金融市场监管层分阶段地以不同的方式回应监管现实。实践表明,现行分业监管体制与缺乏科技支撑的传统监管模式,难以遏制互联网金融的野蛮生长以及防范金融风险的积累和传染,须以先进的监管理念和信息共享与合作联动的监管主体、基础风险源相匹配的监管原则以及科技化的监管模式为内容,建构互联网金融监管体系。当前我国金融监管改革使互联网金融监管前进了一大步,而科技监管是互联网金融监管从应然走向新的实然的必由之路。❷

---

❶ 杨东. 监管科技:金融科技的监管挑战与维度建构 [J]. 中国社会科学,2018 (5):69-91.

❷ 许多奇. 互联网金融风险的社会特性与监管创新 [J]. 法学研究,2018,40 (5):20-39.

第五节　互联网金融监管及规制之平台治理[1]

　　资本的全球化催生了大量的大型电商平台公司和跨国公司，这些公司在不断宣扬自身的价值立场、丰富自身的产品、完善自身的组织结构和管理规范的同时，也在不断地与国内法和国际规范博弈，而技术创新、管理创新也带来了国家组织形式和管理方式的变革。依据强大的价值传播力、复杂而精密的组织体系、丰富多样的服务和商品、以市场为导向的交易规范体系，互联网平台逐步变得强大，互联网金融公司的巨大组织能力和多元化的渠道，使得行业治理完全与这些平台公司绝缘变得不可能。如前述大型 ISP 公司与 FCC 之间的矛盾并没有在博弈中寻找到平衡，而是在不断的博弈中坚持自己的立场，这也使这一领域的规范制定变得尤为困难。

　　现代社会产生以来，企业对社会结构的调适共实现了两次历史性的转变。第一次是由传统型公司在 19 世纪下半段完成的。典型的公司如美国通用集团（GE）出现于 19 世纪末，这个时代是列宁所主张的资本主义社会从自由资本主义开始进入垄断资本主义的时代。在自由资本主义时期，社会矛盾在于代议制政府与公民之间，现代意义上的宪法、行政法等法律出现。而垄断资本主义时期则在二者之间增加了大型垄断企业，这些企业甚至可以对抗国家规范，对公民权利的侵犯通常是很难避免的。大型跨国公司使得社会管理体系发生巨大的变化。为了应对社会变化，社会法出现并逐渐形成一个重要的部门法，如《反垄断法》《消费者权益保护法》《产品质量法》《劳动法》《环境保护法》等，现代社会中的经济法、商法相继出现。第二次是 20 世纪 60 年代后，信息和网络时代来临。[1]这一时期，传统行业显然无法与网络型公司抗衡。诞生于硅谷并活跃于美国 NASDAQ 市场的巨头，如谷歌、苹果等网络平台公司重新定义着市场、商品和服

---

[1] 俞思瑛，等. 对话：技术创新、市场结构变化与法律发展 [J]. 交大法学，2018（3）：55-78.

务。网络平台公司极大地改变着社会结构，也改造着科层化的监管体系，促使资本和信息全面下沉。

第一，网络平台公司在征信或公用服务中的便利性不容忽视。首先，如网络平台公司自客户第一笔交易开始，便开始对商户和消费者进行征信并赋权。而过往的信用体系主要是通过央行等政府部门直接征信或者间接授权来实现，大量的金融控股公司也通过平台公司不断进行结构化和非结构化的征信。这一行为的实质在于重新构建社会结构的过程，然而无论搜索引擎还是电商平台公司的逐利性导致它的征信带着明显的不公允，对于这些信息操纵带来的利益使得多数公司偏离了自身行业伦理。其次，网络平台公司在竞争中逐步解构了社会原有结构。如P2P网贷公司通过四方协议，将双方撮合起来，通过网络进行债权债务的处理，这一业务显然与最初银行中介业务非常近似。很多平台公司将生产环节都"外包"给了其他公司，使原有《劳动合同法》中涉及的劳资关系发生了变化，这就很难直接运用到网络平台公司、商家、服务方以及用户之间松散的交易关系之上。网络平台的竞争力在于：由于传统行业综合税负、新兴行业的支持等历史原因，线下的企业要受到严格监管，而网络企业往往可以规避这些规制。遵守法律法规总是意味着提升成本，这在事实上导致了线上线下的不公平竞争。最后，电商平台公司为现代社会中便利和迅捷的消费带来了前所未有的创新。新的消费者随性的投资和消费成为电商平台较之于传统行业显著的优势，微观和宏观结构的金融、商业、服务市场都发生了深刻的变化。移动电子商务兴起后，传统金融行业和线下经济受到极大的影响，很多国外机构和国内机构酝酿改革现有的组织结构和治理体系，以适应社会的不断变化。如果从效率、创新等经济学理论来说，线上和线下经济体博弈是一个漫长的时间，因各国的经济结构而有所不同。通常，互联网金融平台对较大的国内市场和相对区域化的商品和服务供给明显不同。

第二，企业自我供给的"私治理"逐步延伸至"公治理"领域。竞争法的最初出现是为了消除市场主体之间在经营中的负外部性，倡导一种自由、开放、诚信的竞争秩序。我们今天所面临的是经济社会、传统产业整体信息化和数据化的过程。公用事业需求的社会性和平台的服务供给通常处于耦合状态,很难将所有业务进行完全地隔离。如支付宝平台既从事支付的功能,也从事公用事业服务功能。近年来,法院在推进智慧法院建设中,互联网法院、电子送达、互联网审判、司法拍卖等新的形式极大地改变着管理体系和市场结构。对于互联网平台公司而言,他们既需要处理自身的盈利业务,也需要通过这些公用业务来实现客户引流和转化。新的竞争格局也使新模式中的竞争约束条件发生巨大的变化,需要用多元、复合的视角去解决这个问题。

第三,互联网平台是信息流、物流、资金流的高度集成,通过全面信息化和电子化,以交易平台作为载体,用法律的理念来衡量,对各方需求进行供给。这种组织管理能力也是在不断提升的,20世纪90年代初,互联网平台的组织能力决定了它只是一个"电子公告板"。而今天它们的组织能力大不相同。任何事情都有它相应的弊端。决策优先劣后就成为关键,从现实需要出发成为首选。这个过程中当决策链路最短的时候,网络交易解决的是让大家能够在线快速地达成交易,实现更多的机制透明、竞争透明、价格透明、过程透明,还有相应的约束,这种机制才能得到很好地发展。但是市场机制从来都不是完美的,它只是博弈和制衡机制。

互联网平台公司在完善自我管理的同时,也在不断地改变着社会组织结构。如果原有的制度供给不能满足这个需求,它就被迫需要自己提供制度供给,如纠纷机制的形成。纠纷处理成本高,也不应该由企业来承担,所以平台公司只提供信息服务,不干预交易过程,但也会被人投诉,这种信息服务带有极强的认证功能,所以这种功能的需求催生了新的工具产生。如支付宝等第三方支付工具,最初这种业务被当成一个风控措施、安全保障制度。而与之相应的一些服务在线争端解决机制(ODR)等规范也逐步在这种情势下得以产生,如网络投诉处理、网络类仲裁处理、互联网法院。

互联网平台公司在不断深入服务的过程中,金融服务功能、公用事业服务功能、商业交易中介功能等各项功能趋于完备,在这些业务的处理中,不断延伸着自身的管理规范。互联网平台服务业务也通过外包的方式,互联网平台公司公用事业服务逐步出现,大量第一手信息收据和交易纠纷处理经验也使一些授权立法和授权管理规范不断地发展。在交易过程中的规范,如消费者权益保护法、个人信息保护法等法律规范,均通过网络平台发布,广泛征求意见。同时在这些规范的制订中,各个行业的规制主体也逐步通过网络平台来寻找自己所需要的社会事实内容。对于涉及网络方面的管理制度中,通过授权给网络平台公司从事管理,也逐步成为社会治理的重要方式。

第四,互联网金融缺乏足够的行业准入门槛,业务经营监管缺位,无退出机制,加之旺盛的社会融资需求,信贷紧缩后商业银行对于民营资本的抽贷,导致 P2P 网贷行业及其他互联网金融行业的野蛮生长,由于社会信用体系不健全、违法成本较低,所以违规运营的机构大量出现,而金融行业本身的特点也带来了很大的负面影响。互联网金融波及行业较多,涉及的监管部门众多,2015 年 7 月 18 日,央行会同有关部委出台《关于促进互联网金融健康发展的指导意见》,确立了互联网金融主要业态的监管职责分工,落实了监管责任,明确了业务边界。按照这份指导意见,互联网支付业务由人民银行负责监管;网络借贷业务、互联网信托业务、互联网消费金融业务由银监会负责监管;互联网基金销售、股权众筹融资业务由证监会负责监管;互联网保险业务由保监会负责监管。显然,如此庞杂的监管主体,形成统一监管为大势所趋。对跨界互联网金融产品和金融活动,不同监管部门之间的监管协调成本还比较高,部门协作监管机制有待完善。新的商业模式既然可以存在,必然有其存在的现实基础。法律现实主义理论告诉我们,一个看似正义的规则在适用的时候并不能得到正义的结果,这便需要我们审慎地对待现有的规则。监管沙箱是在以抑制性监管为主的监管理论下产生,显然是对原有理论的修正。而这样的思维也不再简单粗暴地在立法中禁止或在窗口指导中叫停,在投资者保护机制完备、网络安全保障下进行商业机制的测试,可以辨明该种商业模式的市场机制的实质合法与否、出现的风险类别以及商谈风险产生的原因,进而通过协商实现规制的目标。监管沙箱在这一环境中,通过第三方 PwC 的全程审计,一方面促进商业规则的逐步形成;另一方面对市场行为也进行了很好的跟踪。在实验室模式认可的基础上,可以豁免规范的适用,推广为行业指导规则,逐步形成法律规范。这种软法而治和协商治理,不仅符合实质法治的要求，同时也体现了法的审慎性、稳定性和可预测性的基本原理。如支付宝中招财宝板块，其利用自身在供应链方面的优势进行经营，由于其对商户已经进行了相对翔实的征信，所以其违约率和风险度是可以控制的；在美国上市的宜信财富，由于其选择的借款人目标群体为白领阶层，信用状况良好，该公司经过几年的经营，对于白领阶层的违约率进行了详细的实证调研，通过精算，完全可以实现利率的市场化，所以其运作是较好的。这些调研结果显示，我们不能因为风险而忽略融资本身的需求，普惠金融的存在有其自身特殊的地位，这便要求我们边梳理模型、控制风险，边进行制度设计。

第六节　互联网金融监管及规制之考量因素

　　互联网金融有着特殊的生发机制，代表着满足定制化需求的新的商业模式。对此，审慎分析其内在逻辑，把握其根本特性，对于构建新时代集数据、安全、制度三者合一的格局大有裨益。互联网金融调控的最大难题在于其系统集成性。互联网金融监管及规制框架的确立，需要综合考量主体、技术、资本、科技、权利等要素，理性分析立足于互联网金融主体性要素的变迁，以及其承受载体与传统场景功能的比较研究为基础，理性审视互联网公益精神和资本话语矛盾，以监管科技与金融之间监管悖论的解析为核心，搭建互联网金融平台本身私治理体系为基础的协商治理体系，进而逐步形成建立在识别现有新解构基础上的新功能监管和规制体系。在这一进程中，应当以网络金融主体为元治理单位，以互联网给主体带来的功能性变革导致的要素变化为观测点，以金融契约理论为核心，形成公私治理的二元路径。

　　对商业模式和制度移植的后发型国家而言，金融的私治理是前提和基础，而私治理需要广泛商业和制度共识，市场治理意识培育的迫切性不言而喻。在私治理领域中，通过资源配置两种路径，形成以公司内部治理为核心的纵向配置治理体系和公司竞争为中心的横向交易治理体系，前者依靠契约和内部管控实现资源的有效利用，后者通过竞争契约实现各种主体间的资源均衡配置。在两大路径的资源配置中,私治理的自我规制和竞争规制逐步精密化,他们对自身领域的监管较之于公共监管领域有更强的优势,私治理领域的规范在市场失灵的矫正中大量出现,并潜移默化地影响着公共治理。在我国,多数商业模式来源于域外移植,这些商业模式的本土化有一个渐进式的接受过程。同时由于文化和传统的差异,外来的模式不可能是恒定的模式,这也极大地考验着现有移植于国外的内控制度、指标、运作的有效性。同时,我国借鉴国外形成的传统金融模式在市场中地位相对稳固,金融的趋利性也导致这些金融企业自身改革的期待并不迫切,而由于基于自身利益的维护,对新金融有着较为严重的制约作用。因此,私治理规范是公治理规范的一大渊源;借鉴经验和发展自我、不同规制对象之间的公平性,均应是公共治理需要考量的因素。

新金融的公治理应当立足于市场失灵的矫正,移植监管规范的本土化、公平有序市场的维护,以及宏观审慎和金融安全的权衡。金融监管需要合理定位市场失灵或各种金融事件,确保移植的金融监管各项制度和指标的本土化效用,以及规范目标实现的监督和错误行为的矫正。对于新生事物来说,较快制定规则并且依靠规则并不能解决现存问题。加之为这些监管部门设定任务等,更无法解决金融问题。新金融带来了资本流动的便捷性,这也为区域性金融安全和国家金融安全带来了严峻的现实问题。在市场发展中,保持充足的流动性是必要的,而流动性的均衡需要成熟的制度土壤,在现代社会中,各国在金融发展中纷纷比拼制度,以求得制度的相对优势。较为现实的路径包括:程序性机制的保障、监管部门持续的监管制度和形势学习、金融刑事红线的科学设定并合理调试、金融契约精神共识的培养。同时,为了使金融市场的相对稳定,还需要针对不同的时期采取有一定弹性的规范体系。

公治理需要有合理分工,我国监管分类、结构化监管已经初步划定。公私治理目标在于协商治理和有效治理。因此将公治理和私治理割裂开来的做法显然是错误的。金融市场的复杂性在于难以划定清晰的标准,以说服民众认同禁止某一些实际经营的管理行为。这便需要在设定规则体系中,肯定契约在其中的基础性功用,其是公平市场的外部保障及金融整体性安全的规范基础,以实现金融市场纵向融贯的系统性治理体系。

第四章　互联网金融监管及规制理论基础

从金融发展史可知，金融行业有着巨大的自利性和负外部性。对于互联网金融监管和规制来说，需要关注其所依赖的土壤。对于一个拥有长期金融传统文化的国家，长期借鉴西方金融理论、实务、监管经验，要形成兼具国际兼容性和自身特色的制度体系，需要看清现实困境之症结。在我国，互联网金融监管的根本目标在于如何平衡我国移植国外规范形成的旧金融体系和新金融形式之间的矛盾，是否均衡地要求所有公司具备同样的监管规则和内控指标，监管和创新如何平衡等。从理论发展来看，我国传统金融和互联网金融均有较强的西方理论的路径依赖。因此两者之间的竞争不仅仅是经营的竞争、制度的竞争，更重要的是理论的竞争。"理论在竞争中成长，也在竞争中延续。竞争不意味着理论的泯灭，而是理论保持生命健康的方式。"❶ 这便需要我们认真审视金融基本理论预设、研究进路和结论，并予以审慎检视。

第一节　互联网金融规制理论预设

金融是国家重要的核心竞争力，金融安全是国家安全的重要组成部分，金融制度是经济社会发展中重要的基础性制度。互联网金融依托新的技术手段，是对现代金融理论更加精准的反映，互联网金融实质上不仅仅是"资金借贷或融通"或风险管理的技术，它同时也是一种财产权的跨时

---

❶ 舒国滢. 法哲学沉思录 [M]. 北京：北京大学出版社，2010：11.

间和跨空间交易。

20世纪90年代，一门关注金融秩序治理与法律的新兴交叉学科即法律金融学兴起，其特殊的理论预设和研究方法在互联网金融时代仍然有着较好的解释力。其核心预设为契约机制，所有金融交易所依赖的工具被视为是一种合约或一种财产权利证书，金融市场则是各类金融合约的集合和产权证书的交易场所或机制，金融机构的实质则是一种产权交易的"合约纽结"，是降低交易成本及风险的合约治理结构。而金融监管实质是为了保障这些私人契约和普遍主义秩序以及公共契约的"上层建筑"能够顺畅运营。由此，互联网金融行业规制两个主要的解释学进路可以看作规范经济分析的"波斯纳传统"与关注约束条件的"科斯传统"。

"波斯纳传统"主要进行的是金融规制的经济分析，这种研究范式运用最优化、均衡、效率、风险、收益等概念和工具来解析金融法律规范，描述和评判金融法律制度与法院的行为和效果，解释金融规范背后的效率逻辑。这一进路主要应用于金融立法以及司法审判实践中的直接应用。在现代，互联网和大数据在为金融业提供发展机遇的同时，对现有金融相关理论也提出了诸多挑战，如期限与地域等。现有的金融业务及监管理论与方法已不能满足互联网金融创新发展的理论需求。一方面，互联网金融需要突破；另一方面，监管层必须严格防范过度创新可能造成的风险。因为新的金融产品、交易方式和管理办法可能带来更多的金融风险，监管机构不得不采取动态管制措施以约束金融机构过度创新，从而形成金融管制和金融创新的交替上升过程，双方在监管—违规（合规）创新—罚款（监管）的均衡路径上重复博弈，因而的确存在双赢的可能性。当互联网金融适度创新水平低于临界值，创新活动出现高风险时，互联网金融适度创新的临界值与过度创新的罚金正相关，与监管成本负相关；当监管力度大于临界值，监管有效时，监管力度的临界值与互联网金融企业的额外收益、适度创新成本正相关，与适度创新的社会收益、过度创新的成本和罚金负相关；当互联网金融的适度创新水平和监管力度均等于临界值，意味着互联网金融创新与监管双赢。当前亟须构建互联网金融监管体系，完善互联

网金融创新制度、规则和法律建设，做好风险预防和对高风险产品的监管。❶

"科斯定理"的契约分析模型是互联网金融法律的另一解释进路。这一理论分支主张所有的交易进程都受到"一系列契约的联结"的控制，这些契约包括从投资人处募集资金、制定金融产品服务方案、与客户形成第三方支付协议和借款协议等各种类型的协议。基于资本的时间价值和空间价值，以及资本时空的不间断性，将各种互联网金融协议看作是一系列合同关系的集合体。

在零交易成本条件下，假如公司组织中的投资者、管理者和其他利益相关主体能够协商一致并且能够准确无误地履行他们之间的协议的话，互联网平台公司的规则和运作就和他们所自愿达成的契约条款相类似。但是由于有关契约的谈判和履行总是要付出成本，这时，对于金融公司参与者来说，互联网金融法律规范就能够为他们之间关系的治理，提供一套各方都可以一致遵循的规则及实施机制。在契约模型中，公司金融产品和服务的价格由市场和契约来决定，这些公司和产品的内在结构的优化受制于该实体与外部客户之间的博弈、该实体内部投资人结构或治理结构之间的博弈，以及该公司给社会带来的外部性法律评价。不容忽视的是，金融中介存在的重要原因之一是缓解储蓄者和融资者之间因信息不对称而引发的逆向选择和道德风险问题。❷然而在运作中，金融中介对社会服务的功能以外，其自身的发展经历了很长的时间，不考虑这些机构本身的盈利要求和时空间断过程中的风险控制，是无法很好地解决问题的。加之信息社会中有诸多层代理关系的存在，有效的信息披露也受到信息处理能力限制，法律规制的功用也就是满足社会交易自由的充分实现。

尽管中国在经济增长方面有着很好的表现，但是产权保护和商业合同的执行情况却问题不少。也就是说，转型期中国经济和金融的发展主要是

---

❶ 宋洋，徐英东，张志远. 互联网金融创新与监管双赢：规避和管制的博弈分析 [J]. 社会科学研究，2018（4）：25 – 31.

❷ Mishkin, F S. The Predicting Power of the Term Structure of Interest Rate [J]. Economic Review, 1995（32）：26 – 351.

由一些非正式部门推动的，正式法律规则的影响往往很微弱。这说明中国的法律与金融发展的经验现实很难用法律条文来解释。同时，我国也面临着各国都曾面对的金融规制中规范法学和社科法学规制悖论。由于拥有着巨大的用户数量、便利的信息传输功能、金融业务场景化定制实现着产业和技术的融合、跨越发展，极大地促进了普惠（Inclusive）金融对传统金融的挑战、金融脱媒的加速实现、定制化和标准化金融产品推广，犹如其他新技术形式，"双刃剑"的属性带来了沟通渠道的巨大便利，同时也带来了巨大的市场风险。发展中国家经济快速增长后经济放缓，实体资本脱实向虚，投机资本大量涌入金融行业带来的风险；"囚徒困境"困局，带来的发达国家的投机资本涌入，而发展中国家普遍的规范缺位，其负面作用风险巨大；规范制定苛刻带来的投资资本流出压力增大。我国有规范的金融法律体系，但规范的适用和扩大却带来了不可避免的尴尬问题。如我国的私募基金管理办法中的私募监管公募化问题，代币工具窗口指导到直接叫停的问题。因此，较为折中的方法是，将法律与金融研究看作是二者之间的交叉与互动，不仅重视法律对金融的影响，也重视金融对法律的影响，也就是说我们需要一个动态的法与金融观。

法律金融学理论在中国还面临一个所谓本土化的问题，要在中国这样一个有着悠久儒家文化传统和计划经济制度遗产的国家建立金融市场法治秩序，以保护投资者的权利，不可避免地要关注三大约束条件：第一，传统体制所遗留下来的计划权力运作背景和政治功能前置的金融功能定位；第二，中国历史长期演进中形成的"关系"为本位的社会结构及其在此基础上形成的"特殊主义的信任结构"；第三，中国金融系统长期以来对国外制度的依赖性也是一个较为重要的因素。这三个变量互为因果，使中国金融制度变迁呈现出强烈的"路径依赖"特征。因此，应该对中国金融发展的约束条件进行研究，对中国金融市场所倚重的社会结构进行深入分析，才能构建一个本土化的金融市场治理的法律框架以及基于中国经验基础上的法律金融学理论框架。

在新时期，互联网金融的监管与规制又有着较强的时代性特征。因此，要深化对国际国内金融形势的认识，正确把握金融本质，深化金融供给侧结构性改革,平衡好稳增长和防风险的关系,精准有效处置重点领域风险,深化金融改革开放,增强金融服务实体经济能力,坚决打好防范化解包括金融风险在内的重大风险攻坚战,推动我国金融业健康发展。

第二节 互联网金融发展两大支柱

互联网金融依靠大量的经济学和金融学模型对不同的事件进行预测,在大数据、云计算、人工智能等技术革新的前提下,其运算的概率得到了持续的提升。在对其实现有效监管中,需要尽可能实现其资本时空连续性预设所需要的环境,这样才能使大量的数据真正地反映在经济生活中。有效市场假说便是金融学的重要理论预设,并极大地影响着金融行业。在监管领域,有效市场假说支撑了强制性信息披露以及注册规则,这些由主流金融学的"有效市场假说"所支撑的一系列法律原则,都毫无例外地确信市场机制对管理层的约束职能,成为商谈主义的主流立法与司法理念的理论基础,以促成社会的协商治理。

一、有效市场理论

有效市场是互联网金融市场发展的基础,也是实施行业监管和规制的根本目标。在理论上,根据市场禀赋来调控是主要的着眼点,由此形成了以市场为基础的理论和以依靠制度为基础的理论两个方向。这些理论遵循法与经济学的"科斯传统",结合法律制度来研究宏观法律金融学问题,也就是以金融学为中心、以经济学或计量经济学作为分析工具,强调法律环境对金融主体行为、金融系统运行以及金融发展的影响。该方向有两个重要分支:第一个分支强调在那些私有产权得到良好保护和私人契约安排能够很好地得到法律支持的国家,其金融市场也比较发达;第二个分支则试图在比较法的视野下发现法律起源与金融发展模式之间的因果关系。研究发现,法律制度的质量取决于其所移植的法系,而这种法律起源又决定了投资者法律保护状况,从而决定了这个国家金融发展的水平,也就是说，国家之间的金融发展差异与它们的法系起源有直接关系。而这种关系又通过两种机制来影响金融发展，第一种机制通过政府干预手段，主张不同法律传统私人产权和政府权力分布的侧重点不同，而私人产权和私人签约权恰恰是金融发展的基础；第二种机制是适应性机制，该机制主张不同法律传统对商业、金融环境变化的适应能力不尽相同，能迅速适应商业环境变化，使经济契约要求与法律之间缺口最小化的法律传统，更有力地推动金融发展。

不可忽视的是，即便是精确的大数据和云计算以及人工智能等技术，仍然无法实现经济模型对社会的替代功能。在金融学模型中，通常有两个基本的假设：第一个是"完美市场"，即市场是无摩擦的、没有交易成本、可以在最大程度上保证效率的实现；第二个是"理性经济人"，即任何市场参与主体都是理性地支配自己所有的资源。然而，在现实中，任何一种前提又是抽象的、无法实现的。根据"完美市场"假设，如果要达到完美的市场，就需要很多以市场为基础的制度设计，这就使新制度经济学向契约方向延伸，形成了法律金融学的"新制度学派"，构成对传统理性金融学的一个主要挑战。针对"理性经济人"假设，有学者引入行为科学来解释金融市场的一些异常现象，如泡沫以及非理性繁荣等现象，这样就有了行为金融学，法律金融学也必须关注这一金融学的研究转向。在互联网金融行业中，不理性、跟随性投资是常见的。我国传统社会中，民众的从众心理，以及对事实缺乏判断力，通常使得风险事件的波及面成倍扩张。在这种情形下，对于有效市场的维护成为金融监管和公司规制的重要面向，前者是为了尽可能消除互联网金融的负外部性造成的公共利益损失，而后者则是为了保障投资人的权益。

二、商谈主义理论

适度监管和柔性监管建基于协商治理语境中，该理论源于德国学者哈贝马斯的商谈理论。互联网金融跨国公司的出现，也促使国家治理体系的不断碎片化，这一现实有着深刻的社会基础，也影响着法律规制的范式变革。法律的两种范式表现为私法与公法（社会福利法）之间的关系。作为自由主义的私法范式是建立在国家与社会相分离的基础上，私法范式主张消极自由，反对国家和社会的干预，是一种形式主义的法律范式。德国学者哈贝马斯认为，建立在商谈论基础上的民主平等的协商模式，只有通过民主的、平等的对话形式，才能达成主体之间的交往共识，才可以规避自由主义私法范式的欠缺和社会福利主义公法的弊端，实现法律的创制者与接受者的统一，实现权力的拥有或权力的分享的合法化。❶

这一理论倡导从"范式"或"范式转换"角度来看待法律规范和道德规范及其转换问题。❷ 依照自由主义的市场经济模式，国家尽可能不干预或少干预市场的运作，让社会来发挥自己的调节角色。典型的理论是亚当·斯密的观点，国家只需充当市场经济"守夜人"的角色。19世纪，德国作为欧洲市场经济的后发国家，私法的制定和运行也是建立在国家与社会相分离的基础上的。在国家和社会分离的前提之下，法理学思考的出发点是这样一个假设：通过组织起一个非政治化的、排除国家干预的经济社会，私法维护了法律主体的消极的自由地位，并因此而维护了法律自由的原则。这里，哈贝马斯与亚当·斯密观点相同，"非政治化的、排除国家干预的经济社会"也是依靠市场这只"看不见的手"所引导的市场经济。具体而言，这种社会中包括了市场经济的运作体制，以及在此基础上形成的相应的具有经济、政治、文化职能的各种中间组织，如公司企业的行业协会、社会团体协会和各种中介机构，它们通过运用经济权力和社会权力，而非诉诸国家权力机构来影响公司和个人决策。社会组织作为派生单位逐步成为国家规制的补充。

19世纪末20世纪初，西方社会出现了一种新的社会趋势，即西方的社会主义运动导致了社会福利法的兴起。因而在19世纪末的欧洲社会，特别是在德国，私法所遭到的巨大挑战是不言而喻的。随之而来的一个严重问题是行政权力的无限扩张和膨胀，以及由此引发的对个人权利的僭越和

---

❶ 孔明安. 论法律的范式转换及其辩证法——从哈贝马斯的商谈论谈起 [J]. 国外社会科学, 2018 (5): 4-11.

❷ [德] 哈贝马斯. 在事实与规范之间 [M]. 童世骏, 译. 北京: 生活·读书·新知三联书店, 2003: 705.

侵犯。故此，作为自由主义的私法与作为公法的社会福利法之间必然产生严重的对立，并导致二者之间的紧张。社会福利法的实施必然要求作为其实施主体的行政权力强力介入社会的诸多领域，甚至个人领域。必要时，为了推行某种福利政策和公共政策，社会福利法甚至要求行政权力漠视原来私法的有些基本规范和规则，包括个人的基本权利，甚至隐私权。这恰好是自由主义的私法所难以容忍的，也是人们对福利法诟病的主要原因。自由主义私法所最重视的个人的消极自由就有可能受到侵犯。

比较两种法律范式及其共性关于自由主义的私法范式与社会福利主义的公法范式之间的对立和冲突是一个非常明显的社会现实。首先，从形式上看，哈贝马斯的商谈论的论证模式是辩证的，并与黑格尔三段论的辩证法风格相类似。哈贝马斯指出了自由主义的私法范式存在的合理性及其不足，同时也看到了作为福利法的公法取代自由主义私法的合理性以及可能随之而来的缺陷。在此情形下，作为商谈论的民主模式变成了自由主义私法范式与福利主义的公法范式的辩证的"合题"，它在形式上类似于黑格尔的"正反合三段论"的形式，也具有类似于马克思主义辩证法的形式特征。作为对自由主义范式的替代品的福利社会的公法一旦形成，就是对自由主义的私法范式的第一次否定，不可能再回到自由主义的私法范式那里了。然而，第一次否定和第二次否定构成"否定之否定"，催生了哈贝马斯的"商谈论"。其次，商谈论模式的辩证性体现于形式与内容的统一性。所谓商谈，是在社会公共领域的背景下主体之间的平等对话和沟通。商谈是协商制度设计，是对个人权利、权力及其合法性的沟通和对话。所以商谈是主体间性的，它必须遵守一定的"游戏规则"或商谈原则，商谈是每位公民享有法律保护的平等的个人自由权利，以及机会均等地参与意见和意志的形成过程的权利，并且享有获得行使其他一切公民权利所必需的特定生活条件的权利。在商谈中，"公民的自主性和法律的合法性是相互参照的，只有那些产生于权利平等之公民的商谈性意见形成和意志形成过程的法律，才是具有合法性的法律。这些公民要能够恰当地行使其受民主参与权利保障的公共自主，则又要求其私人自主得到保障。得到保障的私人自主之有助于公共自主的'形成条件保障'，就好像反过来公共自主的恰当实施之有助于私人自主的'形成条件保障'"。

这种商谈论的模式较为公平,主体间可以进行平等地协商对话。哈贝马斯认为"协商政治应当被视为一个综合性的事务,它立足的基础是网络:公平的讨价还价过程以及各种形式的辩论——适用性的、伦理性的和道德的,每种形式的辩论都依赖于不同的交往性前提和程序"。哈贝马斯所描绘的协商式民主的蓝图虽然在现实社会中难以完全实现,但"协商民主"对我们来说仍具有重要的理论与现实意义。这也促使国家规制、社会主体规制、行业规制等多元化主体的出现。在金融市场变革、市场风险频繁、民众权利损失的前提下,通过监管层和被监管主体之间的协商,寻找到问题所在,对于共同应对各类风险,坚定被监管主体的信心有着极为重要的作用。

有效市场理论和商谈主义均是以市场有序配置资源为目标,在国家金融安全前提下,保障市场公平竞争秩序,通过私治理和公治理的有效配合,对市场进行合理的规制和监管,并通过动态监管促进各项风险控制指标的优化,从而实现金融市场的有效监管。这一有效监管须综合考虑以下三对矛盾的适当处理:投资人身份性信息披露边界与金融机构、监管方之间的平衡;市场交易规则及运算模型对现实情形的容错性;监管指标的管理性思维与协商治理的兼容性。从而逐步搭建以市场体系为核心,管理与协商治理协调的监管新范式,以尽可能规避市场风险和治理风险,保障金融安全和稳定。

第三节 互联网金融核心监管理论

一、公共利益监管理论

公共利益的监管理论以市场失灵和福利经济学为基础,指出本质是政府对公共需要的反应,目的是弥补市场失灵、提高资源配置效率、实现社会福利最大化。市场失灵主要表现为外部效应、信息不对称、不完全竞争和自然垄断等，监管是一种公共产品，是能够降低或消除市场失灵的手段。

（1）负外部性监管理论

外部效应是指提供一种产品或劳务的社会费用（或利益）和私人费用（或所得）之间的偏差，有正负之分。从整个金融体系而言，正的外部性是金融机构正常发挥金融中介的职能，通过提高储蓄和投资规模及效率，服务于经济增长；反之，金融体系负的外部性效应，是指金融机构破产倒闭导致的连锁型反应，会造成货币信用萎缩，动摇经济增长的基础。在金融市场上，负外部效应尤为严重。在金融机构发挥中介作用的过程中，存在风险与收益的外部性、金融混乱的外部性。银行业作为一个负债经营的特殊行业，对社会的破坏力明显高于自身破产造成的损失，并且，个别银行破产的多米诺骨牌效应有可能导致整个金融机构系统的崩溃而引发金融危机。20世纪30年代"大危机"中所发生的银行挤兑就是例证。金融领域比其他经济领域存在更严重的负外部性，为政府实行金融监管提供了重要的理论基础。基于负外部性效应，形成了负外部性监管理论，其核心内容是：金融体系的负外部性是导致金融市场失灵的主要原因，实行以政府为主的金融监管是解决问题的关键。在金融机构成为经济发展的重要因素时，放任金融机构的自由竞争和完全依赖自律管理无法保证消除负外部性效应。因此，需要政府功能的介入来抑制市场失灵，采取税收或管制等措施矫正负外部性效应。

（2）公共产品监管理论

公共产品具有消费的非排他性和非竞争性的特征。稳定和公平的金融体系具有公共产品的特征，任何人都可以享受一个稳定、公平而有效的金融体系提供的便利，即非排他性；任何人都可以享受上述好处的同时以及以后，不妨碍别人享受相同的好处，即非竞争性。但作为公共产品，就会不可避免地出现"搭便车"问题，即人们乐于享受公共产品带来的好处，但缺乏有效的为公共产品的提供和维护做出贡献的规制和行动。如银行挤提，金融机构违背审慎经营原则过分冒险等个体理性的行为，都有可能导致挤提等非理性的结果，最终引发这一公共品的供给不足。金融体系的这一性质，决定了需要有一个无私利的主体实施限制和监督，维护产品供应的确定性。基于金融体系公共产品的特性，形成了公共产品监管理论，其核心内容是：金融体系自身的公共属性会导致金融市场的失灵，引发风险和导致危机。因此，有必要通过以政府为主的金融监管，实现对金融服务供给的良性引导。对市场经济下的金融体系而言，政府应该通过限制个体金融机构的冒险行为来削弱金融机构的非理性，保持金融体系公共产品的健康稳定，维护投资人的利益和确保经济稳定。

（3）自然垄断监管理论

金融业务存在巨大的规模经济，规模越大，平均成本越低，收益越高。这意味着金融业具有一定的自然垄断倾向。因此，金融机构的自由竞争最终走向高度垄断。金融业的集中垄断会对福利和效率造成损失，对社会产生负面影响。自由竞争的结果是优胜劣汰，然而由于金融机构个体对整个金融体系有很强的外部性，被淘汰的金融机构的支付困难很可能通过由信息不对称导致的恐慌心理，传导至整个金融体系，引发不确定态势，危及整个经济体系。因此，应通过政府监管来消除垄断隐患，减少金融体系的不稳定性。基于金融市场的自然垄断性，形成了自然垄断理论，其核心是：金融市场的自然垄断性是导致金融不公平发展的主要原因，政府监管是消除垄断、维护合理竞争的有效措施。金融机构的集中垄断会带来经济和政治上的不利影响，需要政府的监管提供公平的竞争环境，稳定金融和经济发展。20世纪60年代之前，金融危机与经济危机相伴而生，形成了"金融危机是经济危机的一种表现形式"的思维定式。20世纪60年代以后，金融危机开始吸引金融监管研究的视线，形成了金融监管理论的另一分支——金融脆弱的监管理论。

（4）金融的不稳定假说

20世纪80年代，金融不稳定假说出现，该假说认为，私人信用创造机构，特别是商业银行和其他贷款人的内在特性，会使他们经历周期性的危机和破产；金融中介的困境被传递到实体经济，使宏观经济产生动荡和危机。美国学者明斯基（Hyman P Minsky）将借款企业分为三类：抵补性的借款企业，投机性的借款企业和高风险的借款企业。随着经济的繁荣，后两类企业的比重越来越大。生产部门、个人和家庭的债务相对于收入的比例越来越高，股票和不动产价格持续上涨。然而这种长波上升阶段之后必然迎来滑落，任何阻止信贷资金流入生产部门的事件都将引起违约和破产，又进一步影响到金融体系，结果金融机构的破产就像瘟疫传播，金融资产价格的泡沫迅速破灭，金融危机爆发。明斯基认为，自大萧条以来虽然经济周期没有消失，但是另一大萧条没有出现，这是由于"上限和下限"的制度安排发挥了重要作用，防止了债务膨胀。"上限和下限"的制度安排是指政府运用大量反周期的赤字和盈余政策来增加或减少有效需求，以及中央银行凭借最后贷款人的身份确定资产价格下限。由此可以看出，这一金融体系的内在不稳定是引发金融风险、产生金融危机的根本原因，政府干预与监管制度的建立可以有效降低这种内在脆弱性，实现金融的稳定发展。

"大危机"在摧毁"看不见的手"并促成市场理论深化的同时，催生了上述金融监管理论。公共利益监管理论成为这一时期最主要的研究命题，为西方主要发达国家严格、广泛的金融监管提供了有力的注解。然而，就研究方法及思路而言，这一时期的理论存在以下局限性。金融监管理论从各个角度揭示了市场失灵的原因，提出了监管的必要性，但这些理论的研究往往侧重于整体对于政府公共利益的界定仍需审慎进行划定。

二、信用信息监管理论

互联网金融源于对市场信用、信息的高效利用及对资本的精确、高速投放。信息与信用作为证券价格的核心影响因素，推动着每分、每秒的市场波动，各国普遍将信息信用进行披露，而全球性联合披露和监管显然更加有利于市场的理性。

针对金融市场的负外部性，信息经济学旨在发现信用及信息不对称带来的风险，从而倡导政府约束，即外部监管。外部监管的核心在于通过外部监管促使信用信息的完备和信息披露的规范，从而解决由此发生的道德风险和逆向选择。21世纪初，美国因财务信息披露问题导致安然事件，《萨班斯法案》为上市公司规范了披露信息规则，从而期待扭转信息不对称带来的市场风险。在经济危机事件治理中，各国纷纷将信息和信用透明化和规则化。规范政府监管信息披露规则、交易所信息披露规则、证券公司和期货公司等会员公司披露细则以及交易机构席位等交易规则，这些交易规则体系极大地扭转了信息不对称格局。全球化加剧了市场交易联动性，利用国际监管合作，协调监管成为主要方向。国际清算组织（BIS）、国际证券业协会（IOSCO）等组织积极推动共同标准申报和统一财务标准，旨在平衡信息不对称。

从互联网金融风险规制之解决信息不对称问题和实现投资者风险吸收能力与金融资产风险相匹配的逻辑出发，应把交易主体道德风险和机会主义行为所导致的交易不确定性，以法律方式予以剔除，而互联网金融的脱媒属性，也决定了披露融资者信用风险及金融资产风险，应成为互联网金融风险规制的首要范式，这也可被称为"风险暴露"范式。

以资本流动带动主体信用及信息监管也是一条路径。互联网金融体系下借助程序化交易使得信用体系愈加复杂，跨境资本流动带来的市场波动越来越强，而金融衍生品的发展客观上需要信息信用体系的进一步规范，国际组织加快了信息信用体系的联合监管和征信体系的互认和协助，交易主体的审查成为各国资本市场的重要一环。信息流动应着眼于资金流动，显然以资金流动带动信用信息审查对互联网时代具有非常重要的意义。穿透监管对于厘清互联网金融交易主体有极其重要的意义，因为它致力于发现多层嵌套的最终主体，为市场交易带来透明性保障。这种监管模式将资金来源、中间环节与最终投向穿透连接起来，从而甄别业务性质；根据业务功能和法律属性渐进式监控，从而促进公平和诚信交易。同时，监管科技及人工智能提升了信用体系识别能力。利用人工智能识别自然人和程序交易、监控异动；通过跨市场交易信息监控、共享，来捕捉交易违法和犯罪情形，将更加便利。跨市场交易中则需要依靠监管协作来解决问题，需要国际组织会员加强监管信息披露，制定监管合作框架及监管规则，尝试推动国内监管规范的国际互认，并可以探索本国市场交易案件的域外管辖方案，如我国如何回应美国的长臂管辖制度和欧盟实施的域外监管制度。

三、结构功能监管理论

金融中介不断发展，其自身也有着复杂的经济逻辑。交易者分毫之间决定盈利，所带来的负外部性不可小视。1929 年美国金融危机中源于银行业与证券行业的混业风险，30 年代《格拉斯—斯蒂格尔法案》，通过第 16 节和 21 节、20 节和 32 节最终确立了商业银行和投资银行间不可逾越的界限。❶然而几十年后，这一金融防火墙无法适应金融业的发展。为分析金融混业经营风险，默顿引入结构功能理论，得出"金融功能比金融机构更稳定，金融机构的竞争和创新能力会使金融系统各项功能提高。"❷ 根据金融中介功能监管分为"机构观"将公共政策目标列为机构生存和兴旺，后者"功能观"注重探索最佳效用。该功能侧重于预测未来具有中介功能机构的组织结构，从而灵活设计政策和监管方案。1999 年的《金融服务现代化法案》则是对金融分业经营的改革。

审慎包容是面对创新的改革方案，其目标在于降低金融负外部性。面对互联网，各国均以开放的态度，审慎考察其对金融市场的变革以及中介市场的结构，力图搭建一个制度环境、安全环境、投资人保护为一体的综合监管方案。2008 年国际金融危机爆发后，审慎监管框架为金融安全带来了新的监管工具。这种以防范系统性金融风险为目标，旨在以治理架构为支持的逆周期政策，防范和管理跨时间和行业的金融风险，解决经济周期性和系统性风险的集中问题。货币政策规则清晰，对市场整体结构进行统筹分析，对市场需求理性回应，运用多样化的调控工具便成为核心。

互联网金融因其所承担的国家战略需求已经上升为国家命题❸。对其

---

❶ [美]哈威尔·杰克逊，小爱德华·西蒙斯. 金融监管[M]. 吴志攀，等，译. 北京：中国政法大学出版社，2003：1004 – 1005.

❷ Merton R C. Operation and Regulation in Financial Intermediation: a Functional Perspective [G] //P Endund, et al. Operation and Regulation of Financial Markets (The Economic Council, Stockholm), 1993: 7 – 11.

❸ 叶强，刘作仪，孟庆峰，等. 互联网金融的国家战略需求和关键科学问题[J]. 中国科学基金，2016 (2)：150 – 158.

治理路径采用中央与地方协同的体制,而在业务方面倾向于宏观审慎和功能监管相互呼应。主要发达国家实施的互联网金融监管重视技术功能,监管沙箱和监管科技较好地满足了功能监管和审慎监管需求。如针对智能投顾实施监管沙箱,对部分市场监管规范豁免适用,意图实现互联网金融监管与创新之间的兼容。通过技术市场隔离机制,从而服务于其创新目标。在大数据背景下运用监管科技有条件地干预市场。除此以外,对于跨市场交易监管,需要进行全球性监管协调。可以探索国际监管合作沟通和对话,综合考量合作方的诚意、合作积极性、领导者以及参与合作组织的代表性。

四、激励监管理论

自由和管制一直是资本市场的基本矛盾,适度监管为金融监管的最佳状态。在实践中各国纷纷实现"强化监管的独立性,平衡处理好金融创新与风险管控的关系"❶。激励监管理论旨在保障监管者与被监管者的信息结构、约束条件和可行工具的前提下,运用成熟的合约方法,分析双方行为和最优权衡,这种监管为高度监管到轻度监管提供了现实可行的缓释途径。从而发展出"相机监管"理论,通过事先标准化的规则,推动实现监管主体和被监管者之间在认同的规则秩序下从事经营。

互联网金融时代,由于各国规范体系不尽一致,世界各国货币政策缺乏兼容性,通过制度缺陷和利用监管信息不对称带来进行跨市场套利的情形较多。我国证券期货市场程序化交易中,互联网金融平台公司、网络科技公司提供服务的专业化会促进其迅速发展,市场端和投资端平台公司在发展中逐步借鉴国外经验,形成较为系统的主体规则、信用规则和市场交易规则。这些交易规则的执行,较好地反映了实践现状,因此国家刚性的法律与柔性的监管规则、平台服务规则之间需要兼容。在一种标准化规则之下,反映经济周期,适用相应监管规则较为妥当。首先,利用监管科

---

❶ 吴晓求. 股市危机:结构缺陷与规制改革[J]. 财贸经济,2016,(1):22-32.

技，对市场金融监管和控制，发现市场异动及分析原因，在此基础上逐步形成危机事件下交易者缓释危机自律规范。其次，监管者与被监管者在独立第三方审计基础上，签订监管合约，依据监管合约对双方进行约束。在交易中有目的地对守约者进行奖励，显然有利于交易者尊重监管规则。最后，监管者和被监管者之间通过协商、签署谅解备忘录等形式展开多种形式的交流，以促进市场目标的达成和市场秩序的维护，是较为理性的方式。对于程序化交易市场，我们期待通过契约机制发挥市场效率配置资源的功能，推动交易主体理性认识自身的交易风险和承受能力，最终推动有效市场的形成。

第四节 统摄与权衡——互联网金融监管原则生成

总的来看，对于互联网金融这种新出现的金融业态，金融监管应当体现开放性、包容性、适应性；坚持鼓励和规范并重、培育和防险并举，维护良好的竞争秩序、促进公平竞争；构建包括市场自律、司法干预和外部监管在内的三位一体安全网，维护金融体系稳健运行。[1] 学界对于互联网金融监管有着不同的态度，多数学者认为应对该领域进行"严格规范与监管。"[2] 有学者认为，必须坚持审慎监管、行为监管等传统金融监管，同时增加科技维度。[3] 有学者提出互联网金融监管的"三足定理"。该定理认为，在金融监管中，存在一个三角关系，即金融监管和金融法要在金融效率、金融安全与金融公平之间求得某种平衡。该理论基于"立法者和监管者一直在金融安全和金融效率之间徘徊，并且很难平衡二者之间的关系"

---

[1] 张晓朴. 互联网金融监管的原则：探索新金融监管范式 [J]. 金融监管研究, 2014 (2)：6-17.

[2] 樊纪伟, 王垚. 高频交易的域外规范与监管及借鉴 [J]. 证券法律评论, 2018：344-354.

[3] 杨东. 监管科技：金融科技的监管挑战与维度建构 [J]. 中国社会科学, 2018, (5)：69-91.

的现实。为了破解这一难题，我国学者邢会强提出要将消费者保护与金融安全、金融效率同时作为金融法制的三个"足"，金融立法、金融监管、金融体制改革均应在这"三足"之间求得平衡。本书认为金融安全、金融效率和金融公平三个价值目标构成了金融法制的三个"足"。❶ 这一"定理"是一种既基于实践同时又结合理想而做的理论上的构建，并已被加拿大、澳大利亚、美国等国实践所证明，且正在被我国的金融监管实践所验证。它通过构建"三足鼎立"的博弈模型，探索了金融法制价值目标的良性互动机制，以期实现金融系统的纳什均衡和健康发展。从我国实践来看，"一行两会"和金融稳定发展委员会的设立，在于有效降低以上风险，市场功能的实现依赖诚实信用交易、经济信号发现、资源配置效率、市场行为矫正，这依赖于信息信用监管、审慎和功能监管、激励监管三者统一，从而服务于金融市场，实现公平与自主、效率与创新、安全与稳定。

互联网金融监管规则的内生逻辑及外部进路的问题以及与此有关的争议解决机制可能是规则形成的路径之一。如互联网金融在线纠纷解决及仲裁制度在本质上既与规则自生论具有内在契合性，又与金融创新具有密切关联性，有可能成为我国构建互联网金融监管规则的有效手段。互联网金融救济制度保密性和裁决示范性之间的矛盾是互联网金融仲裁规则生成的最大障碍，缓解二者张力的关键点和切入点在于确定互联网金融仲裁的裁决公开的范围、裁决限度与模式、裁决依据、裁决来源及示范性裁决的制作主体。互联网金融仲裁是促进互联网金融监管规则生成的一条可行路径，互联网金融仲裁的法理基础在于意思自治，这为仲裁庭发现、顺应和实现当事人的预期提供了理论依据。在利用仲裁方式沉淀互联网金融监管规则的时候，主要难点在于克服仲裁保密性对规则生成的制约作用。缓释仲裁保密性与规则生成之间张力的方法在于对仲裁裁决书进行去身份化的处理，然后予以公开。互联网金融仲裁裁决的公开化，有利于凸

---

❶ 是否存在"三足"之外的另一"足"（比如金融秩序）？笔者认为，其他"足"并不足以与这"三足"相比肩，其重要性远不如这"三足"。

显其蕴含的法律规则，为互联网金融监管规则的自我完善和逐步生长创造了必要的制度环境和实践基础，逐步形成行业性的互联网金融监管规则；待时机成熟时，可进而推动和优化更大范围的互联网金融监管和规制体系。

如何在制度设计和救济体系前提下，设计合理的规范体系，至关重要。而监管原则在市场共识形成中具有统领性地位，在统摄和权衡中挖掘适应互联网金融自身特点，充分促进有效市场和协商治理的规制理念。在实践中，应考虑以下原则：坚持原则性监管优先原则、适度监管和柔性监管原则、与风险相匹配的比例监管原则、科技监管原则、分类监管和协调监管原则，从而更好地服务于规则体系的设计。

一、原则性监管优先原则

监督和监管的有机结合，可以很好地对金融行业中存在的风险做出一定的预防和控制。通过原则性的监督，对金融行业中的一些企业进行有力地监督，杜绝欺骗客户的行为，同时做到正确引导金融一类的公司公平、公正地运营企业。而对于原则性的监管，则需要详细规定出金融企业在交易过程中应该走的程序和内容。之后，监管单位就要按照制定出的内容和流程严格要求金融企业的操作流程。很多人认为监督机制和监管机制是毫不相干的两个机构，其实，要想真正地减少互联网金融行业的风险，还是需要统一原则性监督和规则性监管，将这两种制度有机地结合到一起，从而紧密联系监督的记录结果和监管的对象，不仅可以减少监督和监管机构的矛盾，更可以掌控好市场行为中存在的各种风险，达到最好的市场控制效果，使金融市场可以稳定发展。

与互联网金融相比，具有破坏性创新本质的金融科技所形成的金融网络节点更多，风险更难以确定，其系统性风险防范更具有"太多连接而不能倒"和"太快而不能倒"的基本特征，由此与传统监管方式形成的紧张关系也更严峻。面对这一情况，监管改革与创新势在必行，而监管创新应当被置于改革首位。《金融科技：全景描述与分析框架》的研究报告提出了"创新监管"的概念，并将它对比"合规监管"和"风险监管"进行解读：合规监管注重事后，风险监管注重事前，创新监管则注重引导。❶"创新监管"是变被动型监管为主动型监管的方式，它使政府行为不被金融科技的千变万化所牵制，而是主动引领创新、培育创新，把握最新的行业动态，并根据金融科技的发展动向随时做出政策上的调整和应对。"创新监管"又是在金融监管中加入科技维度的监管方式，它使监管部门借助科技的力量获得评价之前无法测量的金融风险的机会，并使风险管理全局化、全体系化成为可能。

金融监管当局在原则性监管模式引导下需要对监管对象进行引导，从而实现最终监管目标。这种监管在一般的情况下不会对监管对象提出过多的要求，也不会介入或者对其相关业务产生干扰。金融监管当局管理人在规则性监管模式的引导下一般以金融监管法律条文为依据，能够对金融监管企业的金融业务流程和金融业务内容做出更为明确的规定。

二、适度监管和柔性监管原则

以金融包容为思想基础的互联网金融监管理念主要有以下内容。一是适度监管的理念，既不能因监管过度而扼杀金融的创新动力，重蹈金融抑制的覆辙；也不能因监管不足而导致金融秩序的紊乱，诱发系统性金融风险。二是柔性监管的理念，用建立在信任、互信和合作基础上的监管关系代替直接命令和控制式的监管关系，促进监管关系的重构；用协商代替对抗，用民主取代擅权，弘扬现代法治精神。在此，可以借鉴经济合作与发展组织（OECD）成员国在其金融监管过程中的监管工具，如非正式咨询、散发监管提案以供评论以及公开的公告与评论、听证制度、顾问机构等公开咨询工具。这些柔性监管的做法在我国互联网金融监管中可以借鉴。三是规则监管与原则监管相机适用的理念。原则监管与规则监管各有利弊：原则监管具有足够的灵活性，为受监管对象提供了生存和成长的空间，有利于监管对象的发展壮大，但它又具有内容上的不确定性，可能会使监管

---

❶ 杨东. 监管科技：金融科技的监管挑战与维度建构［J］. 中国社会科学，2018（5）：86.

对象无所适从；对于规则监管而言，监管对象的行为模式明确而清晰，哪些行为该为、哪些行为不该为均是确定无疑的，但它缺乏激励机制，故其反而限制了监管对象的创新行为。两个原则的相机适用，就是要破除非此即彼的思维定式，扬长避短，实现优势互补。如监管机构对互联网金融"先发展后规范"的监管思路，先原则后规则的监管顺序，从政策层面支持金融创新，业务层面明确边界底线，以保障和促进互联网金融合规有序发展。

金融机构在监管工作中可以根据不同监管标准的差异对各种监管措施进行合理的应用，要特别注意防止监管套利行为。从而保证金融监管市场的公平、稳定发展，保证金融监管市场秩序的稳定。互联网金融提供的支付和放贷服务与传统金融发展之间存在一些相同的地方，针对这种相似的金融监管服务如果应用了不同的监管准则，就很容易出现一些不公平的竞争交易行为或者金融监管的套利行为。为此，在互联网金融监管的发展设计中需要保证各种类型金融监管发展原则的一致性。

三、与风险相匹配的比例监管原则

金融风险规制之解决信息不对称问题，以及实现投资者风险吸收能力与金融资产风险相匹配的逻辑，在我国金融法的涉众型融资监管范式及投资者适合性原则中，被僵化折射为压抑互联网金融创新及扭曲金融市场的资金融通和价格发现功能的风险管制逻辑。该管制逻辑与互联网金融所缔造之竞争型直接融资市场的悖谬，亦是金融消费者作为价格接受者、资金供给者及风险利用者以金融风险为介质，与竞争型市场和公开市场定价的作用与反作用在我国金融法的风险规制范式中投射不足的结果。❶

2008年金融危机爆发之前，微观审慎监管是维护金融稳定的主要监管原则。微观审慎监管强调，只要确保单个金融机构的稳健运营，便能保证整个金融系统不发生系统性风险。然而，美国次贷危机引发的全球金融风

---

❶ 杨东. 互联网金融风险规制路径 [J]. 互联网金融法律评论, 2015 (2): 22 - 25.

暴表明，微观审慎监管已经难以独立承担维护金融稳定的任务。其根本原因在于，现代金融体系是一个复杂系统，它的总体运行状态不能简单地归结于其子系统运行状态的"加总"，要求单个金融机构保持传统意义上的"良好"经营状态并不足以保证整个金融体系的稳定。宏观审慎监管是金融危机以后二十国集团下金融稳定理事会和巴塞尔委员会确定的原则，其着眼于整个金融体系而非具体的金融机构，目标是维持整个金融体系的稳健性而非具体金融机构的稳健性。2010年11月，二十国集团（G20）召开首尔峰会形成了"宏观审慎政策"的基础性框架。该框架体现逆周期性的政策体系，主要包括对银行的资本要求、流动性要求、杠杆率要求和拨备规则、对系统重要性机构的特别要求、会计标准、衍生产品交易的集中清算等。但是，这些旨在保持金融机构清偿能力的政策对互联网金融并不完全适用，因为它们是对资本不足风险的防范，而互联网金融的基础风险不是资本不足的风险。互联网金融是一种基于"脱媒"后的新金融业态。金融脱媒的结果是风险绕开资本，或者不表现为资本不足风险。这时的金融产品表现的是一种信用集合，交易者或投资者的行为基于对信息的判断而进行，信息是否充分而透明，决定了风险的存在及其大小。这就是与资本不足风险并存而生的另一种基础风险——透明度风险。互联网金融中的网上贷款和网上投资所表现的信用风险，其生成源就是透明度风险。[1] 与这种基础风险相匹配并能有效管控或对冲风险的监管原则就是透明度原则。第二金融业态（资本市场）的"基石"监管原则也是透明度，但它所要求的透明度主要是强调上市公司的信息披露。与此不同，互联网金融所要求的透明度原则更多地指向借款人的信息透明度，目的主要是保证互联网金融体系内资金的安全、信息的真实和运行的有序。这正是所有互联网平台的核心职责所在，也是互联网金融有序运行最重要的基础。

金融监管从松弛到严谨的管理具体可以被划分为四个层次：第一层次是市场自律。自律准则主要是由金融监管行业协会和金融企业共同发布

---

[1] 吴晓求. 中国金融监管改革：逻辑与选择 [J]. 财贸经济，2017，38（7）：41.

的，采用的是一种自愿实施的方式。第二层次是注册方式。主要是指有关部门可以通过注册的形式来加强对相关机构信息的充分把握。第三层次是监督。监督目的主要是保证金融市场发展和金融机构之间的持续、稳定进行。在一般的情况下不应用直接的监管方式。第四层次是审慎监管。这种监管方式主要是向相关机构提出金融资本和金融流动的要求，并可以对金融监管市场发展实际进行检查。

四、科技监管原则

互联网金融在提供跨市场、跨机构、跨地域的金融服务时，不同业务之间相互关联、渗透，风险的传染性更强，波及面更广。未来的科技金融具有更强、更广和更快的破坏性，其对金融体系的冲击后果更难以预测。互联网金融这一金融创新对于传统金融的监管理念、法律制度和监管模式提出了巨大挑战，审慎监管、机构监管、行为监管等传统监管方式对于互联网金融风险的识别、追踪、防范与化解均乏力。

审慎监管是对资本不足风险的防范，着眼于金融机构的资本充足率、资产质量、流动性水平和盈利水平等指标（微观审慎监管），关注逆周期管理、系统重要性金融机构监管（宏观审慎监管），但这些指标对于主要基础风险属于透明度风险的互联网金融很难适用。机构监管是按照金融机构的类型设立监管机构，不同的监管机构分别对自己所管理的金融机构的市场准入、持续的稳健经营、风险管控、风险处置及市场退出进行监管。但互联网金融的平台和组织，无论其是第三方支付机构，还是P2P网贷平台、众筹平台等，都很难获得金融机构的身份而被纳入机构监管。即使勉强纳入，建立在分业经营基础上的机构监管，对提供跨市场、跨机构、跨地域金融服务的互联网金融的风险防范也是力不从心。

行为监管是监管部门对金融机构经营行为提出的规范性要求和监督管理，旨在降低金融市场交易中的信息不对称，推动金融消费者保护及市场有序竞争目标的实现。然而，在互联网金融的市场活动中，无论是金融机构的经营活动还是其交易行为都异常复杂：一方面，互联网金融平台和组织作为信息中介并不直接参与金融服务，因而规制平台或组织的行为未必能阻止欺诈等违法行为,因为此类行为往往由服务提供方而非平台或组织所为;另一方面,互联网金融平台和组织给予消费者提供和接受金融服务双重身份的机会,不同的主体之间互相提供金融服务,很容易在服务的提供者和接受者之间切换,对于如此复杂的消费行为,传统的行为监管措施也无法较好地发挥作用。

综上,要实现对互联网金融风险实施有效监管,必须突破传统监管维度,充分运用科技的力量,不断更新监管基础设施,同时也不断提升基础设施的使用效能。金融监管部门除继续学习和运用互联网技术外,还要形成动态学习机制,运用大数据、云计算、人工智能和区块链等现代科技,以更好地感知金融风险态势,提升监管数据收集、整合、共享的实时性,及时发现违规操作、高风险交易等潜在问题,提升风险识别的准确性和风险防范的有效性。

五、分类监管和协调监管原则

鉴于互联网金融的不同功能及组织结构,还应当对其使用分类监管和协调监管相结合的原则。

(1) 互联网金融分类监管

互联网金融发展的主要模式有虚拟货币、第三方支付、P2P 网贷平台、众筹、金融机构等。为此,需要对各种模式的互联网金融发展监管主体进行充分明确,实现对其分类监管。第一,虚拟货币监管模式的代表是比特币。比特币在某种程度上具有货币再造的功能,在一定程度上限制了法定货币的功能,对现有金融统计数据分析的真实有效性带来了制约。为此需要有关人员对虚拟货币进行严格监管。第二,第三方支付模式最有代表性的是支付宝。支付宝应用中的核心是虚拟账户,这种虚拟账户的资金可以用来消费,也可以用于收付、转账和理财,交易规模巨大,一些违规交易也夹杂其中,显然监管迫在眉睫。第三,网贷模式。网贷模式的典型是拍拍贷,是利用网络平台和资金流来对人们进行小额度的贷款放资,或者将资金借给小型企业和个体商户。这种集资、放贷商业模式和传统商业模式发展之间存在差异,需要银保监会对其进行约束和规范。

（2）互联网金融协调监管

互联网金融协调监管既包括监管部门内部机构的协调，也包括互联网金融企业和监管层之间的交流协调。互联网金融发展本身涉及很多行业和参与人员，因此具有了风险扩散的多种途径，为此金融监管部门需要充分把握互联网金融发展的跨界交易本质。一方面要加强金融监管机构内部的协调，加快建立资源信息的共享平台，促进金融市场发展各种信息的协调。另一方面要加强互联网金融企业与监管层的沟通协调。金融监管层需要实现自身服务型政府角色发展转变，建立一种良性的沟通机制，鼓励金融监管机构服务管理的创新化发展。互联网金融企业要加强和金融监管层之间的主动配合和沟通，从而保证金融监管业务模式、监管风险管理、金融产品特征等内容的合理、合法。

第五章　互联网金融监管及规制域外经验

互联网金融的迅速发展主要在美国次贷危机之后，这一事件与影子银行的崛起有着非常密切的联系。与巴塞尔银行监管委员会形成的资本协议类似，在后金融危机时代背景下，我国的互联网金融行业监管与治理依托于这一环境中，有学者以二十国集团共同面对的国际经济法—国际关系为框架，讨论国际经济治理架构中逐渐显现重要性和独特性，以合法性、代表性和有效性作为分析维度，解构二十国集团在国际经济秩序转型过程中的改进路径，认知国际经济治理转型困境及相关理论问题，然而域外监管中监管失衡和重复监管所造成的困局与矛盾导致监管合作停滞不前。因此，"替代合规"制度的出现为域外金融监管合作找到新的突破口，即各国监管机构分别对其清算所依照国际公认的标准进行持续有效的监督和管理的基础上，通过各国监管机构之间达成相互进行可比性认定，利用东道国监管规则替代本国监管规则以实现同等监管目的的制度。有学者提出以对美国商品期货交易委员会对域外监管规则的可比性认定为研究对象，探究"替代合规"制度的适用理论；通过着重对香港地区金融监管规则的可比性认定意见的分析，探讨"替代合规"制度作为域外金融监管新方式的实施效果和存在问题，从而对本国金融的域外规制提供经验。欧盟为了应对公众的质疑，在最新发布的 TTIP 投资章节草案中创造了投资法庭体系，并从多方面完善了程序性规定，以尝试在国际投资仲裁中带来公正性、确定性和可预测性。

对于数据的使用及边界也是互联网金融监管中的重要面向。各国对信用信息予以高度重视，美国和欧洲分别出台了数据保护规则，以强化基础数据使用保障。《通用数据保护条例》（General Data Protection Regulation，GDPR）为欧洲联盟的条例，前身是欧盟在 1995 年制定的《计算机数据保护法》。2018年5月25日，欧洲联盟出台《通用数据保护条例》。该条例的适用范围极为广泛，任何收集、传输、保留或处理涉及欧盟所有成员国内的个人信息的机构组织均受该条例的约束。2019年7月8日，英国信息监管局发表声明说，英国航空公司因为违反《通用数据保护条例》被罚1.8339亿英镑（约合15.8亿元人民币）。2018年6月，美国加州州长杰瑞·布朗（Jerry Brown）签署了一项数据隐私法案，目的是让用户对公司收集和管理个人信息的方式有更多控制权。此前，谷歌和其他大公司抗议这项立法造成了过多的障碍。这两部规范显示出基于个人权利保护在监管层和互联网公司之间的博弈，域外案件的管辖权之争也掀起了互联网金融时代的网络主权博弈。基本权利保护制度的改变，也促使金融行业变革，并最终影响到各国金融监管体制的调适中。

在此基础上，各国纷纷针对本国特点和国际需求调适自身的金融监管体制，以适应科技金融时代的到来。

各国也对金融监管体制动态运行进行审慎估量，并且不断完善以试图使本国体制顺应形势需要。以监管主体为标准，世界各国的金融监管体制可分为多元的分业监管体制、一元的统一监管体制和不完全统一监管体制。分业监管体制的主要特点是：监管主体的设置以金融行业为标准，多个金融监管者在法律授权的范围内，依法定程序对各自的监管对象进行监管。分业监管者和分业监管职能由法律规定，在不同的监管者及其监管职权之间划出了清晰的边界。不少欧洲国家，如法国、意大利、西班牙、葡萄牙和希腊都采纳这一模式，我国也采取这一模式。统一监管体制是指对不同的金融行业、金融机构和金融业务均由一个统一的监管机构（可以是中央银行或其他机构）负责监管。目前G20中，只有爱尔兰采用一体化的监管模式，即通过爱尔兰中央银行监管所有金融活动。非G20国家中，新加坡也采用这一模式。英国在2012年前也采用这一模式，FSA监管整个金融市场、证券市场以及负责整个银行、投资公司和保险公司的审慎监管。2012年出台的《金融服务法案》（Financial Services Act）用双峰监管结构代替了一体化的金融服务管理局（FSA）。各国都在谋求在现有框架下适应互联网金融国际化趋势，控制资本跨国流动风险。

第一节　美国的互联网金融监管体制及规范

美国的金融体系有其自身的原创性，其商业模式和制度发展均有极强的市场基础和金融危机事件变革因素。布雷顿森林体系崩溃之后，美国对世界各国无论在商业模式还是制度设计方面均有着比较优势。以本国市场为基础设计监管和治理的制度体系，其内部治理经过长期的博弈，逐步趋于均衡。

与金融监管制度相比，美国有发达的征信制度体系。该国是较早确立征信贷款评级体系的国家，1968年颁布《消费信用贷款保护法案》，这是第一部从消费者角度出发的总览性消费信用借贷法典，其后还陆续颁布了《同等信用借款核算规则》《同等信用借款机会规则》《同等信用贷款见告法案》《平等债务收付法》《社区再投资发展法令》等细化监管的法律规范。个人征信体系、对于投资者的态度等因素，在很大程度上影响着金融监管的效率。在美国，征信体系是美国获取基础数据并进行监管的重要基础，美国的征信行业不容小视，以 Experian（益百利）、Equifax（艾克发）、Trans Union（环联）为主的三大信用局和以标准普尔（S&P）、穆迪（Moody's）、惠誉（Fitch Group）为主的信用评级体系，构成美国征信体系的基本框架。完整的社会征信体系、个人信息安全保障、投资者保护体系、风险控制及交易披露机制的完整使得美国的金融监管较之于其他国家，更为有效。美国监管部门尤其关注借款人保护。美国证券交易委员会（SEC）及其各州证券监管部门努力采取措施解决放款人和借款人之间的信息不对称，例如，通过注册登记和强制性信息披露来保证他们能够得到足够的信息以做出合适的决定，同时监督商业操作和销售实践以防止欺骗和滥用。

美国采取的是二元化的监管体制。美国政府《金融监管改革白皮书2009》强调加强美联储市场稳定监管者职责，将美联储的监管范围扩大到所有可能对金融造成威胁的企业，当然包括了互联网金融企业，并专门成立了跨部门的金融服务监管委员会（FSOC）用以监视系统性风险。其中，美国互联网金融监管模式对网络银行的监管采取的是审慎宽松的政策，主要通过补充金融法律法规，使原有的监管规则适应于网络电子环境要求。在监管体制、政策、内容、机构和分工等方面，对网络银行与传统银行要求比较相似。2010 年 7 月 15 日，美国通过了《多德—弗兰克华尔街改革和消费者保护法》（Dodd – Frank Wall Street Reform and Consumer Protection Act），核心内容就是在金融系统当中保护消费者，并针对影子银行等金融机构加强了金融监管，被认为是"大萧条"以来最全面、最严厉的金融改革法案，为全球金融监管改革树立新的标尺。2012 年 4 月 5 日，美国总统奥巴马签署 JOBS 法案即《促进创业企业融资法案》（Jumpstart Our Business Startups Act），旨在放松对创业公司和中小企业的监管规定，帮助他们更为便捷地融资和上市，支持包括众筹平台在内的为中小企业公开融资的互联网金融模式。

  第三方支付的美国监管模式。美国对第三方支付实行的是功能性监管，将监管的重点放在交易的过程而不是从事第三方支付的机构。美国金融当局对第三方支付机构采取的金融监管，主要是从三个角度来进行。一是从机构监管的角度，将第三方支付公司视为货币服务机构，是货币转账企业或货币服务企业，而不是银行或其他类型的存款机构，无须获得银行业务许可证。对货币服务机构以发放牌照的方式管理和规范，明确规定初始资本金、自由流动资金、投资范围限制、记录和报告制度、反洗钱等方面内容。二是从功能监管的角度，将第三方支付平台上滞留的资金视为负债，美国联邦存款保险公司通过提供存款延伸保险服务实现对其监管，并且规定平台滞留资金需要存放在参保商业银行的无息账户中，每个账户资金的保险上限为 10 万美元。三是对于监管范围和职责分工，美国监管当局规定所有货币服务机构都必须在美国财政部的金融犯罪执法网络（Financial Crimes Enforcement Network，FinCEN）上注册，开业前要通过认定。此外，货币服务机构需要接受联邦政府和州政府两级监管。各州根据联邦法律制定本州监管标准和范围，承担相应的监管责任。

  众筹平台的美国监管模式。据中国电子商务研究中心《关于境内外

"众筹融资"的研究报告》所述，美国的JOBS法案开启了股权式众筹合法化的大门，但该法案只是概述一些初始的监管框架，具体的实施办法还有待美国证监会出台最终的监管规则。美国监管当局要求，众筹平台必须到SEC进行注册登记，众筹融资要求发行人至少在首次销售的21天之前，向SEC提交信息披露文件以及风险揭示，如果筹资额超过50万美元的话，需要披露额外的财务信息，包括经审计的财务报表。对众筹融资管理的规定主要是从防范风险、保护投资人的角度对业务风险进行规定：一是项目融资总规模限制，每个项目在12个月内的融资规模不能超过100万美元；二是投资人融资规模的限制，每个项目可以有很多小的投资人，但每个特定投资人的融资规模有一定限制，如投资人年收入或者净值低于10万美元，其总融资额不能超过2000美元，或占总收入的5%。

P2P网贷的美国监管模式。P2P网贷在美国的成长历程也是十分值得关注的，这不仅是因为美国的Prosper公司是当前行业内规模最大的P2P互联网信贷公司，更是因为美国P2P网络小额信用贷款行业的发展被业内视为一种标准化的产业组织形式。其特点主要有三个：①有合适的创立者，得到VC公司（资本运作公司）的支持；②美国P2P网贷行业改进了拍卖模式，创新了利率形成机制；③提出社会互联网集团的观念，不断更新交易匹配模式。

2008年美国次贷危机发生后，美国发布《多德—弗兰克华尔街改革和消费者保护法》要求在美国联合储蓄系统下设立专职机构，即维护投资者财政监管局（CFPB）。该机构具有独立的监管执法权，可独立地制定监管细则并实施监督。新法在总结其传统监管执法行为的前提下，在加强防范规模性风险方面，对金融监管系统进行了巨大革新。此次改革意味着联邦政府和各州政府之间在消费级金融行为监管权上的现实性妥协，这种互相让步在联邦层面上将会涉及一定条件下细化监管的进一步增加，以及对各州的消费信贷金融调控权现时实现保护的巩固。

2011年后，美国一直筹划对P2P行业监管的问题。美国政府责任办公室（Government Accountability Office，GAO）向美国国会提交了报告《P2P借贷—行业发展与新的监管挑战》（Person-to-Person Lending, New Regulatory Challenges Could Emerge as the Industry Grows），全面、准确地对美国P2P行业的发展与监管进行了论述。该报告提出了两种可行的方案：一种方案是维持现在多部门分头监管，州与联邦共同管理的监管架构（包括SEC、FTC等），主要通过联邦和州的证券登记与强制信息披露条款来对放款人进行保护，对借款人的保护则主要通过消费者金融服务和金融产品保护相关条例进行；另一种方案是将各监管部门的职责集中于一个单一部门，由该部门来统一承担保护放款人与借款人的责任。尽管多数情况下P2P监管是有效的，但是不可否认的是，在利率市场化的大背景下，金融市场存在的道德风险还是广泛存在的，2016年《纽约时报》披露Lending Club创始人违规未披露进行利益输送的事件，给市场带来了巨大的恐慌，也让P2P行业面临比较大的质疑。❶

第二节 欧洲的互联网金融监管体制及规范

百年不遇的金融危机和欧洲主权债务危机，促使欧美各国监管层思考并加大了监管力度和监管范围，对互联网金融等新兴金融模式实施了更加严格的监管。2010年末G20批准了巴塞尔协议Ⅲ的基本框架，包含了加强宏观审慎管理、增强逆风向调节的诸多进展。协议提高了对银行业资本金的要求，将对冲基金、投资银行等影子银行纳入监管。欧盟泛欧金融监管改革方案决定设立由成员国中央银行组成的欧洲系统性风险管理委员会（ESRB），专门负责监测整个欧洲金融市场上可能出现的系统性风险，其中包括互联网金融企业。同时，欧盟委员会提出建立欧洲银行业联盟。2013年5月，欧洲议会初步通过了欧洲银行业单一监管机制（SSM）法案，按照这一法案，欧央行将直接监管大型银行，并对其他银行监管享有

---

❶ Corkery, Michael. As Lending Club Stumbles, Its Entire Industry Faces Skepticism [N]. The New York Times, 2016－05－09. (Retrieved 10th May, 2016. The New York Times reported that the investigation found that Laplanche had not disclosed to the board that he owned part of an investment fund which Lending Club was considering purchasing.)

话语权。其中，欧洲对互联网金融的监管采取的办法主要包括两个方面：一是提供一个清晰、透明的法律环境，二是坚持适度审慎和保护消费者的原则。例如，第三方支付的欧洲监管模式。欧洲当局对互联网金融主要采取功能监管的办法，具体要求是规定网上第三方支付媒介职能是商业银行货币或电子货币，第三方支付公司必须取得银行业执照或电子货币公司的执照才能开展业务。欧盟对于第三方支付机构所从事的金融业务监管要求如同传统银行业金融机构一样，从资本监管、投资范围、业务风险、信息披露四个角度进行监管。欧盟 Crowd-funding 虽然份额很小，但是发展迅速。2015 年，近 42 亿欧元的资金被众筹平台募集，与 2014 年的 16 亿欧元相比增速明显。股权投资和债权投资使大部分投资人的财务得到改善，欧盟各成员国均有众筹行业的布局。2018 年后，欧洲众筹行业发展依然稳健，但相比各国，英国的众筹项目数量和筹得的资金是最高的。欧盟委员会 2016 年成立专门的众筹监管部门❶，部分属于资本市场同盟行动计划（Capital Markets Union Action Plan，CMU），以支持行业的孕育和革新。虽然市场份额较小，但欧盟仍然敦促各国建设促进其发展的国内发展框架，以支持行业发展和投资者权益保护。显然各国众筹发展实际快于欧盟，所以欧盟委员会提出一年两次的会晤，以提升欧盟对各国众筹行业发展的持续关注和对投资者的持续保护。

一、英国互联网金融监管❷

2005 年全球第一个 P2P 网贷公司即 ZOPA 于 2 月设立，经过十年的发展共计发放贷款 5 亿英镑，拥有 50 万个客户。这是首个 P2P 网络小额信用贷款运营公司。初期 P2P 网络小额信用贷款是个人和个人之间的信用贷

---

❶ European Commission. Press Release Database：Capital Markets Union：Commission supports Crowdfunding as Alternative Source of Finance for Europe's Start - ups ［R］. (2016 -09）［2019 -05 -26］. http：//europa. eu/rapid/press - release_ IP - 16 - 1647_ en. htm? locale = en.

❷ 吴思. 互联网金融监管研究系列：英国 P2P 的发展状况 ［EB/OL］. (2016 - 01 -05）［2019 -05 -26］. http：//news. hexun. com/2016 - 01 - 25/182005015. html.

款，只需接收贷款申请和双边联络，并据此收取一定的费用，此外，平台也为中小企业贷款。由于传统金融行业在细分市场相对饱和，英国的互联网金融发展较为稳健，现在一些电信、电商平台（如 GIFFGAFF 公司）也在通过商业交易作为征信基础进行 P2P 市场开拓。这和英国市场监管体系和完善的法律规范密不可分。英格兰银行有维护金融稳定和对其他银行及金融机构进行申诉监督的权力，下设金融政策委员会（FPC），作为宏观审慎监管机构，负责监控和应对系统风险；新设审慎监管局（PRA），负责对各类金融机构进行审慎监管；新设金融行为监管局（FCA），负责监管各类金融机构的业务行为，促进金融市场竞争并保护消费者。2011 年 8 月，英国 P2P 金融行业联合会（P2PFA）宣告成立，初始成员包括 Zopa、RateSetter 和 Funding Circle 三家，主要目的是保证这一行业稳健快速发展。P2PFA 开宗明义地规定了最低限度的行为准则，尤其是面对广大投资者和中小型企业。此外，强调监督管理的可行性，保证对运营公司实施监督管理，促进平台的合理稳健运行，并提供简单而低价的合作性金融业务。在这方面，协会还进一步提出了许多运营操作规则以保证规范切实有效。政府的监督管理层面对 P2P 网络小额信用贷款行业的支持也表现在变更其现存的证券管理规则，并使 P2P 网贷行业的合规性和管理方法有章可循。

2013 年 10 月，英国金融行为监管局（FCA）发布声明，宣布将出台针对 P2P 网络借贷平台的监管规则。但英国有良好的行业自律，早已成立了 P2P 金融协会，协会章程对借款人的保护设立最低标准要求，对整个行业规范、良性竞争及消费者保护起到很好的促进作用。在消费者保护方面，英国商业创新和技能部还承担保护消费者的责任，目前将 P2P 网贷视为金融创新并主要用于为企业提供信贷，成为有效解决中小企业融资问题的新途径。英国已将股权式众筹融资看作合法的融资模式。2012 年 7 月，Seedrs Limited 获得英国金融监管局（FSA）的批准，成为第一个被合法认可的、以买卖股权的方式来融资的众筹平台。但英国没有专门针对股权众筹立法，而是将其纳入现有的金融监管法律框架内。

FCA 为适应 P2P 网贷及其他金融创新并应对潜在的监管漏洞，致力于出台P2P网贷和股权众筹等的监管政策框架。2013年10月24日，为保护金融消费者权益，推动众筹行业有效竞争，FCA发布了《关于众筹平台和其他相似活动的规范行为征求意见报告》（the FCA's Regulatory Approach to Crowdfunding and Similar Activities，CP13/3），对规范众筹业务提出了若干监管建议。征求意见报告共得到了98条反馈意见，FCA对反馈的相关意见进行了采纳，并正式出台了《关于网络众筹和通过其他方式发行不易变现证券的监管规则》（The FCA's Regulatory Approach to Crowdfunding over the Internet and the Promotion of Non-Readily Realisable Securities by other Media，PS14/4），该规则于2014年4月1日起实施，FCA计划在2016年对监管规则实施情况进行评估，并视情况决定是否对其进行修订。英国《关于网络众筹和通过其他方式发行不易变现证券的监管规则》中关于P2P网络借贷的相关规范性指引主要涉及最低资本金要求、客户资金管理、争议处置及补偿机制、信息披露制度以及定期报告制度等。除了最低资本要求是定量指标之外，其他基本都是规范性要求。这是全球网络借贷平台监管的第一部较为规范的监管法规，自2014年4月1日以来，英国的P2P网贷行业监管情况以及阶段性遇到的问题及反馈便发布在监管手册上，针对管理内容定期披露相关信息，并且不断完善监管手册（FCA Handbook），且包含了疑问及反馈材料，为了更好地保护客户权益，FCA还建议修改众筹协议中相关的审慎性条款，以使其更好地保护投资人权益。本书认为，英国对于新兴行业监管的政策能够平稳地运行，离不开市场与监管机构之间的沟通，在FCA的问题及反馈环节中，市场人士能够通过在线或者信件的形式将自己遇到的疑问告知监管者，监管者在回复相关问题的过程中，能够耐心地告知对方自身规范意图、规范执行以及针对性地修改手册，一些疑难问题可以召开圆桌会议解决等形式，很好地服务了市场的需求，保障了投资人的权益，这种方式无疑能够给市场监管规范的落实带来实效。为了使既有的监管规范不至于抑制创新，2015年，英国正式推出"监管沙箱"，其后被世界各国纷纷仿效。其核心在于通过提供一个"缩小版"的真实市场和"宽松版"的监管环境，在保障消费者权益的前提下，鼓励FinTech初创企业对创新的产品、服务、商业模式和交付机制进行大胆操作。

2016年5月敞开第一个监管沙箱,从60多家提出申请的金融科技公司和传统金融企业中最终按规选择了18家进入监管沙箱。2017年3月,FCA又开放第二期监管沙箱,世界各国竞相对该监管创新范式进行移植和改进。

二、法国互联网金融监管[1]

法国的互联网金融业发展很早,目前呈现出第三方支付、众筹、在线理财、网上交易所、小额信贷等多种服务类型,正深刻地改变着法国金融服务业的内涵和版图。

第三方支付的法国监管模式。根据相关法律规定,法国金融审慎监管局(ACPR)于2009年起对支付机构进行监管,并有权对支付中介机构进行控制,从而履行维护法国支付系统稳定的职能。所有开展支付业务的机构,根据具体的支付业务性质和整体业务范围,需事先获得ACPR颁发的信贷机构牌照或者支付机构牌照。同时,法国法律也设定了一些豁免条款,允许满足条件的企业在不申请相关牌照的情况下开展支付等相关业务。此外,根据欧洲单一护照制规定,符合条件的欧洲其他国家的支付机构或支付中介机构可在法国开展支付业务。

众筹平台的法国监管模式。由于法国众筹机构的具体业务和运作形式多样,因此往往涉及ACPR和法国金融市场监管局(AMF)两个监管部门的监管。如某家众筹机构的业务包括支付、发放贷款等业务,需要向ACPR申请信贷机构牌照;但如果某众筹机构仅是中介机构,贷款由另一家具有资质的信贷机构发放,则该机构不需要申请信贷机构牌照,也不接受ACPR的监管。值得注意的是,法国财政与经济工业部目前正在研究针对众筹行业的法律框架,并预计在2014年年初正式颁布实施,法国也将成为第一个拥有众筹行业监管法规的国家,体现了政府支持众筹行业健康稳定发展的意愿。

P2P信贷的法国监管模式。相对于在美国、英国等国的快速发展,P2P信贷在法国仍处于起步阶段,相关立法仍未建立。在法国,P2P信贷

---

[1] 温信祥,叶晓璐. 法国互联网金融及启示[J]. 中国金融,2014(4):75-77.

和众筹都属于"参与融资"的范畴，ACPR 对行业中的机构准入、个体行为等进行监管，AMF 对行业规范和涉及金融市场和产品的部分进行监管。2013 年 5 月，ACPR 和 AMF 联合发布了业务指引，对于该行业中某类具体的业务是否属于信贷机构的范畴、是否需向 ACPR 申请信贷机构牌照、是否需遵守 AMF 的市场规定等，进行了较为详细具体的规定，但部分条款仍有待进一步明确。

第三节　互联网金融域外治理及对我国的启示

西方互联网金融极大地影响着互联网金融的发展，也对我国的各项制度产生了深远的影响，而其金融监管模式、规范体系、自律监管、技术框架均值得我国理性审视，从而设计适应自身现实需求、反映行业特点的制度。同时，我们看到，各国将互联网金融提到战略高度，由于互联网金融对一国金融体制顶层设计和监管制度产生巨大的影响，因此借鉴中超越、形成制度的比较优势更为重要。

一、针对网络的金融监管模式调适

美国模式除拥有宏观审慎框架和相应信用体系外，在监管制度中主要集中于网络交易安全及日常检查：一方面，强调网上交易的安全性，重视对金融客户利益的保护以维护金融体系稳健的经营；另一方面，认为互联网金融可以推进整个金融行业的发展，在降低成本和业务创新方面有利于信息共享和分担成本，不应通过政策过分干预互联网金融业务的发展。所以美国的互联网金融监管政策审慎宽松，通过在原有框架的基础上补充新的法律法规，以适应互联网环境的要求。美国监管当局在监管模式上对网上银行与传统银行的要求基本一致，美国金融机构在开展网上银行业务时，监管机构通过日常检查来监测数据信息。对于新成立的网络银行的注册程序比较灵活，可以按照标准的注册流程申请注册，也可以按照银行持股公司申请注册。

欧洲采用技术与规范并重的方案。监管目标有两点：第一，提供清晰透明的法律环境；第二，坚持适度审慎和保护消费者的原则。监管机构通过在欧盟地区加强合作，达到明确的监管目的，提高监管效率、保护金融客户的利益和实时监控互联网金融风险。如英国金融服务局把互联网金融看作是对传统金融业务的拓展，没有因为互联网的应用改变原有的监管原则，在互联网金融体系没有制定专门的监管制度。但 FSA 关注以下问题：银行对黑客威胁和攻击的评估；对加密、备份系统、防火墙、应急计划的评估；对数字签名的法律地位的确认和严谨的认证标准；互联网金融业务的发展助长了反洗钱还是更有助于检测洗钱活动；如何为客户保守秘密等。

二、完善的互联网络金融法律规范体系

从法律环境来看，在互联网金融交易和网络银行监管方面，美国一直在调适监管框架和制度体系，而且基本健全了相关的法律框架。其中，最具影响的是《全球及全美商务电子签名法》《全球电子商务框架》《统一电子交易法》等。在金融监管方面，由于美国的金融法律框架比较完善，在制定互联网金融体系监管规则时，只需要将现有的法律、法规补充修改就可以，由联邦和州两级法律来约束互联网金融业务，可见美国对互联网金融从其业务开展到进行持续性监管已经具备成熟的法律框架。[1] 而健全的法律和规范也并不是无懈可击的，也需要不断的修正，由于互联网金融属于市场行为，很多商业模式在开始之初便面临非常大的风险，这就需要我们从一开始就要有一条清晰的思路并且适时改变自己对于市场的先验性判断，这样才能使互联网金融法律制度不断地修正，以便更加符合市场的需要。

三、注重于以行业组织为中心的监管

世界各国纷纷看到互联网金融巨大的颠覆性和风险性，对其带来的金

---

[1] 叶晓兰. 国外网络银行的监管及其借鉴 [J]. 上海金融学院学报，2008（5）：61-65.

融风险逐步进行分级监管和应对。行业级监管内容包括三点：第一，评估互联网金融对国家金融安全和国家经济安全的影响；第二，加强系统安全性风险的监管，重视监察产生系统风险的环境因素和技术因素；第三，实时监控网络金融犯罪行为等。从行业级监管看，主要包括：互联网金融对国家金融风险和金融安全，乃至国家经济安全影响的评估与监管；对互联网金融系统性风险的监管，包括对产生系统风险的各种环境及技术条件的监管，特别是系统安全性的监管等；对利用互联网金融方式进行犯罪活动的监管等。

四、完备的互联网金融监管技术框架

巴塞尔银行监管委员会于2001年5月发布了《电子银行风险管理原则》，该报告从董事会及管理层监督、安全控制、法律风险和声誉风险管理三个方面提出了十四条风险管理原则。十四条原则分为三大部分，第二部分是安全控制（《原则》4-10），主要阐述银行应采取适当措施对互联网客户的身份和授权进行认证，运用交易认证方法，确保电子银行交易的可靠性和不违约，确保已采取适当措施在电子银行系统、数据库和应用设备方面进行了充分的职责划分以及采取适当措施保障电子银行交易记录和信息数据的完整性，对互联网金融所产生的新风险做了较详细的规定，如技术外包、法律和声誉风险管理、安全控制和互联网展业渠道等。[1] 此外，欧盟的一般数据保护规则、加州隐私权保护规范的出台，为互联网金融信用信息技术设置了边界。

由于发达的资本市场体系、健全的电子商务市场规制体系，英美的互联网金融业为世界提供了监管制度和完善的服务标准体系，而Prosper、Lending Club的经验和教训也印证了基础研究和体系的完善有利于金融创新。以理论与实践体系介入，借鉴他山之石完善我国互联网金融业将有利于创新管理和创新发展。

美欧之间各项制度也并不是完全一致的，它们之间也存在一定的区

---

[1] 巴塞尔银行监管委员会. 跨境电子银行业务的管理和监管 [G]. 2002.

别，彼此之间存着竞争和冲突关系。随着互联网金融平台影响力的逐步加大，亚马逊、脸谱公司的迅速发展，电子商务、金融、实体经济的相互融合，ISP 巨头逐渐呈现垄断特征。近些年来，学界和实务界建议对这些平台公司进行反垄断核查的呼声逐步出现，建议相关管理部门建立类似于欧盟及美国对大型互联网平台（公司）的反垄断核查，见表 5-1。

表 5-1 欧盟与美国对超大型平台反垄断的异同分析

	欧盟	美国
产业环境	超国家的区域性组织，没有全球影响力的超大型平台	市场经济发达，有 Google 和 Facebook 等超大型平台
反垄断特点	过程视角，更关注竞争过程是否开放自由；对谷歌等超大型平台频繁反垄断	结果视角，更关注超大型平台行为产生的影响；反垄断案件相对较少
反垄断目标	中小企业在竞争中机会平等，保护消费者福利，全球经济贸易竞争博弈工具	保护创新，保护消费者福利，提高资源配置效率
法律体系	欧盟竞争法，没有独立法典，主要由《欧洲联盟运行条约》第 101 条和第 102 条等确定的规则体系	反托拉斯法，由《谢尔曼法》《克莱顿法》和《联邦贸易委员会法》及相应修正案构成
执法机构	行政主导，欧盟和各成员国在统一原则下分别实施	主导机构是司法部反垄断局与联邦贸易委员会，联邦和州多层受理
规制惩罚	巨额行政罚款	私人损失的三倍赔偿
和解制度	被执法者明确承认其违法行为并承担相应法律责任，提出消除影响的承诺，欧委会做出有约束力的决定后结案	同意判决（被执法者与司法部达成和解）、同意令（被执法者与联邦贸易委员会达成和解）

第六章　互联网金融监管及规制规范评析

第一节　互联网金融监管体制现状

我国将互联网金融视为普惠金融（Inclusive Finance），这一概念由联合国在2005年提出，是指以可负担的成本为有金融服务需求的社会各阶层和群体提供适当、有效的金融服务，小微企业、农民、城镇低收入人群等弱势群体是其重点服务对象。我国金融体制改革中已经在央行中设立专门的普惠金融部门。从2015年，我国银监会设立普惠金融部，我国在现有的中央和地方分工的二元治理中，逐步完善对互联网金融的监管。

2015年，十部委联合出台《关于促进互联网金融健康发展的指导意见》（以下简称《指导意见》），可以看出监管层更愿意看到传统金融机构与互联网金融相互合作监督，比如明确要求互联网金融平台必须实行第三方存管制度。希望借鉴证券行业的经验，解决普惠金融市场的混乱。从2015年发布的《推进普惠金融发展规划（2016—2020年）》看，国务院重视和关注互联网金融创新。在互联网金融的管理和指导方面，主要有两个路径：一是督察各省级政府《推进普惠金融发展规划（2016—2020年）》实施情况；二是通过国务院办公厅新成立的金融事务局来指导和协调互联网金融发展相关工作。

我国互联网金融的中央和地方二元治理及分业监管体系，如图6-1所示。

第六章 互联网金融监管及规制规范评析

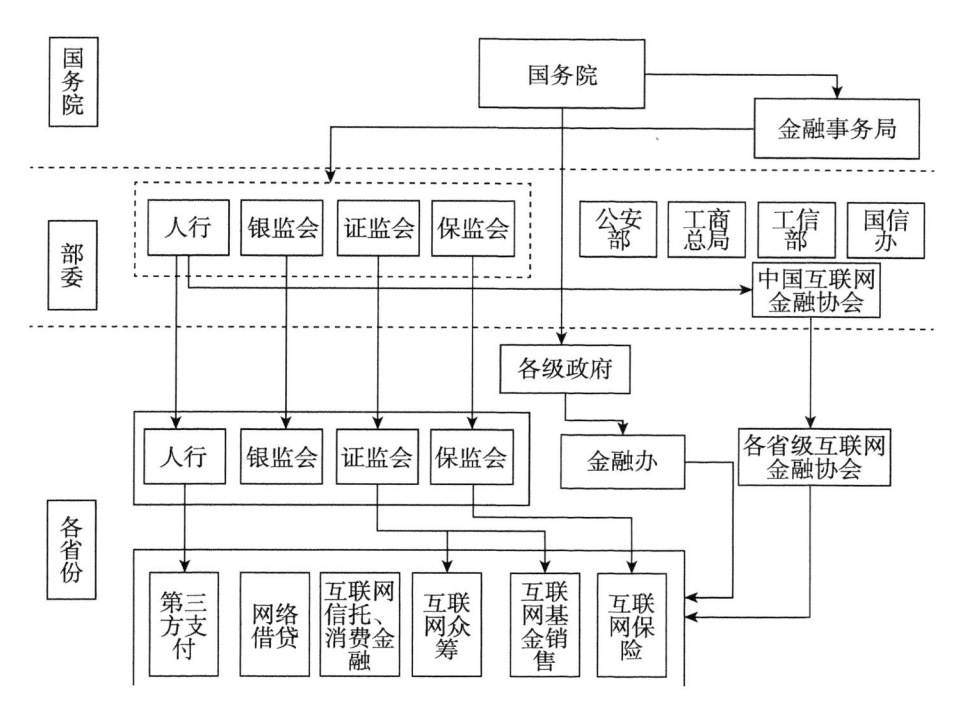

图6-1 我国互联网金融的二元治理及监管体系

首先,中央部委层面。2018年3月之前,该治理体系主要体现在十部委的《指导意见》及一系列管理办法中。具体可分为三个方面:一是直接管理部门。互联网金融直接管理部门是"一行三会",按上述"指导意见",实行"分类指导,明确互联网金融监管责任",对互联网金融企业有明确的分类,但在具体实施中也有细微的差异。中国人民银行负责互联网支付业务监管。据人行发布《非银行支付机构网络支付业务管理办法》,人行负责"第三方支付牌照"的发放和具体的监督管理;中国银行业监督管理委员会负责网络借贷业务、互联网信托业务、互联网消费金融业务监管。对于网络借贷业务,银监会牵头发布了《网络借贷信息中介机构业务活动管理暂行办法(征求意见稿)》。银监会将负责制定统一的P2P网贷行业规范发展政策措施和监督管理制度,具体监管交由省级政府金融办负责。中国证券监督管理委员会负责股权众筹融资业务、互联网基金销售业务监管。目前证监会只出台了《私募股权众筹融资管理办法》,要求众筹

· 111 ·

平台向中国证券业协会备案。中国保险监督管理委员会负责互联网保险业务监管。保监会已经发布了《互联网保险业务监管暂行办法》，明确"第三方网络平台经营开展上述保险业务的，应取得保险业务经营资格"。2018年，国务院组建银行保险监督管理委员会后，不再保留银监会和保监会，其原有监管职能由新设机构承继。

其次，相关管理部门。在央行等十部委《指导意见》及系列管理办法中明确，除了财政部和法制办，其他相关部委都应在职责范围内分工管理互联网金融相关活动。《网络借贷信息中介机构业务活动管理暂行办法（征求意见稿）》明确，公安部"牵头负责对网络借贷信息中介机构业务活动进行互联网安全监管，打击网络借贷涉及的金融犯罪工作"。央行等十部委《指导意见》明确，"工商行政管理部门要支持互联网企业依法办理工商注册登记"。央行等十部委《指导意见》明确：（工信部）"电信主管部门对互联网金融业务涉及的电信业务进行监管"；央行等十部委《指导意见》明确，"国家互联网信息管理部门负责对金融信息服务、互联网信息内容等业务进行监管"。

再次，行业自律组织。值得关注的是中国互联网金融协会。互联网金融业务具有较强的创新性，央行等十部委《指导意见》明确，由中国人民银行牵头，成立"中国互联网金融协会"。2014年，该协会已获批成立。中国互联网金融协会旨在秉持行业自律原则，加强对互联网金融企业的指导和监督。这一方面会给互联网金融企业一定的发展空间，待条件成熟再发布相应的行业管理办法，这不失为一种有效的方法。但面临的问题是：第一，中国互联网金融协会与省级互联网金融协会的关系尚未明确；第二，现有中国互联网金融协会会员的注册地在各地，未来的地方互联网金融协会怎么组建和定位。

最后，省级金融监管。由于大部分平台均属于各个省级行政单位注册，因此省级监管是互联网金融行业发展的关键。主要有以下三个方面的机构和组织来开展有效监管工作。

一是省级政府金融办。

①省级政府通过省级金融办来贯彻中央决策层的相关方针、政策。

②省级政府金融办是省级地方互联网金融的主要监管部门，从《推进普惠金融发展规划（2016—2020年）》《网络借贷信息中介机构业务活动管理暂行办法（征求意见稿）》看，省级政府金融办既是金融协调部门，也是网络借贷机构的主要监管部门；同时，在互联网众筹方面，各省级政府也会发挥重要作用。

③省级政府金融办与省级互联网金融协会的关系尚不明确，但《网络借贷信息中介机构业务活动管理暂行办法（征求意见稿）》中明确，"地方金融监管部门负责……指导本辖区网络借贷行业自律组织"。

二是行业自律组织。

①需明确中国互联网协会与省级互联网协会的关系；

②需明确金融办与省级互联网协会的关系；

③省级互联网金融协会的工作内容和业务开展方向。

三是"一行两会"的分支机构。在省级政府层面，主要分工如下：

①第三方支付：中国人民银行分行负责监管；

②网络借贷：银监局负责制定政策、业务规则，不具体监管；

③互联网众筹：目前，证监会还没有明确的说法；

④互联网保险：各地保监局负责监管。

2019年5月30日，中国第一部地方金融监管法规《天津市地方金融监督管理条例》颁布，其中第十一条规定："未经批准、授权或者备案，任何单位或者个人不得从事或者变相从事地方金融组织业务活动。"第三十四条规定："任何单位和个人不得非法吸收公众存款、擅自发行有价证券，或者以其他方式从事非法金融活动；不得以广告、公开劝诱或者变相公开宣传的方式，向社会不特定对象、超过法律规定数量的特定对象承诺或者变相承诺，对投资收益或者投资效果做出保本、高收益或者无风险等保证。"该内容显然禁止了市场自发生成的新金融形式，并且对于普惠金融实质上已经禁止。然而，该条款并没有明确第三十四条法律后果，也使法律规范的实效仍然有待于进一步分析。

第二节 互联网金融监管规范及体制调适

2015年3月5日,国务院总理李克强在十二届全国人大三次会议上做《政府工作报告》。在《政府工作报告》中,前后两次提到"互联网金融",表述为"互联网金融异军突起",要求"促进互联网金融健康发展"。这一创新同时又与风险防控结合在一起,二者如何平衡考量着理论界和实务界的问题解决能力。从规范来看,专项制度和特别制度不断推出。从2015年开始,我国的互联网金融发展和监管较为突出。分类监管中,部委层面的规章基本涵盖了各个商业模式。总体上看,规范层级较低,缺乏对该领域系统性立法。配套规范如隐私权、数据权利等仍然没有清晰界定。管理型规范较多,协商治理型规范仍然较少。同时,面对互联网金融机遇期,我国在金融监管和金融创新中,多头监管缺乏系统性,金融创新和金融监管之间缺乏兼容性。

一、互联网金融一般规范

从2010年起,中国金融监管机构已发布多项互联网金融法规和相关问题的处理办法,多数文件以规范互联网金融企业经营行为、提示互联网金融相关风险和保障受益人合法权益为主,如《非金融机构支付服务管理办法》《关于人人贷有关风险提示的通知》《互联网保险业务监管暂行办法》等。除此之外,北京、上海等地也出台了一些地方性规章,但总体来说,这些法律法规或者位阶较低,或者效力有限,对互联网金融发展的法律约束力还远远不够。在互联网金融监管原则方面,以2015年的《指导意见》作为基本规范性文件,建立以"服务实体经济,利于宏观调控的实施、维护消费者合法权益、维护公平竞争的市场秩序和处理好政府监管和自律管理的关系"为基础的互联网金融监管原则,对于不同业态的互联网金融产品,由不同监管部门进行分类监管。在规范互联网金融市场秩序方面,学者指出,国家需要加强各机构金融监管协调,建立客户资金第三方存管制度和合格投资者制度，强制信息披露和风险提示，加强消费者权益保护和互联网金融行业自律，以促进平台企业间有序竞争关系的形成。2015年后，互联网金融行业缺乏监管的状况开始改善，互联网金融的未来亟待一个成熟、有效、标准化的监管体系，坚持底线思维，加强规范管理，促进以创新为动力的新型金融服务业态在可持续的轨道上健康发展。

互联网金融监管应注意信息数据监管的系统化。针对中国征信系统不完善的情况，学术界和实业界一致认为监管的重点包括打造央行的金融大数据和云计算平台，探索建立以大数据为核心的"新金融数据"风险管控模型。总体来看，金融监管应当体现开放性、包容性、适应性，构建包括市场自律、司法干预和外部监管在内的三位一体安全网，维护金融体系稳健运行。2018年10月，央行、银保监会、证监会联合发布《互联网金融从业机构反洗钱和反恐怖融资管理办法（试行）》建立相关监管机制和监管规则。一是建立监督管理与自律管理相结合的反洗钱监管机制。明确中国人民银行、国务院有关金融监督管理机构协同监管和互联网金融协会自律管理相结合，做到履职各有侧重，工作相互配合。二是建立对全行业实质有效的框架性监管规则。《管理办法》对从业机构需要履行的反洗钱义务进行原则性规定。

二、P2P网贷和股权众筹规范

P2P网贷及股权众筹的行业政策和法律规范的出台集中于2015年。5月1日，国务院正式发布《关于进一步做好新形势下就业创业工作的意见》。肯定了互联网金融拓宽创业投融资渠道的积极作用，鼓励开展股权众筹融资试点，积极探索和规范发展互联网金融，促进大众创业。5月8日，国务院批转了发改委《关于2015年深化经济体制改革重点工作的意见》。意见指出2015年深化经济体制改革的重点工作包括制定完善金融市场体系实施方案，出台促进互联网金融健康发展的指导意见，制定推进普惠金融发展规划。6月16日，国务院发布《关于大力推进大众创业万众创新若干政策措施的意见》。意见指出要支持互联网金融发展，引导和鼓励众筹融资平台规范发展，开展公开、小额股权众筹融资试点。政府对于互联网金融的指导意见也趋于深入——在继续鼓励行业发展的基础上,重点提及众筹融资这一互联网金融细分领域。7月4日,国务院发布《关于积极推进"互联网+"行动的指导意见》。指导意见文件中出现15次"互联网金融"这个关键词,2次出现"网络借贷"。其中提到要促进互联网金融健康发展,培育一批具有行业影响力的互联网金融创新型企业。7月18日,央行联合十部委发布《指导意见》。该意见不仅正式承认了P2P网贷的合法地位,也明确了P2P网贷的信息中介性质,并以"鼓励创新、防范风险、趋利避害、健康发展"为总的要求,明确了包括股权众筹融资、P2P网络借贷、互联网支付在内的多种互联网金融业态的职责边界。经过长达8年"无监管、无规则、无门槛"的野蛮生长局面之后,行业正式进入合规发展的新阶段。8月6日,最高法出台了《最高人民法院关于审理民间借贷案件适用法律若干问题的规定》。该规定在划定24%的民间借贷利率红线的同时,还进一步明确了P2P网贷平台的"媒介身份"。此外,还指出该类平台作为提供媒介服务的中介平台,无须履行担保责任,这被视为P2P行业未来去担保化的重要开端。8月12日,央行发布《非存款类放贷组织条例(征求意见稿)》。尽管对P2P网贷行业而言,并没有明确将其列入规范范围之内,但其中有很多内容都似乎在为未来互联网金融的相关监管细则做准备,行业整顿逐步升级。9月16日,李克强总理主持召开国务院常务会议。李克强总理在会议上指出,要加快发展融资租赁和金融租赁,发展股权众筹和网络借贷,有效拓宽金融体系服务创业创新的新渠道新功能。9月26日,国务院印发《关于加快构建大众创业万众创新支撑平台的指导意见》。该指导意见是对大力推进大众创业万众创新和推动实施"互联网+"行动的具体部署,是加快推动众创、众包、众扶、众筹等新模式、新业态发展的系统性指导文件。该意见强调,鼓励互联网企业依法合规设立网络借贷平台,为投融资双方提供借贷信息交互、撮合、资信评估等服务。10月12日,国家知识产权局等五部委在印发的《关于进一步加强知识产权运用和保护助力创新创业的意见》中提出,支持互联网知识产权金融发展,鼓励金融机构为创新创业者提供知识产权资产证券化、专利保险等新型金融产品和服务。10月16日,国务院总理李克强主持召开金融企业座谈会。总理在座谈会上提出,加大对实体经济支持,鼓励互联网金融依托实体经济规范有序发展,坚守不发生区域性系统性金融风险底线。11月3日,《中共中央关于制定国民经济和社会发展第十三个五年规划的建议》正式发布,建议中提到规范发展互联网金融,互联网金融首次纳入中央五年规划。12月28日,银监会等部门研究起草了《网络借贷信息中介机构业务活动管理暂行办法(征求意见稿)》,提出所有网贷机构均应在领取营业执照后向注册地金融监管部门备案登记、网贷信息中介机构应当履行多种义务,不得从事或接受委托从事部分活动,"负面清单"明确了网贷平台明令禁止的12条行为,主要包括不得自融、不得设立资金池、不得提供担保、不得期限错配、不得混业经营、不得造假欺诈等。12月28日,央行发布了《非银行支付机构网络支付业务管理办法》,其中部分条例指出:支付机构不得为金融机构以及从事信贷、融资、理财、担保、信托、货币兑换等金融业务的其他机构开立支付账户。对于第三方支付机构来说,虽然不能继续为网络借贷等互联网金融企业开立支付账户,但仍可为其提供支付通道服务,把业务重点放到提供支付通道服务上,将付款人的款项划转至网络借贷等企业的银行结算账户。

2016年8月24日,银监会、工业和信息化部、公安部、国家互联网信息办公室联合下发《网络借贷信息中介机构业务活动管理暂行办法》,明确规定了同一借款人在同一网贷机构及不同网贷机构的借款余额上限,并规定实行客户资金由银行业金融机构第三方存管制度,防范平台道德风险,保护客户资金安全。该暂行办法做出了12个月过渡期的安排,事实上,在"暂行办法"下发后,市场中没有一家符合"暂行办法"所设定的条件。2016年10月28日,中国互联网金融协会正式发布《互联网金融信息披露个体网络借贷》标准(T/NIFA 1—2016)和《中国互联网金融协会信息披露自律管理规范》。强制性披露指标逾65个、鼓励性披露指标逾31项,分为从业机构信息、平台运营信息与项目信息等方面。银监会于2017年12月8日发布《小额贷款公司网络小额贷款业务风险专项整治实施方案》(以下简称《整治方案》),旨在通过专项整治,严格网络小额贷款资质审批,规范网络小额贷款经营行为,严厉打击和取缔非法经营网络小额贷款的机构。

三、区块链法律规范

我国对区块链金融进行法律规制始于2013年。基于"实质重于形式"的原则采取"穿透式"监管，对各种金融业务透过其表象判定其本质，并由此而确定监管主体与监管规则。针对区块链金融在不同发展时期集中突显出的各种问题分别出台规制措施，包括2013年央行等五部委发布的《关于防范比特币风险的通知》、2017年央行等七部委发布的《关于防范代币发行融资风险的公告》、2018年互联网金融风险专项整治工作领导小组发布的要求各地引导辖内企业有序退出"挖矿"业务的通知，以及中国人民银行营业管理部发布的《关于开展为非法数字货币交易提供支付服务自查整改工作的通知》。可见，尽管区块链金融是继互联网金融之后的又一重大金融科技创新，但是规制主体并未突破"一行两会"格局。同时，针对区块链金融领域混业经营较为普遍的情况，以"混业监管"取代了传统的"分业监管"，以防范监管套利行为的发生。

四、其他法律规范

2015年年中证券市场和金融市场异动，证监会出台《证券期货市场程序化交易管理办法（征求意见稿）》，该办法仍然在征求意见阶段。

除此之外，2017年3月7日发改委等八部委联合发布的《关于促进分享经济发展的指导性意见》是共享经济发展的阶段性成果。该指导意见首先对共享经济的重要意义进行了阐释："分享经济作为全球新一轮科技革命和产业变革下涌现的新业态新模式，正在加快驱动资产权属、组织形态、就业模式和消费方式的革新。推动分享经济发展，将有效提高社会资源利用效率，便利人民群众生活，对推进供给侧结构性改革，落实创新驱动发展战略，进一步促进大众创业万众创新，培育经济发展新动能，具有重要意义。"这一阐释表达了中国中央政府对共享经济的基本态度。

五、我国互联网金融监管制度的调适

(一) 我国金融监管改革与互联网金融监管的变化

2017年11月,国务院金融稳定与发展委员会(以下简称"金稳会")正式成立并召开第一次会议。2018年3月,国务院机构改革方案将银监会和保监会的职责整合,组建中国银行保险监督管理委员会(以下简称"银保会")。原银监会和保监会具有的制定金融监管重要法律法规草案和审慎监管基本制度的职责划归中央银行,中国人民银行肩负起实施货币政策和履行宏观审慎管理职责的双支柱调控使命。我国金融监管组织体系和监管方式开始按照"十三五"规划提出的"符合现代金融特点,统筹协调监管,有力有效"的要求进行方向性调整。这给互联网金融监管带来了诸多变化。其一,随着国务院及金融稳定委员会的成立和银监会与保监会的合并,在我国运行15年之久(2003—2017年)"一行三会"的分业监管体制就此落下帷幕。其二,金融监管组织建设有了实质性的突破。改革后我国金融监管组织体系具有双峰模式的特征:中国人民银行负责宏观审慎监管,是一峰;银保监会和证监会进行微观功能监管、行为监管和消费者权益保护,构成另一峰。但这一双峰模式具有中国特色,具体表现在以下三个方面。

一是"淡中心化"。"淡中心"并不是"去中心",而是在中央政府部门主导下,更多地发挥金融市场其他监管主体的能动作用,加强监管框架内各主体之间的交流互动。国务院金稳会第一次会议公告将自身定位为"国务院统筹协调金融稳定和改革发展重大问题的议事协调机构"。就其维护金融稳定的职责来说,它不是对其他监管主体发号施令的机关。金稳会的设立,不仅有助于加强宏观审慎监管和微观功能监管的相互协调,而且促进了中央和地方监管部门之间的相互配合。再加上政府监管与行业自律并行,共同形成一个"淡中心"、具有网状结构的金融监管主体架构,与对"去中心化"、具有社会网络结构的互联网金融的监管是相适应的。

二是监管组织之间的协调由"部际水平协调"升级为"上下级垂直协

调"。自 2013 年 10 月以来,由央行牵头的金融监管部际联席会议在推进金融监管政策、措施、行动的统筹协调方面做了不少工作,但在"平级部门水平协调"的框架下,该制度对各成员机构并无实质性约束力,导致实践中对金融监管协调作用有限。金稳会的成立以及其肩负的"统筹协调金融监管重大事项"的职责,宣告监管协调转变为"垂直协调",加之严格的问责机制,协调效力将会有实质性提升,互联网金融监管主体之间信息共享、合作联动的应然要求也有了实现的制度保证。

三是中国人民银行在《中国区域金融运行报告(2017)》中提出,将规模较大、具有系统重要性特征的互联网金融业务纳入宏观审慎监管框架。这一举措对隔离互联网金融各业态的跨市场风险传递、衰减和缓解其系统性风险以及风险的扩张和恶化,防范系统性金融风险的爆发有重要意义。但问题是,宏观审慎监管框架,无论是 G20 首尔峰会形成的"宏观审慎政策"基础性框架,还是中国人民银行 2016 年提出的宏观审慎评估体系,都是针对银行等金融机构的资本监管而言的,对以透明度风险为主要风险源的互联网金融业务很难直接适用。因此,中国人民银行应进一步制定具有系统重要性特征的互联网金融业务的透明度要求。

四是 2017 年 5 月 15 日中国人民银行成立金融科技委员会,以加强金融科技工作的研究规划和统筹协调。央行通过金融科技委员会强化监管科技应用的实践表明,管理层已充分认识到,发展强大的金融科技平台的同时,技术驱动的监管科技同样重要。对照互联网金融监管的应然诉求,我国金融监管改革带来互联网金融监管的上述变化,是朝着应然方向前进了一大步。但总的来看,这种变化还是属于量变范围。要实现互联网金融监管的质变,实现其应然诉求向现实的转化,还必须借助现代科技的力量。

(二)监管科技是实现互联网金融监管机制优化的必由之路

与互联网金融具有亲缘关系的"金融科技"(FinTech)概念,在 2011 年被首次正式提出,即金融与技术的融合发展。对于什么是"金融科技",目前世界上尚无统一的定义。2016 年 3 月,全球金融治理的核心机构——金融稳定理事会(FSB)发布了《金融科技:全景描述与分析框架》的研究报告，第一次在国际组织层面对金融科技做出了初步定义："金融科技，指技术带来的金融创新，它能创造新的业务模式、应用、流程或产品，从而对金融市场、金融机构或金融服务的提供方式造成重大影响。"❶ "监管科技"于2015年3月首次出现在英国政府科学办公室对"金融科技优势"的研究报告中，在随后发布的英国年度预算报告中也有显现。此后，各国监管机关和标准制定者发布的各类文件中均采纳了这一表达方式，其在全球监管讨论中逐渐被普遍接受。英国市场行为监管局（FCA）认为：监管科技是指"将新技术应用到现有监管过程中，以促进达成更有效的风险识别、风险衡量、监管要求以及数据分析等活动。"整体而言，监管科技代表着未来金融监管的演进趋势，是支撑整个金融业发展的坚实基础。当今，监管科技虽依然处于初创阶段，但已开始呈现风靡全球之势。

监管科技的产生是对互联网金融和金融科技内含的复杂金融风险和监管挑战的回应。它对我国互联网金融监管应然诉求的实现发挥重要作用。监管科技为互联网金融的透明度风险监管提供技术条件和技术能力。传统金融学理论认为，信息不对称是金融系统脆弱性的原因。❷ 费尔南·布罗代尔深刻剖析了以金融信贷为中心的现代经济生活的特点：货币和信贷成为一种能够自我繁殖的语言，❸ 日益复杂，具有高度的技术性，而且由于进入壁垒，导致垄断和操纵信息出现。金融信贷经济的复杂性和信息操纵的特点正是当代信息社会和符号经济的显著特点。而互联网金融与金融科技过度复杂性和高度杠杆性更是树立起层层的信息壁垒，导致信息受阻和传递失灵成为常态。金融产品与金融服务的提供者与消费者之间信息不对称，使金融消费者利益受损；而金融监管者与被监管者之间信息不对称，则导致监管者陷入缺乏充足信息的盲目监管。

---

❶ Gregor Dorfleitner, Lars Hornuf, Matthias Schmitt & Martina Weber. FinTech in Germany [M]. Cham: Springer International Publishing A G, 2017: 5.

❷ Douglas W Diamond & Philip H Dybvig. Bank Runs Deposit Insurance and Liquidity [J]. Journal of Political Economy, 1983, 91 (3): 401–409.

❸ [法]费尔南·布罗代尔.15至18世纪的物质文明、经济和资本主义（第一卷）[M]. 顾良，施康强，译. 上海：生活·读书·新知三联书店，1993：566.

综上，一国选择金融监管体制时，必须综合考虑金融机构经营方式、金融业乃至整个经济发展水平、政治文化等多重因素。我国由一行三会到一行、一委、两会的监管体制，仍然需要进一步改革。实现以提升透明度和实现功能监管基础上的混业监管改革。有学者提出，对具有多节点并连接成社会网络的互联网金融的监管，要求其监管主体之间信息充分共享，彼此合作联动形成一个网络，从而杜绝监管缺位与监管漏洞。我国通过当前的金融监管变革形成的监管主体具有双峰模式的因素，又有中国特色，特别是在克服监管信息从上至下的单方向流动与实现监管的"淡中心化"方面开辟了制度化的路径。互联网金融的产生乃至得以迅速发展，是国家金融监管等有关部门爱护创新、包容治理的结果，更是传统金融法律和立法资源均聚集在传统金融机构领域，导致互联网金融无法可依、自由生长的结果。互联网金融的自由生长并没有根本上违反法律、法规的规定，只是缺乏规范性。互联网金融从放任的自由发展到整治规范，需要真正把握互联网金融本质基础上的治理与制度安排。互联网金融展示了调整该领域法律制度的空白和缺陷，亟须法治理念的重塑和制度创新重构。互联网金融的规范发展乃至未来制度安排需要着重关注：互联网金融的监管分工与功能监管实现；互联网金融风险与平台业务复合化；互联网金融消费者保护及路径；信息披露和信息广告宣传；市场准入特许制与备案制发展；互联网金融治理法治化中的碎片化与系统性关系处理。

第七章 互联网金融"产业公地"监管规范

互联网金融代表着多个行业的集成,须明晰核心基础设施和配套设施公域,并审慎考察其内在功用。从语义角度看,诸多新兴的业态均被称为同一名称,在于其内在的一致性,所以如果对其发展进行很好的监管和规制,需要从行业共同依托的产业公域和自身各自特点来进行监管和规制,从而达到对其根本治理之目标。

第一节 互联网金融技术市场伦理制度之构建

互联网金融是各个行业高度集成的产物,其复杂的生发机制决定了投资者只是通晓某一领域,其迭代的速度更是让行业发展风险处处存在,对于行业的变迁、制度的生成、文化的影响等诸多方面参与者并没有很好的知识基础。在行业仍然形成过程中时,通过学习增进伦理共识是前提和基础。同时,我们也应看到其背后的现实需求或社会矛盾,使用好互联网工具,形成监管层、平台公司、投资者等多方参与的平台,并且通过协商和对话机制,逐步促使社会认同度的提升。

一、以竞争推动市场分层及伦理共识的形成

以互联网金融发展推动市场分层,推动市场共识形成。在宏观审慎框架下,竞争是经济发展的必由之路,应重视基础资产和衍生品市场的杠杆作用。互联网金融交易依赖资产端的安全性,应当以外汇市场和证券市场基础市场规则为前提,推动衍生品交易。诸多互联网金融程序作为长期研

究、审慎验证之后的模型，由于无法进行知识产权保护，在现实中部分网络科技公司损失严重。该类知识成果应考虑以市场伦理和共识的提升，辅之以商业机密的形式，选择适当的保护路径。未来交易市场应当是交易者分层的市场，坚持价值投资与专业从事交易者的市场是分属于不同层次的，复杂、高频交易依赖于技术从而又促成竞争格局。故此应推动公平的交易规则促进市场和交易双向监督和对照通用的国际规则自我约束。同时，我国应加强投资者教育，促使投资者理性投资并能承受市场波动。监管者应当秉持监管谦抑精神，通过技术治理保障交易基础上适度灵活，形成更加市场化和国际化的交易机制，❶逐步寻求与国际市场兼容。公平市场意味着地位平等，但并不意味着交易结果的平均。应当鼓励在规则允许下，技术促进效率的不断提升，鼓励交易平台或盈利者用慈善的方式对社会进行资助。此外，金融市场核心问题是定价问题，在世界市场中，高频、复杂交易掌握在欧美国家手中，我国的互联网金融科技平台公司与监管机构还肩负着稳定国内市场、抵制异常波动、维护金融安全的重任。

发达国家中市场失灵和监管失灵现象让学界更加注重于市场自身的纪律监管，纪律监管与监管、监督成为金融监管的三大支柱。现代环境下，监管主体与监管对象之间逐步由原先的"猫鼠关系"转化为"大脑四肢"的协同关系。❷金融机构在风险控制方面，监管者与机构之间经过无数次的博弈走向趋同。我国在互联网络金融行业方面已经做出一些探索，如2012年在上海成立的网络信贷服务业企业联盟，以及2013年8月包括第三方支付企业、电商平台、P2P网贷、众筹等在内的33家互联网金融机构在北京成立的中关村互联网金融行业协会。2013年8月13日，在中国互联网大会上，与会代表共同制定并签署了《中国互联网金融行业自律公约》。

在细化的操作上，我国应考虑以下三方面的内容。

（1）行业自治机构

在我国，应当在政府征信体系和市场征信基础上，在行业协会中建立

---

❶ 吴晓求. 股市危机：结构缺陷与规制改革 [J]. 财贸经济，2016（1）：22-32.
❷ 李成. 金融监管学 [M]. 北京：高等教育出版社，2007：25.

与普惠金融部对应的行业自治机构。

①在前期可以考虑由行业内重要的机构牵头成立，以金融安全为目标，观测各个区域内金融信息，并且编制相应的行业指数，以观测行业的发展；

②采用理事会制的方式，形成行业内部的协作机制，接受国家课题委托，对行业进行监管研究；

③借鉴美国模式，由这一机构定期搜集日常数据，上报相关数据给银保监会普惠金融部，同时借助于大数据、云计算，将相关数据定期发布。数据的真实程度和披露的规则是其核心，在此可以借鉴英国 FCA FinTech 加速中心的做法，引入第三方机构如专业审计机构来负责信息搜集和梳理。

（2）伦理规范的逐步确立

任何监管的目标实质为市场体系自身对监管体系的认同和整个市场规则的践行。事实上，与复杂的制度体系和严苛的惩戒机制相比，市场主体对普惠、开放等精神的认同更为根本。为了更妥当的实现这一目标，一些国家在互联网络行业协会中逐步探索出了一些行业伦理规范，这些带有极强伦理性的规范，极大地促进了行业健康发展。如美国电脑伦理协会制定的"十诫"❶。在市场面前，制度更容易使监管有序化，我国应该积极激励行业内部的正能量，通过伦理规范的推行，提升行业的信用。技术的精密性需要开放性，通过学习和沟通来认识其内在含义。

（3）完善监管机构与协会之间的沟通机制

我国的互联网络金融行业协会建立之后，利用网站及其他自媒体、与主管部门的沟通、组织各种会议等方式逐步明确市场中应当遵守的一般规则，如发布《中国互联网金融协会会员自律公约》《金融信息披露标准和

---

❶ "十诫"即美国的"计算机伦理十条戒律"（The Ten Commandments for Computer Ethics），是美国互联网行为道德标准，主要内容包括：不应用计算机去伤害别人；不应干扰别人计算机的工作；不应窥探别人的文件；不应用计算机进行偷窃；不应用计算机做伪证；不应使用或复制没有付钱的软件；不应未经许可而使用别人的计算机资源；不应盗用别人的智力成果；应该考虑你所编程序的社会后果以及应该用深思熟虑和慎重的方式来使用计算机。

配套自律制度》《举报平台》，对市场有较强的指导作用。但是由于协会本身处于发展初期，协会中较为有影响力的组织操纵一些奖项的评比，数据和奖项仍然缺乏足够的认同度，因此争议声也较为明显❶。协会以公益为目标，旨在促进市场主体遵守伦理要求，显然对于金融这样的行业来说，任重道远。为了更好地实现功能性监管，我们的监管机构需要掌握真实、适时、完整的信息，并且能够适应市场的变化做出相应的调整，这就需要协会与金融公司进行有效的沟通，将金融公司纳入协会自身编制的相应的指数和模型，同时与监管机构进行分析，并且购买第三方机构如会计师事务所、律师事务所的服务，以求有效监管。

二、推动多元表达，实现市场伦理共识

危机事件的发生，使监管主客体认识到双方协同的必要性，市场主体强化职业伦理和行业纪律的自律监管成为重要的支撑。以高校、金融企业、科研机构为中心，充分调动其积极性，可以考虑以下方式：①促进交易者自身组织协会自我约束和研究积聚效应。如在我国南部地区交易者设立的宽客俱乐部和北部地区交易者设立的私募工场俱乐部，这些俱乐部逐步形成了集科研、培训和实践为一体的群体，这一群体对于市场的变化有着重要的监督作用。②注重监管和自律互通。可以将部分监管功能契约化，探索"平台企业与政府之间在实现信用社会和社会共同治理环境的共建。"❷ 实现私法制度自我生产。同时，由行业机构负责定期公布日常数据，编制异常数据和异常交易弹性标准，密切监控"异常程序化交易和高频交易"进行规制。❸ 可以考虑独立第三方机构审计，采用理事会制的方式，形成行业内部的协作机制，接受国家课题委托，对行业进行监管研

---

❶ 戴贤超. 中国互联网金融协会在一片争议声中挂牌成立 [J]. 投资有道，2016 (5)：76-77.

❷ 俞思瑛，季卫东，程金华，等. 对话：技术创新、市场结构变化与法律发展 [J]. 交大法学，2018 (3)：55-78.

❸ 彭志. 量化投资和高频交易：风险、挑战及监管 [J]. 南方金融，2016 (10)：84-89.

究，并发布行业实时数据。监管的目标实质为市场体系自身对监管体系的认同和整个市场规则的践行。可以整合并打通互联网金融各业态的伦理规范，推动在共识中实现自律。

第二节　互联网金融信用市场监管及完善路径

科技驱动的金融创新所内含的技术风险、操作风险，有诱发系统性风险之可能，迫使监管者必须予以有力回应。然而，监管技术匮乏、监管法律滞后和监管理念守旧等问题，以审慎监管、功能监管、功能和行为监管等为核心构建的传统监管体系和法规无法有效应对去中介、去中心化的金融交易现状。因此，必须在审慎监管、功能和行为监管等传统金融监管维度之外增之以科技维度，形塑双维监管体系，从而更好地应对金融科技所内含的风险及其引发的监管挑战。科技维度的监管致力于依靠大数据、云计算、人工智能、区块链等技术构建科技驱动型监管体系。其以数据驱动监管为核心，构筑起分布式的平等监管、智能化的实时监管、试点性的监管沙箱为核心的金融监管体系，突破传统金融监管的固有困局，创新监管方式，保护金融消费者，维护金融稳定。❶

互联网金融健康发展的核心是风险控制。风险控制中的重要过程和基础之一是征信。包括 P2P 网贷等互联网金融各种创新模式的快速发展，给风险控制带来了新的挑战。互联网金融中的征信问题，与传统金融模式比较有快速性、动态性、准确性等不同的决策需求，要求风险评估和风险管理突破传统的方式，融合包括在线社会媒体数据在内的多源数据。❷

---

❶ 杨东．监管科技：金融科技的监管挑战与维度建构［J］．中国社会科学，2018（5）：69－91．
❷ 叶强，刘作仪，孟庆峰，马涛，张紫琼，熊熊，李建平，文凤华，卢乃吉，郭海凤，李勍．互联网金融的国家战略需求和关键科学问题［J］．中国科学基金，2016，30（2）：150－158．

在全国第三届金融大数据战略与应用研讨会上❶，征信、网络安全作为关键词被各位与会人员高度重视，而国内利用信息诈骗高发的现实也值得深思我国的信用体系。金融的本质为信用，征信体系是我国互联网络金融立法的当务之急，完善立法是促进互联网金融信用体系建设的基础。

①抓紧完善征信法律法规。2013年3月15日颁布的《征信业管理条例》是国内正式施行的首个征信业法律法规，标志着征信业步入有法可依的轨道。作为一部框架性的法规，具体落实执行还需要配套的规章细则，如《征信机构管理办法》《金融信用信息数据库用户管理规范》《企业与个人征信业管理办法》等相关规章细则，使征信机构和征信业务规范发展，保障金融信用信息基础数据库的建设、运行和维护。❷

②出台一些能优化征信业外部环境的法律法规，如类似于美国制定的《公平信用结账法》《公平信用报告法》《平等信用机会法》等。

③建立健全我国的信息安全法律体系，以《互联网安全条例》《网络安全法》为核心，尽快出台《个人信息保护法》，保护自然人信息权利并探索拟制人格信息披露边界，明晰隐私权边界及配套实施办法，促进消费者信用保护以及信用数据使用的安全，兼顾信息安全与数据开放，提高信用数据使用效率。由于移动互联市场的发展和技术的提升，利用微信、APP等形式获取个人信息的公司层出不穷，给用户隐私权的保护带来了极大的障碍，很多公司非法牟利的一个主要原因便是我国隐私权保护界分的模糊和使用限制的缺位，依照成熟经验，对于社交平台获取信息的限制是其中非常有效的办法，并且限制国家招生考试机构和商业主体对于互联网信息的获取也是比较现实的办法。明确征信主体并且有约束地使用这些信息，才会避免借贷宝"裸条事件"❸及类似的事件发生，并且一些机构非法利用这些信息牟利，P2P网贷公司为了扩大投资者队伍，不得不进行付费推广，甚至向这些公司购买信息，2015年北京多数众筹公司的广告费用

---

❶ 2015年10月在太原并州饭店召开。

❷ 袁新峰．关于当前互联网金融征信发展的思考［J］．征信，2014（1）：42．

❸ "裸条事件"最需要监管升级来回应［N/OL］．（2016-09）［2016-12］．北京青年报，http：//xin.52pk.com/shehui/201612/6884134.shtml.2016.9．

在3亿元左右，这些刚性成本是一笔巨大的开销，如果不能合理地进行约束，非法事件将层出不穷。

④根据互联网金融业态模式下金融混业经营的趋势，及时修改已有的法律法规，出台具有针对性的法规对互联网金融进行监管。❶

综上，利用大数据、云计算提升征信技术；利用信息平台定期发布信息；建立征信奖惩制度、失信清单制度，逐步确立征信体系为互联网络参与主体的基础、指导工具。信用体系建设并不仅仅是央行的责任，基于市场主体形成的信用体系会更好地服务于市场的需要，按照成熟国家的经验，需要对金融征信、行政管理征信、商业征信体系进行合理的孕育以及对信用瑕疵的恢复。同时需严格控制其使用边界，否则支付平台（如支付宝）将会极大的损伤客户的信息安全。

党的十八大提出，法治是治国理政的基本方式，要加快建设社会主义法治国家，全面推进依法治国。营造诚信、公平、正义的法治环境是推进依法治国的必要进路。在推进金融法治环境完善过程中，有学者提出在消费者权益保护领域，应该让诚信注入法治的力量。习近平主席在2017年3月15日签署公布的《民法总则》再一次重申了诚信原则，诚信是社会正义的基石。

在推进金融公平方面，面向金融资源配置不公平现象。金融法律制度需要在价值取向上将社会公平列为金融法的价值，在立法精神上体现民生普惠的理念，在法律条文设计上实行金融权利倾斜性配置。以法律环境在推进国际金融中心建设和发展的核心作用为基点，有学者提出一个城市或区域之所以能够成为国际金融中心，不仅在于其有较强的经济实力和发达的金融市场，还在于良好的金融法治环境。良好的国际金融中心法治环境的营造须从金融法律法规体系、金融监管体系和金融司法体系的完善着手。面对金融创新所提出的客观要求，司法需要通过自身功能的能动匹配，充分发挥司法职能，并促进法律法规体系和监管体系的优化。

要确立互联网金融消费者倾斜、适度保护的基本原则，倾斜保护是缓

---

❶ 王希军，李士涛. 互联网金融推动征信业发展 [J]. 中国金融，2013（24）：60.

解金融信息不对称的内在要求，适度保护原则是实现交易双方信息平衡的基本遵循。我国互联网金融领域面临立法缺位困境，要尽快制定互联网金融消费者保护专门立法，同时还要制定互联网金融专项规制立法。特别要建立互联网金融消费争议处理制度，借鉴国际上金融申诉专员制度的成功实践经验，构建适合国情的争议处理制度。在现有监管框架下加强互联网金融监管协调机制，注重不同监管部门之间的监管协调。要创新互联网金融监管制度建设，保持适当的风险容忍度，维护金融创新与消费者保护的平衡；坚持负面清单原则，原则性监管与规则性监管相结合；注重信息披露，坚持透明度监管；加强行业自律，充分发挥第三方监督作用。应重新厘定信息工具范式，以大数据和征信体系为基础，规范市场准入并明确市场主体法律地位，发挥信息工具之风险预警作用，构建投资者保护立法，完善融合型互联网金融法律规制体系，以弥补管制型立法的制度错配和法律漏洞，并规制信用风险、降低系统性风险，进而激励竞争、促进信息的产生和传递、分散和利用风险，以发挥互联网金融内生的优化资源配置的功能。[1]

第三节 互联网金融监管市场准入之制度构建

市场规制的目标在于摆脱规制的负面作用，规制是为了更好的金融创新。本节拟以美国和英国等国家金融创新中的相关理念为标准对我国市场化利率大背景之下金融监管理念进行重塑，主要在于市场化、透明化等，同时在此基础上对银保监会普惠金融、证监会及相关部门未来产业政策和规范的制定及适用提出建议。从英国和美国经验和市场监管理论，我们可以看出，金融监管需要注重于其制度方面，同时也关注其技术方面，这一建构关键在于优化我国各个行业内部的规范。

---

[1] 杨东. 互联网金融的法律规制——基于信息工具的视角 [J]. 中国社会科学，2015（4）：107－126.

一、优化行业内部规范

（1）市场准入和退出监管

自互联网络金融行业开始出现，由于行业门槛缺位、多数平台缺乏长期筹划，在遇到风险后便伴随着集中违约，甚至大量的机构利用监管缺位牟利，所以技术与市场并重的监管模式是我国扭转互联网络金融乱局的重要方案。完善金融业统一的信息技术标准，增强互联网金融系统内的协调性，加强各种风险的监测和预防，与国际上先进的互联网安全标准和规范相统一，在此基础上逐步确定市场进入的最低标准并进行动态调整，可以行政指导加发放牌照相结合的方式进行管理。例如，注册资本或规模、技术协议安全审查报告、办公场所与网络设备标准、风险揭示与处置规划、业务范围与计划、交易记录保存方式与期限、责任界定与处理措施等。出于维护金融体系安全、防止互联网金融保存的重要客户资料泄露和丢失的考虑，各国对于互联网金融的退出都非常谨慎，采用多项立法保护互联网金融消费者的隐私权、投资收益、退出保护。对于互联网络金融企业的退出机制建立，需要在市场充分竞争基础上，加强基础研究，逐步确立市场推出、市场清算、市场退出方式；做好投资者教育，正视市场风险；加强准备金制度，合理估算风险拨备资金需求；在民间金融中探索适用存款保险制度，以防止金融机构退出后，投资者采用非理性的维权方式。

（2）业务变更管理

金融市场的行为较之于其他市场，应该更加严格。对于业务范围也应该严格审批备案程序。首先，对于混业金融集团的管理，互联网金融机构除了基本的支付业务，是否允许在网络中经营保险、证券、信托和各种非金融业务，监管机构应该明确准入及变更条件；其次，对于分支机构也应该严格管理。

（3）监管机构需要使日常检查常态化，并且不断修正监管内容

对于金融机构相关的指标，需要综合监管。例如，资本充足率、流动性检查；交易系统的安全性检查、客户资料的保密性检查；保护客户隐私权的检查；电子记录的准确完整性检查；等等。

二、构建与监管目标相宜的规范体系

从各国实践来看，互联网金融虽为一个新生事物，但却应该遵守市场的最基本准则，由此建立的法律体系需要涵盖以下一些内容，建构制度首先以基本隐私权的保障为基础。

（1）隐私权保护规范体系

由于在我国民法体系中，隐私权仅仅是一个相对抽象的概念，只是在两高的案例中有相应的保护方式，所以隐私权成为互联网侵权的最重要的形式，从信息的搜集、整理、交易各个环节，均有对个人隐私权的侵犯，而我国刑法中虽然对泄露个人信息已经有相关的罪名，但面对主体混乱、客体规模庞大的民众来说，显然维权是一个非常困难的事情，所以明确个人隐私权并且有很强的限制其利用条款是当务之急。多个课题组针对该问题调查了多个年龄段人群，由于我国互联网伦理及基本权利体系保障的滞后，多数人的信息通过一个钥匙链就可以得到，而且现在多数 APP 也通过这种方式获取大量客户的个人信息，由此诈骗短信、诈骗微信层出不穷，如果没有隐私权明确的现实和网络边界，很难解决互联网络信息安全问题。

（2）网络技术管理需要加速立法

在我国 2005 年颁布《电子签名法》之后，大部分技术规范为部门规章、规范性文件，层级很低，民众认知度低，加之市场变化很快，业态生存较为混乱，所以无法真正发挥规范的作用。如微信、支付宝等平台对于个人信息的掌握和利用，以及社交信息的获取和分析的限制；如 360 公司既有杀毒软件业务又从事 IE 业务，很容易利用手中的杀毒功能这一公益功能对其他企业造成侵权。

（3）互联网金融行业系统性立法需要提速

2015 年"两会"上，一个议题为大金融委的组建，事实上这也是符合世界各国建立统一监管的重要举措，随着我国混业经营业务的不断深入，需要监管主体合力监管。银监会的普惠金融部的组建，事实上也在顺应市场的变化，它的中心工作应当更多地考虑以市场化推动力量来进行监管，如推动或认可互联网络金融行业标准。从法律环境来看，在互联网金融交易和网络银行监管方面，我国仅仅制定了《电子签名法》和《电子商务法》，与之相对应的认证服务、电子交易、电子支付等相关法案并没有上升为法律，对于这些立法漏洞，我国应由工业和信息化部与一行两会探索网络环境中的法律规范建设问题。在金融监管方面，我国的金融监管规范散见于各项法律制度中，我国应借鉴统一监管模式，出台金融监管统一指引，协调证券、保险、银行功能监管，同时考虑在网络中的适用，将现有的法律法规补充修改，前期可以考虑在一些省份探索建立大金融委，以地方立法探索改革的方向。在前文中提出的穿透式监管的形式便是一个非常好的选择，我们可以借鉴国外经验，确定监管主要主体，根据互联网金融市场的研究报告，将之细分为若干环节和若干要素，明确监管任务。针对若干要素所涉监管主体进行细分，公开相关指引性规范，多方面征集市场主体的观点，如我国监管层在颁布相关规范后，可以通过建立市场主体反馈专栏、召开圆桌会议等形式邀请市场主体进行讨论，并且适时发布执行手册，从而真正实现为市场服务的目标。从市场对《P2P网贷管理暂行办法》的反映来看，该办法对投资者、融资主体所作出的限制事实上存在着诸多不同的观点，在实务界如红岭创投对该办法提出了质疑，而一些平台则表示坚决支持，从经营来看，多数P2P网贷公司将自己的产品打包成资产证券化（Asset Securitization）产品，从模式来讲类似于银行间市场中小企业集合债，因此风控相对容易，如果按照前述《P2P网贷管理暂行办法》进行拆分，这将给公司风控带来很大的经营困难，利率市场化难度将会加大；同时对一些个人来说，以宜信为代表的P2P网贷公司的目标人群为白领阶层，相对风控容易一些，但是对于其他公司来说，这样个体的风控将会给公司带来巨大的经营难题。

第四节　互联网金融监管科技及监管沙箱的引入

"以科技应对科技"已成为金融监管新趋势，监管科技正在不断升级金融监管的风险识别能力。在风险识别体系建构的过程中，互联网金融平台，如百度、阿里和腾讯等大型平台公司，利用自身优势辅助监管科技应用正成为新常态。金融业务相互交织，错综复杂，大数据、云计算、人工智能等技术已经深度嵌入金融领域，金融市场的繁复程度远非以往。在金融科技的助推下，金融业务呈现出去中心化、去中介化等特点，带来了新的风险场景和风险特征的叠加，给金融监管带来很多新的问题。以科技应对科技成为全球金融监管的普遍共识。

一、协商治理下监管科技的深入探索

RegTech 初期是指金融机构利用新技术来更有效地解决监管合规问题，旨在减少不断上升的合规费用（如法定报告、反洗钱和欺诈措施、用户风险等法律需求产生的费用）。RegTech 公司利用云计算、大数据等新兴数字技术帮助金融机构核查其是否符合反洗钱等监管政策、遵守相关监管制度，避免由不满足监管合规要求而带来的巨额罚款。近年来，我国加大了监管科技的研究和应用力度。金融机构的科技化客观上倒逼监管机构的科技化，当金融机构更大范围、更大程度地采用 RegTech 时，如果监管机构不采用 RegTech，将面临以下问题：一是更严重的信息不对称问题。当金融机构通过 ML 和 AI 来处理和分析金融大数据产生的信息与风险时，监管者将知之甚少。随着监管机构与金融机构之间的信息不对称问题加剧，监管机构对金融风险的识别与应对将变得更加迟缓，不利于金融的稳定；二是更高级的监管套利。当金融机构通过 ML 和 AI 用来规避不满足监管合规要求带来的罚款时，也能用于寻找监管体系的漏洞，并以此谋取监管套利，这将使人工监管的有效性降低；三是更严重的系统性风险。金融机构的决策对数据更敏感，经济不好时"跑"得更快，顺周期性行为将可能进一步强化。

早在 2017 年 6 月，中国人民银行印发《中国金融业信息技术"十三五"发展规划》，提出要加强金融科技（Fintech）和监管科技（Regtech）研究与应用。这也是我国较早探索私治理基础上与公治理之间的协商治理。2018 年 8 月 31 日，证监会正式印发《中国证监会监管科技总体建设方案》，为备受关注的监管科技提供了一个官方的且颇为详细周密的设计蓝图。在互联网巨头中，百度较早宣布了其在助力金融监管方面的成果。腾讯于 2017 年年底与北京市金融工作局签署战略合作，双方将联合开发基于北京地区的金融安全大数据监管平台，致力于通过资源共享，对各种金融风险进行识别和监测预警，防控金融风险；同年也与深圳市金融办签署战略合作，双方将联合开发基于深圳地区的金融安全大数据监管平台，通过金融风险的识别和监测预警，助力地方金融监管，保障金融业务安全。2019 年 2 月 26 日，北京市地方金融监督管理局依托其超前的监管理念和丰富的监管经验，利用支付宝的金融科技手段，实现穿透式监管。协商治理也促进了公共治理的不断提升。监管部门也需要借助最新的科技，发展出适应现实需求的监管体系。清华大学五道口金融学院理事长兼院长吴晓灵表示，"大技术公司的平台成了金融与科技结合的媒介，应对挑战，需要打造监管科技的生态圈和金融科技发展生态圈。"

"目前金融监管受到了前所未有的重视，一方面，监管机构渴望获取更加全面、更加精准的数据；另一方面，监管部门面对金融机构报送的海量数据，需要借助科技提高处理效率和监管效能。"学界和实业界认识到，区块链技术或将在监管科技中起到重要作用。京东金融研究院《Suptech：监管科技在监管端的运用》报告中指出，区块链技术将在金融监管领域（如智能合约、智能监管报告等）得到进一步开发与运用。亿欧智库也认为，未来基于海量多源异构数据，随着机器学习技术的成熟，无论是监管端还是合规端，在数据处理与数据分析方面都将得到极大的提升。而且，通过 AI 和区块链结合，区块链智能合约还能够推动金融机构智能化调整并符合监管规范，降低了监管当局的政策法规成本，在智能化过程中促进动态合规，让监管科技和监管政策能够智能化应变、协同化调整。随着监管合规对于数据的依赖程度逐渐上升，监管科技智能化是必然趋势。

二、互联网金融监管的范式变革——监管沙箱的引入

"范式"（paradigm）概念由美国科学哲学家托马斯·库恩在《科学革命的结构》一书中提出的。它意味着一个共同体成员所共享的信仰、价值、世界观和行为方式等的集合；是从事科学研究和科学思维所必须遵守

的基本方式或参照系；它具有基本的结构和功能，并对共同体成员具有强约束性和规范性。FinTech 行业在伦敦金融业获得了较为迅速的发展，"破坏性"金融科技公司在市场总额中的产值达 36 亿欧元（从事非居间化投资金融业务拥有新技术的小型创新公司）。欧洲有一半有前景的"破坏性"金融科技初创公司是在英国。❶ 未来保持欧洲金融科技中心的地位，必须确保一个在合理规章架构之中的有吸引力的市场的继续构建。监管沙箱提供一个隔离的环境，在计算机等领域指一种进行试验推演的环境。监管沙箱可以理解为向金融科技公司测试创新产品提供的监督管理机制和政策环境，使用监管沙箱的公司可以测试创新的金融产品服务而不需要担心因此带来的监管后果。监管沙箱基于实施障碍、保障措施及法律框架展开，由于监管沙箱允许测试公司面向消费者进行试验，所以监管者需要对测试过程予以监督，同时要求公司必须遵守相关投资者或消费者保护的要求。因此，实施监管沙箱须考虑如下问题：独立第三方引导下的安全外围环境以及在测试环境中各项数据分析的公允性，以促使公平透明的市场机制保障；在既有的监管规范要求下设立降低测试门槛的"监管沙箱"的幅度；确保投资人在这些创新技术下金融服务的满足金融风险敞口的控制。

（一）英国监管沙箱机理

监管沙箱以实验的方式创造了"安全区"，适当放松参与实验的创新产品和服务的监管约束。英国监管沙箱的适用对象包括：

①目前未被许可但期望获得许可的企业；

②已经被许可但拟提供未经测试的产品或服务的企业；

③辅助金融服务机构的科技企业。

测试的标准为：金融服务功能、创新审查、消费者权益、创新风险的控制措施。这些企业获得的是测试新产品或服务的有限许可。在测试前，

---

❶ 中国政法大学互联网金融法律研究院李爱君老师指导翻译的英国金融行为监管局《监管沙箱》的汉译。

FCA会列明具体的实施规则，只要公司遵守FCA的指引，即使出错也不会遭受惩罚。测试企业需要和FCA协商，事先安排好紧急退出计划以防止消费者利益受损。通过监管沙箱测试并不意味着产品或服务可以直接进入市场，如公司想面向市场全面推进其产品或服务，仍然需要获得监管许可并且符合诸多监管标准。

（二）金融监管运行体系分析

FCA监管沙箱的具体运作流程总体上可分为申请、评估和测试三个阶段。

（1）申请阶段

参与机构向FCA提交使用监管沙箱的申请，内容包括拟测试的新产品服务情况是否符合使用标准的情况，核心为商业目标的实质性审查。FCA按照申请者实际情况，划分为授权参加者和未经授权者，FCA设定了适当的许可程序，使被测试企业获得有限的许可来测试其创新；申请者在监管沙箱中试运营的创新企业也需要满足FCA的许可条件，以明确其试运营的限制范围和客户应受到的保障，就需要遵照内容进行测试，但测试企业并不需要遵循设立传统金融机构那样的高标准，只需要与其可能招致的风险相匹配就行，未经授权者即限制性授权主体在其限制下进行部分产品及服务的测试。

（2）评估阶段

FCA在决定申请人的产品或服务能否进入监管沙箱测试时所参照的审核标准包括：

①测试的产品或服务是否属于金融服务业；

②是否属于创新或与现有方案显著不同；

③是否有消费者明显受益的前景；

④是否确有在监管沙箱测试的必要；

⑤公司是否在新产品服务上有足够风险控制的准备，能采取措施减轻相关的风险。

这些企业将被授予以测试为目的的有限许可。[1] 如果企业申请通过审核，FCA 则指定专门的联系人，与通过审核的公司协商确定适用的政策，制定测试参数、评估方法、报告要求以及消费者保护措施。

由于现行监管规则与金融创新之间存在矛盾，被许可企业非常期望通过与监管者沟通获得规则适用的确定性。为了帮助被测试企业，首先，FCA 发布了个别指引，即 FCA 通过阐明对相关测试规则的适用理解，从而向企业提供直接的个别指引，遵循指引的企业将被视为符合规则要求。[2] 其次，在特定情形下，如果规则被认为负担过于繁重或者无法实现监管目的，并且免除或修改这些规则不违背 FCA 监管目标时，FCA 可以豁免规则适用。最后，在例外情形下 FCA 可能无法发布个别指引或免除适用规则，从而使出具"无强制行动函"（NAL）成为必要。其目的在于，只要企业与 FCA 沟通顺畅，遵循商定的测试范围并且公正对待客户，当出现无法预见的问题时，FCA 将不会对企业进行处罚。但"无强制行动函"只适用于测试期间和 FCA 有权行使的处分措施，不能限制企业对消费者承担的责任。[3]

（3）测试阶段

企业开始测试，必须每周汇报对所列的最佳监管沙箱选项测试参数测量结果，报告保护措施以及与 FCA 的磋商结果，并由 FCA 对测试情况持续监测。测试结束后，公司递交最终报告、审查最终报告。如果最终报告通过审核，公司决定是否在监管沙箱之外推行新产品服务。显然监管沙箱无法规避所有的风险，所以设计投资人保障计划是必要的。对于金融服务对象的保护是最重要的，但这一保护应该建立在鼓励市场竞争基础上。针对这一内容，FCA 面对的四项保护办法中包括：投资人与测试者潜在风险及可获得补偿的告知，双方之间通过协商达成；商业机构可以寻求适用监

---

[1][3] Financial Conduct Authority. Regulatory Sandbox [S]. 2015 - 11.

[2] Colchester et al. U. K. Takes Novel Approach on Fintech; Financial Conduct Authority's Regulatory Sandbox is a Way for Companies to Test New Ideas without Being Bogged down by Authorization Process [J]. (2016 - 05 - 11) [2017 - 07 - 18]. Wall Street Journal, http：// search. proquest. com/docview/1779864135? pq - origsite = summon.

管沙箱关于消费者信息披露、消费者保护、消费者赔偿的建议。FCA 将根据获得消费者和企业同意的建议来进行商业活动；参加监管沙箱测试的消费者和与其他授权公司产生争执的消费者之间享有同等的权利；商业机构必须承担向消费者赔偿所有损失的责任（包括投资损失），并且应当证明其有足够的资产确保赔偿。在这四种方案中，FCA 最终选择了第二种，这样体现了鼓励竞争和保护的均衡。

由上可知，监管沙箱实质为金融辩证思维的应用，在金融监管领域的实际操作，长期的金融基础理论研究、丰富的金融实践经验、普通法系扎实的平衡体制支撑。英国在监管沙箱否定之否定的辩证倾向更为明显，因此该规则较宏观，倾向于给予 FCA 更多的自由裁量权，其运作体现了监管者努力平衡金融创新、满足传统金融之下被抑制的金融需求与金融风险。值得注意的是，私权保障是其中的核心部分。如果没有给予消费者充分合理的保护，监管沙箱将会走向失败。

第五节 我国互联网金融监管规范之目标设定

一、明确市场定位，完善金融市场融资体系

由于我国现有的银行业融资体系对于国有经济的偏重，导致大量的民营经济融资难度极大。这也是我国未来经济增长的巨大挑战，普惠金融、民营经济、国有经济的融资体系该如何进行合理的安排越来越迫切。《P2P 网贷管理暂行办法》借鉴国外经验，将互联网金融定位为中介市场服务，以普惠金融为目标，限制了个人和企业投融资的具体额度，这样的做法一方面明确了互联网金融的市场定位；另一方面也可以为合规性审查提供了必要的规范依据，同时管理者希望通过这种方式来切割市场，实现市场分层。但是，如果硬性采用这种方式进行规范，那么其基础应是国家货币发行的相对稳定和企业市场融资需求的稳定。显然如果从市场定位方面来看，这种解决方式可取，但是如果从市场实际需求来看，缺乏实证分析为

基础的解决办法，会带来监管政策执行上的巨大障碍。从世界市场来看，国外的普惠金融构建的基础为市场，无国有民营之分，一视同仁，而且经过金融危机洗礼、制度规范博弈，行业监管以市场内源需求为导向，能够很清晰地找到自身的定位，如对股权众筹、P2P 网贷等尊重配置资源的决定性作用是首要的。作为技术力量，我国互联网金融行业显然代表着技术未来方向，如果单纯地把它定位在市场中的普惠金融显然是不合适的。2015 年，央行明确股权众筹的目标为公开小额为方向，并且与 VC、IPO 进行区别。[1] 其分类方式仍然值得去思考，需要面向市场需求，再不断完善较为妥当。

首先，作为市场化利率的手段，让互联网金融进入银行业同业市场，推动利率招标体系以及市场化定价，对银行业的利率招标显然会有很大的作用，这样国内及各省份中的带有国资背景的 P2P 平台或者其他众筹平台必须考虑清楚自身的定位以及目标客户群体，如果以国有作为幌子，容易导致国有资产流失。事实上在 P2P 网贷发展过程中，作为鼻祖的 Lending Club 也出现过许多的问题，2016 年丑闻给人带来的反思则是优质客户容易被银行抢走，但是不好的客户却很难评估，加上市场竞争，高收益债券在市场信用进一步完善之后很难存活下去，所以市场化利率需要明确市场究竟在哪里。

其次，提高风控标准化程度，选择风控与盈利处理较为妥当的标的资产，为小微企业及个人提供必要的风险资本，P2P 网贷模式在蚂蚁金服和京东众筹已经积累了比较多的业务基础，从供应链方面已经对客户群体进行了长期的征信，如蚂蚁金服都可以提供自进入市场后的第一笔交易记录，所以其金融产品设计如娱乐宝、余额宝等各类理财工具都比较成功；知投网由于积累了比较完整的公司并购经验，所以投资者教育方面相对成功，监管机构可以广泛调研该类公司，并且形成类似于 FCA 一样的机构，客观评估商业模式，以树立法律规范。

---

[1] 刘丽. 央行指导意见明确股权众筹定位强调"公开小额"发展方向 [J/OL]. 经济参考网，2015 (7).

再次，建立互联网金融分级管理体系，推动评级机构建设及评级，对于每一风险资产进行统一利率制、招标利率制，采用美式或荷兰式招标体系进行风险定价。

最后，审慎发展二级市场，在市场容量未达到一定程度时，不允许发展二级市场，限制信用的重复创造，在国内一些平台如宜信、百度金融曾经出现过大量的债权转让的产品，这种间接拆标的形式容易强化市场风险，需要审慎考察。

二、明确普惠金融服务实体经济功能

当前的互联网金融应以服务实体经济为导向。面临三期叠加的严峻形势，我国在综合判断国际国内经济形势的基础上，提出了"以供给侧结构性改革为主线，扩大有效供给，满足有效需求"的战略任务。互联网金融行业应紧紧抓住我国经济转型升级与结构调整产生的有效金融需求，促进网络与金融的深度融合、业务与场景的广泛结合、技术与流程的有机整合，有效增加金融服务供给规模、效率和质量，提高互联网金融供给对实体经济需求变化的适应性和灵活性，避免过度拉长资金链条和脱离实体经济空转。近年来，以发展普惠金融为重点，我国金融业在发展普惠金融方面进行了大量尝试，取得的成绩有目共睹。根据世界银行在普惠金融指标上的最新数据，中国的大部分指标均排在发展中国家前列，账户普及率和储蓄普及率等指标甚至显著优于G20国家平均值。同时我们也要清醒地认识到，中国与全球许多国家一样，在发展普惠金融方面依然面临服务不均衡、成本高、效率低、商业可持续性不足等一系列全球共性难题。互联网金融在降低金融交易成本、提高金融资源配置效率、扩大金融服务辐射半径等方面具有独特优势，为解决上述共性难题提供了一条可行路径。2010年《G20创新性普惠金融原则》推动了最初的努力和政策行动。2016年召开的G20杭州峰会通过了《G20数字普惠金融高级原则》，鼓励各国依托先进数字技术促进普惠金融发展。互联网金融应抓住数字普惠金融发展的良好机遇，赢得更为广阔的发展空间。互联网金融是虚拟经济，其发展均依托于实体经济中的基础资产，基础资产的稳定和波动极大地影响着资本市场，因此服务实体经济、关注现实需求，占据着基础性和决定性地位。

三、以契约机制为内核，推动合规审慎规范的形成

随着信息化、数字化时代的深入发展，"无网络不金融""无移动不金融"已成为现代金融业体系的一个重要特征，技术革命的深入推进更凸显了契约连贯性的基础性地位，在这一基础功能基础上，尊重市场主体自觉自愿，引导从业机构应按照"有利于提升服务实体经济效率和普惠水平、有利于降低金融风险、有利于保护公平竞争秩序的原则积极开展科技驱动的金融创新。激励一些互联网企业依托网络导流和场景优势，不断提高金融服务的普惠性和便捷性，并且逐步引导传统金融机构逐步转型。"在公平、开放、联动、共享的数字化、信息化时代，封闭式、割据式的经营发展思路已经很难适应时代要求。各类主体应建设兼具包容性和竞争性的互联网金融生态圈和产业链。一方面，经过长期实践积累，传统金融机构拥有良好的风控体系和定价模式，掌握大量交易信贷数据，拥有较好的金融专业队伍，能为互联网企业提供专业化支持，弥补风控、定价等方面的不足；另一方面，互联网企业占据网络入口优势，掌握小微企业和个人消费者的海量行为数据，要注重开放客户资源、技术能力、金融云服务等，为合作伙伴创新金融服务提供技术支撑。同时，在经营过程中，不断研究在线争端解决机制（ODR），通过线上私力救济，解决各类涉诉风险。

金融业是一个特殊行业，存在高风险性、强关联性和内在脆弱性等特点。因此，对这个行业的外部规制与监管一直是比较严格的。互联网金融为金融体系的市场化、普惠化发展带来了新鲜元素，但这并不意味着互联网金融发展可以没有边界、创新可以没有规则、业务可以没有规矩。鉴于互联网金融本身的脆弱性，这也要求监管机构整体上把握可能发生的风险性因素，科学制定监管规范，以确保竞争秩序的顺畅。从业机构要认识到"合规也是效益""合规也是生产力"，要按照监管规则、整治要求和行业标准，加快建立客户身份识别、信息披露、资金存管、投资者适当性管理、反洗钱、反恐怖融资等制度，切实提升网络和信息安全保障水平。我国初步确立了中央与地方双牵头的监管机制，在实际运行中，仍然需要不

断强化各有关部门间的统筹协调和责任落实,以使我国现有规范适应社会实际需求,对现有的定性需要持续评估,并且与被监管方紧密联系。例如,明确 P2P 网贷平台信息中介定位,明确互联网资管、网络小额贷款领域的监管要求,明确取缔代币发行融资(ICO)、虚拟币的监管政策,建立第三方支付机构客户备付金集中存管制度,网联、信联等行业基础设施投入运营,搭建常态化的互联网金融风险监测机制与平台。

继续探索建立市场化、法治化风险处置长效机制,防范跨市场风险传导和共振,继续开展互联网金融风险专项整治,严厉打击非法金融活动,防范化解金融市场重大风险;深化市场改革开放,继续落实和扩大各项对外开放举措,深入参与国际金融市场合作,推动金融市场形成高水平开放格局。

第八章 互联网金融行业监管及规范完善

第一节 P2P 网贷行业的监管及规制路径构建

P2P 网贷源于东南亚国家的互助金融形式，在其发展中经历英国和美国的金融实践后逐步成为一个相对独立的互联网金融分支，在我国其经历了线下业务的线上化、高收益实践后，为社会小额金融信用借贷提供了极大便利。该商业模式是互联网金融中的一大亮点，P2P 网贷融资模式正是在传统商业银行服务不完善的情况下出现的，作为商业银行的有益补充，获得了广阔的发展空间。❶ 有学者通过对国内外 P2P 网贷重点案例的分析，认为 P2P 融资模式可以作为当前现有融资模式的有益补充，为个人和企业融资提供了新的渠道和便利，而且 P2P 网贷融资模式有很多优势，比如方式多样、方便快捷、融资成本低等。有学者认为 P2P 网贷融资模式将是未来融资模式的主流。❷ 然而，该行业与民间借贷伴生，因其缺乏市场共识和规范基础，导致风险事件频发，大量企业面临着法律监管、政策调整、运营模式转变等诸多问题，这便需要我们正本清源、分析其中运作机理，以期服务于现实需要。

一、P2P 网贷基本原理

P2P 网贷平台基于债券融资，是贷款拍卖平台，通过为投资人和借款

---

❶ 李博，董亮. 互联网金融的模式与发展 [J]. 中国金融，2013 (10)：19 – 21.
❷ 谢平，邹传伟. 互联网金融模式研究 [R]. 北京：中国金融四十人论坛，2012.

人提供信息和服务中介,通过互联网技术实现个人到个人的信用贷款。平台采取借款人竞标的方式对借贷双方进行撮合,价格是由借款人竞标形成的。在平台双方都掌握项目信息的基础上,借贷的利率水平主要是由出借方与借款方双方采取类似荷兰式拍卖的方式确定,贷款利率最终受借贷双方力量的影响而调整。也有平台借鉴美式招标方式,采用多重利率方案;也有平台根据自己所掌握的市场信息及市场调查对不同评级、不同期限的贷款进行定价,借款人和放款人都只是这一价格的接受者。对投资者和融资者的收费定价:P2P 网贷平台或众筹融资平台针对投资者、融资者两类用户,可以收取固定费用(注册费)、按交易效果收费(交易费)和在收取注册费的基础上加收交易费(两步收费)等多种收费方式。

P2P 互联网借贷依托于金融行业专业知识、高新技术产业和传统物联网,它将多个非常少量的资金聚集到需要资金周转的人身上。目前,从行业发展规模来看,中国已经远远超过了许多发达国家,如英国和美国。但需要注意的是,欧美的 P2P 网络借贷行业也在不断转变和探索,对我国的行业发展仍有很强的参考价值。特别是英国,作为该行业的起始发源地,宽松的政策和良好的金融征信体系为其发展提供了重要保障,因而该国 P2P 网贷运营公司组织形式种类繁多,是我们国家发展这一产业的重要借鉴对象。由于我国征信系统尚不完善,民间小额信贷规制也长期处于空白状态,加之可以参考的相关监督管理形式与整治经验少之又少,P2P 网贷违约事件在短短几年间迎来了爆炸式的增长,甚至爆发了一系列诸如商业诈骗、携款跑路等严重问题,尤其是 2018 年 6—8 月,我国 P2P 网贷出现大规模集中违约,这次事件首次向世人展示了由互联网金融引发的系统性风险。在这种情况下,针对国内 P2P 网贷发展之乱象,对比国外行业发展历程,进一步思考我国行业发展模式,探讨当前行业监管面临的问题,以及我国互联网借贷行业未来走向和监管模式就显得尤为重要。

二、P2P 网贷释义、模式及发展阶段

(一) P2P 网贷释义及模式

P2P 网络借贷的核心语境也源于普惠这一观念。该行业利用网络技术

将社会上网状、点状的分散式低额度的金融资本汇拢起来,再出借给需要借款的人群的运营模式,依托于借贷双方个人征信,直接对接对等主体的借贷双边个体。在互联网信贷高速发展的大背景下,P2P 小额信贷的借出人与收款人依托平台,进行资金流动。作为互联网时代的新生事物,具有传统金融模式所不具备的"短、平、快"的优势,有效弥补了社会上小额信用贷款的供给不足。其发展模式体现出这样一些特性:在线交易、较高收益率和在线征信。根据 P2P 网络贷款的运作流程,可以将我国 P2P 网络贷款分为以下几个具体的运行模式。目前我国几乎没有仅采用一种运营方式的 P2P 网络贷款平台,绝大多数公司都是使用综合运营的方式来开展交易行为的。

P2P 网贷行业主要有以下四类经营模式。

①传统 P2P 网贷模式。传统 P2P 网贷运营方式是最早的"场所式"的运作方式,平台本身只提供最基础的信息递送业务。在此模式下,平台的工作只是对借款人进行资料审核,挑选出合格的借款人,然后又将其借款需求发布到网上,供投资者进行选择。

②债权转让模式。债权转让模式是从传统运营形式上发展起来的一种新的运营模式,在这种方式下,借款人与贷款人不直接订立借贷合同,而是网贷公司先行发放款项给筹资者,形成借贷与放贷的交易关系,然后 P2P 网贷运营公司再将所获得的债务凭证拆分出售给投资者,P2P 网贷在该交易过程中提供服务并收取利差。[1] 这一模式面临的最大挑战是它是否违反非法集资的司法红线。一旦采用这种模式,就很难预测"政策风险"。此外,随着平台的扩大,风控水平的要求也较为严苛。

③担保模式。早期的 P2P 网贷对于普通人来说仍然是新生事物,而且在 P2P 网贷平台运行时,平台并不能完全确保借款人提供的信用信息的真实性,投资者处在一个信息高度不匹配的境地。[2] 在面对较大违约风险时,

---

[1] 许传华,徐慧玲,周文. 互联网金融发展与金融监管问题研究 [M]. 北京:中国金融出版社,2015:3-9.

[2] 刘建刚,董琳. 互联网金融消费者权益保护法律实务 [M]. 北京:中国财富出版社,2016:106-112.

很多投资者不敢将资金投入到 P2P 网贷平台，或者只投资很小部分。为了提升投资人参与 P2P 网贷的信心，有效地增加借款人的信用级别，P2P 网贷行业开始引入担保业务。进行担保业务的方式有两种：第一，P2P 网贷运营公司引入专业承保公司提供专职担保服务。第二，P2P 网贷运营者承诺用自己运营的资本向投资人保本付息。P2P 网贷运营公司或者第三方担保公司通过向借款人和贷款人双向收取部分中间费用积累担保资金。担保模式可以为平台增信，很好地解决了投资者的后顾之忧，对于投资者有很大的吸引力，有效帮助平台进行快速扩展。但是担保模式也有很多被诟病的地方，对于平台自身担保模式，这种操作模式涉嫌超范围经营特殊业务，有可能改变 P2P 网贷平台的性质。❶

④平台模式。平台模式表面上看和传统的 P2P 网贷模式类似，都是信息中介服务平台，但是性质却大不一样。传统 P2P 网贷运营方式属于纯粹点对点，但是这一方式运营下的 P2P 网贷更像是 P2O。在这种方式下，P2P 网贷公司搭建线上中介网站，线下又与金融信贷公司等机构协力，线上吸引借款人借贷最终由机构投资人给借款人放贷，平台只起信息中介作用。

（二）我国 P2P 网贷行业发展阶段分析

自 2007 年我国开始出现 P2P 网贷公司起，到 2019 年经历了 12 年的发展时期。每个阶段的发展都借助于互联网金融技术，同时又结合国内监管规范和实际需求，对产品和发展模式进行变革。我国网贷之家平台较早便对网贷平台公司的数据进行整理，对其带来的金融创新和金融弊病进行分析。

（1）第一阶段（2007—2011 年）：初始开创期

这一时期，我国的 P2P 网贷运营公司已增长到 20 个，拥有 10 余个高质量平台。截至 2011 年年末，营业额约 5 亿元，实际出借者万余人。在

---

❶ 邢会强. 互联网金融的法律与政策 [M]. 北京：中国人民大学出版社，2017：30-38.

P2P 小额信贷行业发端之际，大部分从事本行业的人都是互联网行业的长期从业人员，没有社会小额信贷经验和相关的经济手段操纵经验，只要贷款申请人在其网站上提交个人数据，在被平台审计考核后，他们将被给予一定限度上贷款资金的额度，有资金需求的人以其被授予的额度为依托进行申请活动。然而，由于我国的民间征信评估制度不完善，运营公司之间鲜有来往，贷款人在多个 P2P 小额信贷公司里同时存在违约逾期等问题，基于上述因素的反复出现，各 P2P 网贷运营公司在 2011 年年末开始缩减借款人的信贷资格发放，因此导致许多"连环借款人"无法按时偿还贷款，造成了借款人集中违约，产生了 2011 年 11 月至 2012 年 2 月全行业所遭受的第一次集中逾期。

（2）第二阶段（2012—2013 年）：稳定发展期

这一阶段是基于区域的快速扩张期。在这一时期，P2P 网贷运营公司已经开始转变，一些拥有私营部门贷款履历、同时又有一定信息技术行业基础的创业者已经涉足这一行业。同时，一些软件开发商制作更为成熟的互联网借贷网站模型，每个模型市价从几千元到上万元不等，一定程度上弥补了这些民间借贷公司构建的网上借贷平台技术上的不足。因此，他们从以前的运营方式上汲取了经验，并着手使用网上融资的方式，寻找本地借款人，对借款人进行现场使用资金、还款来源和抵押品的调查，有效减少了借款风险。这一时期的 P2P 网贷运营公司的运营业务整体上是合理有序的。

（3）第三阶段（2014—2015 年）：快速扩张期

这一阶段是基于高利率和自筹资金的风险爆发阶段，同时互联网借贷系统的模型开发更为成熟，随着国内银行在 2013 年开始收缩贷款，许多不能从银行贷款或在私人领域拥有高息贷款的投机者从 P2P 贷款平台看到商业机会，简单包装就开始上线"圈钱"。2014 年，我国成为全球最大的 P2P 网贷市场，在随后的几年里，我国 P2P 网贷的规模超过了全球其他国家 P2P 网贷的总和。在这一时期，我国互联网信贷公司从 240 余家上升为几千家[1]。

---

[1] 贲圣林、张瑞东. 互联网金融理论与实务 [M]. 北京：清华大学出版社，2017：40–48.

(4) 第四阶段（2016 年至今）：持续整顿到集中违约期

这一时期从 2016 年年初延续到 2018 年 5 月，其特点是进场平台和退场平台都保持了可观的数量。P2P 网贷运营平台数量开始有所下降，但是 P2P 网贷的成交量仍维持了增长的趋势，这一变化意味着行业的集中度明显上升。2017 年和 2018 年，我国 P2P 网贷成交量进一步上升到 20636 亿元和 28049 亿元，增幅分别为 110% 和 36%，增速明显有所回落。与前一阶段不同的是，这一时期 P2P 网贷正常运营平台数量开始出现下降，终结了之前持续增长的趋势。2017 年年末为 2270 家，同比减少 311 家，降幅为 12%。从 2015 年年末到集中违约发生前的 2018 年 5 月，正常运营平台数量从 3433 家下降到 1955 家，降幅为 43%，几乎减少了一半。据第三方平台数据统计，截至 2018 年 11 月末，正常运营的 P2P 网贷平台数量为 1089 家，较年初的 2173 家的数量已减少了一半之多，累计问题平台数量上升至 2597 家。在监管和市场的双重压力下，已有半数的 P2P 网贷平台出局。2018 年 6 月至 8 月，P2P 网贷新增问题平台分别为 63 家、175 家和 62 家，违约平台合计 300 家。从这次违约产生的社会影响来看，其给广大投资者带来近乎灾难性的后果。❶ 2019 年上半年，P2P 网贷平台呈现违约与有序退出并行的状态。

三、P2P 网贷行业风险与监管困境

对金融行业来说，P2P 网贷属于新商业模式，而借贷行业有着极其悠久的历史。因此，其行业风险也具有清晰的金融风险逻辑，以及在经济发展状况、信息信用制度、流动性、金融监管制度等多种因素的影响。对于监管者来说，其普惠的功用是不容置疑的，而金融创新和链条的复杂化，也使得监管规范的设定和监管频次的考量尤为复杂。

（一）P2P 网贷行业风险分析

互联网金融行业在十余年时间里发展迅速，这一事实证明市场的需求

---

❶ 周宇. 金融危机的视角：P2P 网贷集中违约的深层形成机理 [J]. 探索与争鸣，2019（2）：109–116.

是不容回避的，其扁平、去中心化的普惠制度对市场需求有着很好的补充，然而合法化问题以及金融行业的风险又是不容回避的。

（1）P2P 网贷行业的合法化难题

首先，是 P2P 网贷业务的刑事边界。为了开拓业务，行业创新出了许多新的商业模式，比如债权转让模式，投资人本金担保模式等，这些创新都将会改变 P2P 网贷平台的法律性质，稍有不慎将触碰非法集资的法律红线。根据我国相关法律规定，对 P2P 网贷运营公司来说，一般非法集资和中间资金牵涉甚多，若运营公司通过囤积资本，把用户的本金存入自身账户，并在投标之前用于他处，则有非法筹汇资金的可能。❶ 但如果开设第三方账户，则不会产生平台自身的资金池，也就合法。

其次，在行业发展的过程中，一直存在着是否将其合法化的争议，国内学界和实务界对其地位表示质疑，"非法"状态也使得这些机构在市场中获客成本过高，不论从客户转化还是从利率结构上，影响巨大。

最后，金融信息中介服务功能无法满足实际市场的需求，单纯的市场信息主体在我国是存在的，这种居间业务市场规模一直不大的原因在于担保机制的匮乏，如何寻求平衡难度较大。P2P 网贷的模式创新使得平台渐渐由信息中介平台向金融机构异化，这种原因在集中违约事件中较为常见。

（2）信用风险

P2P 互联网小额信用贷款行业有很多无抵押的纯信用借贷，逾期违约可能是平台面临的危险之源。怎样有效地进行风险控制，一直是各平台运营理念的核心，相比较而言我国的信用体系较为滞后，这也促使道德风险加剧，大量的借款人利用信息不对称的现状套取贷款，并不予偿还的情形大量存在。国内 P2P 网贷平台公司普遍存在自融、资金池归集资金、提供担保或承诺保本保息等现象，大大提高了流动性风险。我国借贷平台曾经借鉴过多个国际的信用评估体系，比如利用大数据严格管控贷款申请，及

---

❶ 黄燕云. P2P 网贷发展与监管 [J]. 中国科技经济新闻数据库，2016（11）：41-43.

时过滤不良借款人，利用互联网的优势多方搜集信息并进行多维评价，以此降低借款人违约的可能。然而，由于我国地域辽阔，一些区域维权成本极高，信用审查仍然存在风险。

（3）流动性风险

首先，P2P网贷行业期限错配容易引发流动性问题。原始意义的P2P网贷是点对点、个人对个人的，债权人和债务人的期限是吻合的。但现实状态的借款大多为随机突发的，很难精准匹配。部分P2P网贷公司借贷双方不直接签订合同，而是采用债权转让的形式开展业务，第三方先放款给借款人。然后再将债权通过P2P网贷平台转让给投资者，第三方个人流动性压力增大，极易产生现金流断裂的风险。不良贷款率存在低估现象，掩盖了整个行业的风险，P2P网贷平台公布的坏账率普遍仅为2%～3%，大大低于全球15%～20%的综合违约率水平，存在明显的信息失真现象。

其次，经济风险与信用风险叠加。网贷公司风险引发了逃废债风险。逃废债是一种民事违约行为，是指债务人有能力偿还债务，但是恶意拒绝履行偿还债务的义务。逃废债分两种情况：一种是指在平台出现问题的情况下，债务人试图利用平台的不作为，免除自身的还债义务；另一种是指当整个P2P网贷行业出现集中违约，在那些正常运营的平台，一部分债务人也会出现恶意延期或拒绝偿还债务的现象，其意图是在其借款平台一旦出现问题的情况下，可以达到逃废债的目的。❶

最后，市场联动风险。P2P网贷投融资目标市场极大地影响着行业发展。就企业而言，随着证券市场的调整，上市公司的股权质押面临短期平仓压力需要资金赎回，该因素也导致了资金从P2P网贷中抽出。就个人投资者而言，一些在股市进行融资交易的股民面临平仓的风险，为了补充保证金，也需要从P2P网贷市场抽回资金。

（4）平台风险

国内P2P网贷行业在经历迅速增长期后逐步下行，除去民间借贷需求

---

❶ 周宇. 金融危机的视角：P2P雷潮的深层形成机理 [J]. 探索与争鸣，2019 (2)：109–116.

强劲之外，还和国内监管环境有关，P2P 网贷运营公司财务欺诈和携款潜逃也是备受关注的一个重要问题。❶ 由于监管缺位，P2P 网贷运营公司良莠不齐，平台负责人背景千差万别，可能会造成平台操作失误，这集中体现为：

①商业经营风险。核算业务应当交给第三方进行管理，但当前这个中间储蓄账户由 P2P 网贷平台所掌控，资金可以被自由使用。这就使资金账户的监管处于不受监控的状态，进而引起平台对中间账户的"挪用和卷款跑路"的商业风险。此外，P2P 网贷行业过度依赖刚性兑付和担保，将自身置于与银行等传统金融机构相互竞争的位子上，但由于在竞争中处于劣势，为了生存必然滑向违法违规经营甚至金融犯罪的深渊：开展线下营销，向不特定对象劝诱销售；非法建立资金池；以自融为目的建立伪 P2P 网贷平台；默许借款人甚至自行制造假的借贷标的；采用借新还旧的庞氏骗局模式，为平台母公司或其关联企业进行融资等。上述非法行为，严重侵害金融消费者的利益，造成巨大风险隐患，大大增加了社会不稳定因素。

②审核贷款依赖于平台的操作风险。当平台对借款人信息进行审核时，也经常无法确认借款人信息，容易造成人为操作失误。而平台针对借款人进行信用等级划分时，也不一定能做到准确，这也会误导投资者，使他们投资达不到预期的收益。

③贷款催收执行的操作风险。其一，借款人面临不公平借贷和催收方式。和其他传统信贷渠道一样，在互联网借贷平台上的借款人也可能会面临诸多风险，如模糊或误导性的信用条款，强制或歧视性的信用结果，以及不公平的欺骗和侮辱行为等。其二，隐私泄露问题。与传统的借贷不同的是，借贷人在互联网平台中借款时，还有可能面临隐私泄露的风险。为了参与到 P2P 网贷运营公司的信贷当中，借款人需要提供个人信息到平台上。平台为了吸引投资人放贷，会选择将部分信息公布，虽然会尽量减少私人信息，但仍然会足以让其他人员推测出借款人的详细信息。

---

❶ 郑又源. 我国信用评级机构规制与监管问题研究［J］. 兰州大学学报（社会科学版），2010，38（6）：126-128.

(5) 技术风险

信息技术给 P2P 小额信贷行业的发展带来了极大的优势，但也因为网络的开放性，这一行业容易引起黑客技术性恶意攻击，且 P2P 网贷业务流动主要在线上，导致了很大的安全漏洞，技术失控也成为很多国内 P2P 网贷公司出现倒闭的原因之一。国内的 P2P 网贷平台良莠不齐，很多 P2P 网贷平台安全技术力量储备不足，直接使用公共网站模板，相比其他传统金融机构，P2P 网贷运营公司的安全技术力量实难以望其项背，难以处处防范可疑的技术性攻击。此外，虽然有一些平台依托于自身技术进行开发，但是由于技术储备不足，或者研发经费不足，容易在互联网中被入侵。

(二) P2P 网贷行业监管困境

(1) 监管主体不明确

P2P 网络小额信用贷款行业作为传统金融的重要补充，由于其以小额度信用贷款作为主体业务，涉及面宽泛，证监会、银保监会、央行均涉足其业务领域，在缺乏先前经验借鉴的前提下，导致监管层面难以明确其主体的问题❶。对此，由于该行业通常依托于一定的互联网金融平台，在平台中金融业务呈现混业状态，导致无法找到合理的理由进行监管。另外，由于行业的地域分布较为散乱，甚至有一些国际平台影响，地方政府金融监管体系并不顺畅，使得互联网金融在地方呈现野蛮生长的局面。这也助长了该行业普遍存在的违规违法交易，涵盖：自融资、资金池、资金期限错配、股票融资、自担保和诈骗等行为。

(2) 平台运营标准模糊

P2P 网贷行业是信息领域和金融行业两个领域的耦合，二者专业性均非常强，在实践经验和理论层面上都应当得到长期的学习和积累。然而大量 P2P 网贷行业从业者无论从学历、学识、工作经验等各个方面都无法达到这些条件。在我国，由于监管主体不明确，相关部门的审核批准难以做到客观合理，过于严苛可能会扼杀新生事物，过于宽松又不利于其健康有

---

❶ 曹亚廷. P2P 网贷与征信系统关系研究 [J]. 征信, 2014 (11): 15 – 18.

序发展。没有一个清晰明确的行业运营标准，这对监管层面具体监管措施的出台造成了很大困扰，也是行业监管规范措施迟迟难以落地的一大原因。而行业的备案制由于标准过高，使行业的变革面临巨大的调整压力。监管部门在2016年的监管办法中推出备案制，显然一些无法满足备案制条件的P2P网贷平台只能退出，一些违规违法的平台必然会受到法律的制裁。同时也要考虑到集中违约造成的挤兑会使正常营业的公司遭受巨大的损失，加大了相关平台倒闭的风险。

（3）行业信息收集滞后

网络借贷行业发展伊始，各式各样的平台公司呈现一种百花齐放的态势，增长迅速，其运营数据长期作为各家平台的核心数据加以保护，监管层面同样面临着"收集什么""怎样收集"的问题。而由于长期的信息收集滞后，监管层难以准确把握行业发展现状，产生了监管具体措施难以落实的问题。很长时间内没有形成定期上报包括财务状况、借款成交量、偿还情况，预期风险在内的信息上报标准化模型。

（4）多部门协同监管进程缓慢

P2P网贷行业小额分散的投资标准，非常利于犯罪分子实施洗钱活动，而许多平台的投资项目并非单纯点对点投资，而是打包汇拢，这样极易被洗钱犯罪分子利用，一旦东窗事发，将会严重影响全行业声誉。目前，监管主体部门联合反洗钱部门开展监督工作极其重要，多个部门协同配合监管势在必行，这也是由互联网借贷平台的虚拟性决定的。

（5）借款人惩治措施缺位

目前，P2P网贷平台最严重的问题就是逾期违约，而大量平台为了保持投资人黏性而制定了自备风险保障金制度，一旦发生违约就垫付投资人本息，这对网贷公司负担极大，但由于我国征信系统不够完善，监管部门对P2P网贷行业逾期违约者惩处力度不足甚至缺位，而投资者普遍难以直接点对点向违约者追偿，且维权成本高、周期长，投资者更倾向于要求平台偿付。对此，监管部门可以对各个平台的违约者信息进行整合，经过长时间数据的积累，向平台风控开通借款人过往借款记录查询服务，从而一定程度上弥补目前各个平台借款信息不畅通的问题。这样可以有力阻止高危借款人在不同的平台重复申请借款并反复逾期的可能性。

(三) P2P 网贷行业规范变迁

(1) 行业监管规范现状

自 P2P 网络信用贷款模式在我国发端以来，经历了大爆炸式的野蛮生长。但行业的巨大增长所带来的是行业所面临的挑战与问题，而且随着平台的发展新的问题会一直继续产生。2012 年开始，P2P 网贷行业产生了一些乱象，一些虚假运营公司产生诈骗跑路的现象，还有一些平台根本不是用作借贷用途，而被创办人用于自融资，对投资人的权益产生了极为不利的严重影响，也进而导致了 P2P 网贷平台面临用户流失，资金退出等问题。就 P2P 网络信用借贷行业来说，对资金安全的保障是其能否存续的重要依据。[1]

2012 年 12 月，互联网信用借贷服务平台联合组织在沪组建成功。2013 年 12 月，该组织提出了互联网金融行业的第一份从业标准。这份准入标准虽然覆盖面不高，但是对于行业自律的形成和行业未来的发展具有重要意义。2014 年年末，银监会表明了对这一行业的态度：P2P 网贷运营公司不应该设立常备资金池，要落实实名制，指出 P2P 网贷运营公司是信息传递中间机构，而非交易机构或者金融中间人。并首次提出了 P2P 网络小额信用贷款行业的十条监督管理准则，行业规范曙光初现。2015 年 7 月 18 日，由国务院各部委共同联合发布了《关于保障网络金融行业稳健发展的指导意见》。2016 年 8 月 24 日，依照我国各部门发布的相关法律规定，中国银监会、公安部、工业和信息化部共同推出了《互联网借贷信息中介机构业务活动管理暂行办法》。至此，P2P 互联网小额信贷行业企盼已久的专门法律规范细则终于展露眉目，为本行业的有序发展起到了极为关键的作用。2017 年 12 月 1 日，有关部门又发布了《关于规范整顿"现金贷"业务的通知》，进一步细化了行业规范。其中，《互联网借贷信息中介机构

---

[1] 付巧灵、韩莉. 第三方担保对 P2P 网贷的风险作用机理 [J]. 时代金融, 2016 (4): 169 – 170.

业务活动管理暂行办法》重点强调不得线下推广,即不得自行或委托在实体场所虚假过度宣传或推介筹款项目。该暂行办法还要求,不得从事以下行为:自筹资金,直接或间接收受贷款人资金;向出借人提供担保或者承诺保本保息;发放贷款,法律法规另有规定的除外,这些业务都是P2P网贷行业的长期共识和监管要求的原则。P2P网贷运营公司也不得分割融资项目的期限;不得出售银行融资、经纪业务、基金、保险、信托产品;不得与从事任何形式的混同、打包和代办,如入股、促销、揽客等业务。这些措施在我国当下互联网借贷过速增长的情况下,起到了至关重要的作用,但同时对这一新生事物,如何把握尺度以达到不致抹杀其创新性、发展性的目的,更值得我们考虑。

(2)监管规范探索发展方向

截至2017年年底,有关部门又进一步在《互联网借贷信息中介机构业务活动管理暂行办法》的基础上推行细化规则,进一步出台了《互联网借贷资金存管业务指引》《互联网借贷信息中介机构业务活动信息披露指引》《互联网借贷信息中介机构备案登记管理指引》等细化管理办法。银监会普惠金融部于2017年2月22日公布并推行的《互联网借贷资金存管业务指引》,旨让P2P互联网信贷公司的资金通过银行进行托管存储,实现了投资者资金和公司运营资金的确实隔离;此外,资金托管存储业务对互联网信贷公司来说有将近百万的成本,也从另一方面提高了互联网借贷公司的准入标准。而从各家银行的角度出发,监管层面业已出台了行为准则,商业银行只需要遵循章程处理就足够了。[1]《互联网借贷资金存管业务指引》从一开始就给出了几个明确定义,将"互联网信用贷款资金存储托管业务""互联网信用贷款资金""托管人""存管人"给出了准确定义,厘清外延和内涵,才可使市场参与者和金融消费者清楚行为的界限。同时着重用大量篇幅阐述托管人为P2P网贷中间机构,以及明确商业银行的托管义务。

---

[1] 穆海韬,黄连慧."双重"市场化背景下信用评级业转型监管研究[D].昆明:中国人民银行昆明中心支行,2016:49-53.

此外，2017年8月24日推出的《互联网借贷信息中介机构业务活动信息披露指引》，涉及并规范了诸多互联网信用贷款公司应当公开透明的资料：机构备案类信息（5项），机构组织信息（5项），机构审核信息（3项），撮合交易信息（11项），出借人信息（4项），48小时汇报事项（7项），咨询投诉举报信息（5小项），年度报告（1项）。其范围之广，对保障出借人的权益以及其投资财产的安全有着重要作用，从法律层面对互联网信用贷款公司做出了行为规范，对行业的合理有序发展起到了极其深远的指引作用。还有同一天推行出台的《互联网借贷信息中介机构备案登记管理指引》，将新旧互联网金融服务P2P网贷运营公司的经营范围、法定代表人承诺、备案内容、公示、银行存管、ICP许可、最终期限都做了具体规定。对《互联网借贷信息中介机构业务活动管理暂行办法》的相关内容都做了进一步细化，完善了监管架构。《网络借贷信息中介机构业务活动管理暂行办法》《网络借贷资金存管业务指引》《网络借贷信息机构备案登记管理指引》和《互联网借贷信息中介机构业务活动信息披露指引》共同构成了互联网信用贷款行业的初步监管体系，对促进网贷公司在合法有序的发展道路上日趋完善有重要意义，同时也需注意管理规范措施不能操之过急，在实践中总结经验教训，应结合我国市场融资结构和现状审慎治理，既不能听之任之、放任不管，更不能疾风骤雨扼杀其发展活力，保障行业的稳健有序，以起到服务实体经济发展的目的。

四、P2P网贷行业监管及制度优化建议

P2P网贷行业作为技术和金融的高度耦合，存在着投资人误解投资创新和政府刚性兑付、监督机制匮乏导致融资方道德风险、平台公司自身定位不清晰的三重风险。而互联网金融所倡导的解决信息不对称和道德风险的技术变革，并不能完全解决这一问题。因此，行业自律、审慎监管与合规设定、留存必要的弹性空间成为制度优化的方向。

（一）推动P2P网贷行业内控和自律规范的形成

在当前的形势下，国内P2P网贷企业要获得长久健康发展，一方面，

离不开健全的内部治理体系，树立对消费者、对社会的责任意识，加强风险监控，明确经营红线。毕竟，完善内部治理是短痛，继续放纵才是长痛；另一方面，国内 P2P 网贷的发展，必须紧密结合当前大的经济形势和政策，不宜盲目追求资产规模。应该转变发展思路，不再单纯求量大，转而求自身合理定位及质优，建立更健康可持续的发展模式。

（1）必要的信息披露

网贷这个行业处于高度竞争状态，以至于其营运数据常常被作为商业秘密而严格保密，如坏账率、现金流量和出借人收益状况等信息。❶ 但是这些信息和投资者的投资以及收益状况紧密相连，对于不涉及其商业机密但是与投资者风险极度相关的信息数据，平台有义务将其公布，并积极探索与征信体系衔接机制。

（2）出借人保护

互联网借贷本质上是信用贷款，本身具有高风险性，P2P 互联网借贷平台应该确保向出借人披露的信息真实、完整、准确。平台应对互联网借贷的投资风险真实准确提示，互联网借贷平台本身不应为投资者提供担保，禁止收益承诺，回归小额和分散的普惠性投资定位，并在贷款合同中明确双方的权利和义务，不诱导出借人做出盲目出借判断。

（3）经营规范

互联网借贷公司应当将运营资本与借款人储蓄严格区分，贷款应由专业机构存管，不得以任何形式将借款人的借款用于他途。公司必须遵循框架政策，为借款人和贷款人建立直接对应的贷款关系，互联网借贷服务不应在贷款关系匹配之前获取和收取贷款资金，不得以期限错配的方式设立资金池。互联网借贷机构的股东或工作人员也不能以时效错差配对的方式参与债券投资。

（4）独立意见机构的监督管理

行业应增强与专业组织的合作。内容包括：首先，独立支付机构。在

---

❶ 马刘霞. 对我国信用评级行业监管体系的探讨［D］. 太原：中国人民银行太原中心支行，2016：30-32.

存管银行或者第三方资金存管平台等金融组织设立存管储蓄,资金交易流水都应该通过独立支付机构,互联网借贷公司不得有账户控制权。P2P网络借贷运营者无权动用经由法定机构存管的贷款资金。其次,独立审查统计组织。P2P网络借贷运营者应当保持核算审查统计,保证资料透明、完整且清楚。❶再次,独立的法律咨询机构或律师事务所。其要定期检查公司法人的身份,核实债权人的债务和债务关系,特别是查阅与流通有关的文件,核实相关的账目和数据。最后,独立资产评级机构。独立对P2P网贷平台进行资产评估作价,对该平台做出一个合理、客观且公正的评估,以保证平台有维持正常营运的能力。

(5) 关联交易的限制

包括小额贷款担保模式下的平台业务和担保业务的分割,以及与担保相关公司的剥离,必须保持担保公司的资产独立运营,与平台划清界限。债权转让过程中的资产评级业务必须与专业发放贷款人及其关联的机构进行风险隔离,保持平台的透明和独立,而不是内部自建和循环。❷

(6) 持续优化自律规则

首先,要畅通内部信息共享渠道,特别是征信共享和"黑名单"公示机制。互联网贷款服务机构应当与符合征信行业管理规定的信用机构合作,这类机构须具有个人和企业资信资质,以保证完整准确地向信用评估组织传送互联网借贷业务信息数据。其次,再进一步考虑加强授信共享机制并逐渐完善形成行业标准。最后,成立必要的全行业联盟,约束各企业平台的行为,机构之间互相监督,并对违规企业进行通报。

(二) 以市场为导向恰当设定审慎与合规监管标准

(1) 资本各节点覆盖式监管

通过对其资本的进入、存管、核算和所有权的监督,认真分析网贷交

---

❶ 周雪梅. 次级债危机对我国证券期货市场信用评级业发展的启示 [D]. 杭州:浙江大学, 2015: 147-150.

❷ 赵恒吉. 论新形势下我国P2P网络贷款平台的风险与监管 [D]. 沈阳:辽宁大学, 2014: 330.

易行为的实际参与人和借贷需求，以避免 P2P 网贷行业从业者介入非法筹集资金或商业欺诈。对于中间的管理清算账户，特别是债权转让模式下的专业贷款人和专业贷款人账户，必须实施严格的流动性监管，如此一来可以很大程度上减少非法集资、欺诈和洗钱等活动的可能性，对相关部门进行社会筹资的检验和统计也极为便利。针对涉众型借贷的监管范式干扰了市场的利率机制这一问题，通过信息对称性与投资者适当性的建构既能控制风险，也能减少对利率机制的影响。由此确立的监管路径要求银监会提高 P2P 网贷平台的准入门槛并通过细分中介机构的功能实现风险隔离，银监会亦应通过限制低收入群体与投资杠杆化来控制高风险投资，并引入第三方机构对融资信息进行审核，最终通过大数据平台实现由外部监管向市场自律的转变以完善利率市场化机制。❶

（2）动态调适行业准入门槛

为了保证企业质量，需要监管部门制定行业进入门槛，将资质不合格的平台排除在行业之外。行业内部在互联网信贷服务企业联盟发布的行业准入标准中对行业准入标准进行了严格的阐述，主要有：经营的连续性、管理者的执业条件、经营条件、管理标准、风险防范、信息披露、债权人权益保护、行业报告和监管等方面。

（3）机构风险评级机制和控制措施

除了完善准入条件以外，监管部门还应当对已经进入的公司进行风险评级，并将评级结果在社会上广而告之，对投资者发布提前风险预警。同时，通过税收政策、资本登记、补充要求和风险预警窗口进行风险控制。但互联网借贷属于新兴行业，缺乏先行经验，所以，怎样施行监管还需要相关部门仔细研究，并且在实际中缓行缓改，最终取得监管效率与监管成本的平衡。2018 年，十三届全国人大一次会议报告再一次提及金融体制改革和互联网金融体系的合理有序发展，并指出必须加快金融体制改革，改革和完善金融服务体系，支持金融机构扩大包容性金融业务，规范地方中

---

❶ 宋怡欣，吴弘．P2P 金融监管模式研究：以利率市场化为视角［J］．法律科学（西北政法大学学报），2016（6）：163 - 170．

小金融机构的发展。努力解决微型、小型企业筹集资金困难、成本高昂的问题。同时还指出，应增强这一行业的管理，加强整体协调。由此可以看出，政府的监管政策逐渐明朗。纵观国外，以第三方支付监管为例，欧美国家根据"自律监管""强制监管""人为监督"的原则，构建了互联网支付监管法律制度规范机制，在行业发展初期，我们应该鼓励创新，辅助发展，审慎控管，营造合理有序的外部运营环境，倡导这一新兴行业合理健康发展。待商业模式基本成熟后，再实施有针对性的监管措施，规范监管❶。我国的监管政策在逐步完善的同时，也应当对这一新兴行业持审慎监管的态度，保持其健康发展。

（三）为包容性监管留下弹性空间

监管部门在制定监管政策时也应当对互联网借贷行业保持适当的宽容。但这个宽容是有原则和底线的，首先要保证社会效益，认定创新是有益于普惠金融等大众利益才允许。

首先，谨慎对其进行法律性质判断。虽然有些互联网借贷平台有超范围经营和变相汇拢社会大众资金的问题，有可能涉及《刑法》第167条关于非法吸收公众存款罪的规定，但执法部门也应该关注其营运模式的操作风险和所带来的实际效果，而非在现有框架内拒绝新的发展趋势。其次，合理进行机构性质的转化。监管主体和监管模式的产生应以其机构的形式和性质为基础，而对以前的社会效益和风险控制素质水平较高的P2P网上贷款平台，应该被认同并转变成新的金融机构的组织形式或纳入现有的规范监管体系，并在监管指标和监管技术上进行革新。最后，允许在一定条件下的使用征信系统。诚然，个人信用涉及个人隐私，不应当用于商业目的的公开，但相关金融机构和商业银行在央行征信系统的授权下，既是该信用评估信息的提供方，亦是使用方，所以在P2P网贷运营公司各项考量标准均符合前提下，应当允许其加入征信体系。

---

❶ 余及尧. 互联网金融财务困境预警与监管对策［D］. 福州：中国人民银行福州中心支行，2016：43.

希望通过以上措施，使得 P2P 网贷行业能够实现如下运营目标：其一，规模适当。其规模将会逐步下降到一个合理水平并在该水平维持稳定的发展；其二，区域经营和合法交易。限定一定的经营区间，并实现规范发展；其三，推动公平竞争和有序退出。行业的集中度将明显上升，网贷业务会高度集中于个别优质平台；其四，普惠功能。使得 P2P 网贷行业真正回归到其应有的普惠归宿。

第二节　股权众筹行业的监管及规制路径构建

股权众筹模式源于欧美等发达国家，是对特定标的通过网络平台募集资金，投资人承担风险的投资方式。其标的包括：股权、房产、新产品、公益等。按照不同的企业生长周期来看，这一形式主要投资种子期的标的，通过分散、小众的投资形式，进行投资。然而由于诸如公司股东、公司发展等各方面无法预计，因此很容易出现风险。股权众筹[1]有助于完善多层级资本市场结构、降低中小微企业融资成本、促进大众创业投资，这是理论界和实务界的基本共识。

一、我国股权众筹行业发展与规制现状

众筹平台本质上是一个社交平台，提供了一种低廉成本、流程简单的融资模式，参与门槛低，通过平台使廉价产品与市场进行互动，进而了解

---

[1] "众筹"（crowdfunding）广义上可以泛指通过互联网进行的民间性质的资金筹集活动（fundraising）。有研究者认为，众筹至少可分为"慈善型众筹"（patronage crowdfunding）和"投资型众筹"（investment crowdfunding）。其中，互联网上"慈善型众筹"的出现已有十数年甚至更长的时间，而"投资型众筹"则是近些年来才兴起的模式（见：Edan Burkett. A Crowdfunding Exemption？Online Investment Crowdfunding and U. S. Securities Regulation, 13 Transactions 2011（65）：63.）。也有研究者进一步认为，"众筹"可以更细致地区分为捐赠型众筹、回报型众筹、借贷型众筹和股权众筹四种类型（见：Garry A Gabison. Equity Crowdfunding：All Regulated but Not Equal [J]. Depaul Business & Commercial Law Journal, 2015（13）：359 - 361.）。

市场需求获得潜在信息，可以把好的创意快速转变成产品，起到调研市场和创业赋能的作用。众筹平台作为创新的孵化器正好能满足中小企业融资难的需求，一方面通过免费的市场推广实现产品的定制化生产，灵活周转库存和现金，便于中小企业的长远发展；另一方面通过市场资金与创意的无缝对接，将想法转化成产品，进而创造一个企业，有利于提高国家的创新能力。股权众筹的发展时间较短，美国第一个股权众筹平台是2010年创建于美国硅谷的Angels List，Angels List作为开山之祖早已成功帮助上千家创业公司摆脱了融资困境。同时在帮助创业公司的过程中该平台自身的估值骤增。❶ 众筹之众是互联网之众，意指参与众筹的投资者本质上是互联网现象，是网络驱动和支持的群体。❷

2009年创立的Kickstarter是典型的众筹网站的代表，它将实物、股权等作为回报，支持每个人发起包括电影、科技等创新性项目，在项目设定的时间内，项目发起人由于缺乏资金需要向社会大众提出创意说明和执行方案；而社会大众作为出资人，其回报则是实物或非实物。在达到目标后，Kickstarter收取佣金，反之将募集资金退还。大致可以分为两类，一类是以美国Kickstarter和IndieGoGo的综合性众筹平台为代表，其项目主题广泛，涉及科技、影视、设计、出版、动漫等方面。另一类是以Gofundme为代表的垂直或行业性众筹平台，此类平台针对诸如房地产、学术、音乐等特定行业开展。

2011年股权众筹在我国开始出现，2013年美微传媒通过淘宝来出售该公司股权成为典型的股权众筹案例，并完成了500万元的融资，在短短几年内股权众筹迅猛发展，但也伴随着诸多问题出现。互联网股权众筹进入我国后，依托于互联网在我国迅速崛起，给我国中小企业融资难问题提供了新方式，同时也在悄然地进行着与传统的金融模式不同的深刻变革，它结合互联网时代的大众特性，极大限度地调动整个社会的积极性，活跃社

---

❶ 张珑馨. Angel List融资平台正开始融资，估值超1.5亿美元 [EB/OL]. [2019-05-06]. 网易科技，http://tech.163.com/12/1215/12/8IP02DI4000915BF.html.

❷ 肖凯. 论众筹融资的法律属性及其与非法集资的关系 [J]. 华东政法大学学报，2014 (5)：32.

会闲置资金、提高资金流通的效率，为市场的发展注入了新兴的巨大的能量。值得注意的是，在股权众筹发展的过程中许多风险也伴随而来，股权众筹这一新兴的模式与现有法律法规的冲突日渐显现，以及股权众筹相关的法律缺失问题日益突出。截至2017年12月，《互联网众筹行业现状与发展趋势报告》显示，全国众筹平台共计280家，倒闭180家，在金融监管日趋严峻的形势下，行业逐渐进入规范发展期。在制度创新方面，有学者提出了股权众筹豁免法律制度的构建，在国内现行法律体系下，股权众筹的法律属性不明确，容易触犯非法集资和非法公开发行证券的法律红线。股权众筹一般原理和证券立法的国际经验均表明，股权众筹为融资方与投资方签署增资协议、发行股份、募集资金。为了降低股权众筹的法律风险，拓展其发展的制度空间，降低中小企业融资成本，提高监管效率，推动多层次资本市场建设，建议尽快构建我国股权众筹豁免制度。让股权众筹在我国健康平稳发展是现阶段需重点研究的问题，加速建设符合我国具体国情的股权众筹法律体系成为当前法律建设中的重中之重。近年来，一系列重要政策文件、会议决定、政府工作报告在不同程度上显示，这种融资模式整体上已得到政府的认可和支持，见表8－1。

表8－1　有关股权众筹的政策

重要会议及政策	内容
2014年11月，国务院常务会议	会议决定，将进一步采取有力措施，缓解企业融资成本高的问题，要建立资本市场小额再融资快速机制，开展股权众筹融资试点
2015年3月，国务院办公厅出台的《关于发展众创空间推进大众创新创业的指导意见》	该意见强调，要"发挥多层次资本市场作用，为创新型企业提供综合金融服务。开展互联网股权众筹融资试点，增强众筹对大众创新创业的服务能力"
2015年3月，中共中央、国务院出台的《关于深化体制机制改革加快实施创新驱动发展战略的若干意见》	该意见强调，应当"开展股权众筹融资试点，积极探索和规范发展服务创新的互联网金融"

续表

重要会议及政策	内容
2015年6月，国务院办公厅出台的《关于大力推进大众创业万众创新若干政策措施的意见》	该意见强调，应当"支持互联网金融发展，引导和鼓励众筹融资平台规范发展，开展公开、小额股权众筹融资试点，加强风险控制和规范管理"
2015年7月，国务院出台的《关于积极推进"互联网+"行动的指导意见》	该意见要求"开展股权众筹等互联网金融创新试点，支持小微企业发展"
2015年7月，中国人民银行等十个部门联合出台的《关于促进互联网金融健康发展的指导意见》	该意见强调，应当"支持互联网企业依法合规设立互联网支付机构、网络借贷平台、股权众筹融资平台、网络金融产品销售平台，建立服务实体经济的多层次金融服务体系，更好地满足中小微企业和个人投融资需求，进一步拓展普惠金融的广度和深度"
2015年9月，国务院常务会议	会议提出："要利用'互联网+'，积极发展众创、众包、众扶、众筹等新模式，促进生产与需求对接、传统产业与新兴产业融合，有效汇聚资源推进经济成长……（应当）以众筹促融资，发展实物、股权众筹和网络借贷，有效拓宽金融体系服务创业创新的新渠道新功能"
2016年3月，李克强总理在十二届全国人民代表大会第四次会议上所做的《政府工作报告》	根据《政府工作报告》，2016年国务院要重点完成的工作包括"打造众创、众包、众扶、众筹平台，构建大中小企业、高校、科研机构、创客多方协同的新型创业创新机制"

二、股权众筹的模式及现实功用

如同世界各国，我国中小企业的融资难的情况一直存在，民间资本投资的渠道也不畅通，股权众筹的出现，为解决这一问题提供了必要的路径。由于小额股权众筹融资试点、众创、众包等互联网金融新形式的倡导，为股权众筹的发展奠定了坚实的基础。

(1) 电商平台股权众筹模式的分析

作为近几年来发展迅速的股权众筹平台，电商平台为其主要形式。帮助众多融资者完成项目融资，这一融资模式较为成熟，主要环节包括（如图8-1所示）：一是融资企业在电商平台上的股权众筹平台进行实名注册，成为合格的融资者，之后融资企业通过电商平台发布相关融资项目的信息；二是融资者与领投人达成融资的合意，此时融资者与股权众筹平台，签署居间协议，建立居间关系；三是投资的人通过电商平台了解与项目相关的融资的信息，选择自己看中的投资项目进行投资，选择项目后，通过跟投为该特定融资项目成立的有限合伙企业的执行事务合伙人即"领投人"来进行投资，跟投人与平台签署有限合伙人的协议。在投资后电商平台会设置一个冷静期，冷静期内投资者可随时撤回自己的出资。冷静期结束之后，投资人视为投资成功；四是投资成功后投资者的投资资金注入转为该融资项目设立的有限合伙企业，通过有限合伙企业投资融资企业，从而成为该公司的股东，从而在融资公司创业成功后获得该融资公司成功后的多种收益。这一股权融资模式建立在《中华人民共和国合同法》的基础上，体现一种契约精神，为股权众筹的发展提供了可供借鉴的经验。

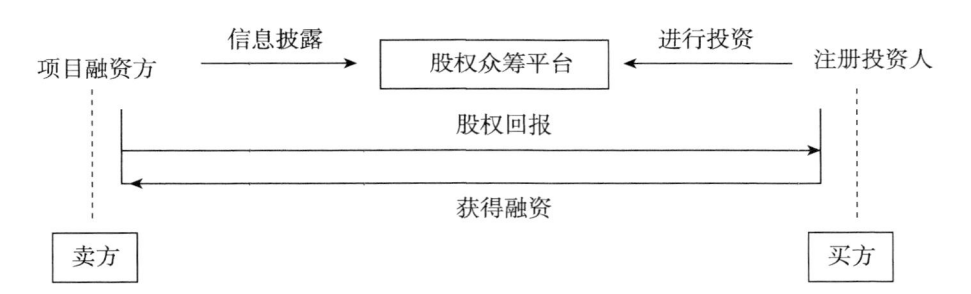

图 8-1 电商平台股权众筹的流程

(2) 满足中小企业融资需求

长期以来，我国中小企业的融资主要通过银行借贷或民间借贷等方式来解决，而银行借贷对于企业的要求较为严格，所以中小企业解决资金的问题主要通过民间借贷。但民间借贷风险较多，一些企业利用虚假信息，进行筹集资金的活动，在集资后卷款潜逃的案子时有发生，这样就使我国的中小企业在筹集资金方面难度较大,从而限制了中小企业的发展。股权众筹相比传统的筹资方式更加简便快捷,通过互联网等媒介,使融资的信息得到广泛的传播,不仅给中小企业加宽了融资之路,也使中小企业的融资效率得到提高。

从股权众筹的地区分布来看,地区分布有逐步走向均衡的趋势,在众筹融资的主要地区中,如北京、广东、福建等地区,众筹金额的差距进一步缩小,中西部地区融资金额的差距也在缩小。从股权众筹的行业及平台来看,股权众筹主要分布于酒店民宿、企业服务、生活服务、医疗服务、餐饮、文化娱乐、金融等行业中,2017年以来,各行业均处于增长态势,其中酒店民宿、企业服务行业的众筹金额处于前列,医疗行业增长快速,也排在前列,而在各众筹平台中,这种专业融资平台的融资额排在各大融资平台的首位,电子商务信息平台排在其后,排在前列的还有爱创业和智金会等融资平台。从股权众筹发展趋势来看,2016年以来股权众筹发展放缓,根据行业报告,2016年全年的融资项目同比下降了55.6%。进入2017年以来,2016年的股权众筹颓势并没有缓解的趋势,各大股权众筹平台项目上线的成功融资率表现出继续减缓的态势,各大平台的融资规模也大幅度地缩水。虽然受到市场等各种因素影响,但总体来看,股权众筹在各地区及各行业呈增长趋势。

(3) 个人投资的碎片化和分散化

2016年以来,我国城乡居民储蓄达到50万亿元以上,且存量规模仍然在上升,受银行利率所限,储蓄率并不高。所以,居民投资有着巨大的空间,却因没有相应投资信息,同时公众的资金储量较小,投资难度较大。股权众筹为闲散资金提供了投资机会,这种新兴的融资方式对于资金的储量要求较小,为小的投资者搭建了投资平台,而且通过众筹平台可以为公众提供大量的投资信息以及便捷的投资渠道。股权众筹为大量的社会闲置资金的流动提供了便利的条件,使资金市场的流动性大大提升。

由于股权众筹涉及的投资主体众多,而融资企业则良莠不齐(甚至不乏欺诈者),因此为了保护投资者利益,防范金融风险,有必要对其进行适当的法律规制。

三、股权众筹行业风险分析

（一）股权众筹项目方存在的风险

（1）投资收益不确定性的风险

以股权众筹为平台进行投资的形式是以股权作为回报，这种投资方式使投资风险进一步增加。因为股权众筹这种投资最明显的特征就是通过出售股权来筹集资金，既然股权为载体，所以这样的投资很难退出。因此，这种投资取得收益的前提是，融资企业的融资项目在融资成功后的具体经营中获得成功，实现盈利，此时投资者才能通过分红等方式获得收益。但这种收益方式的不确定性很高，周期长，这也为投资人增加了不确定的风险。

（2）投资规则存在风险

借鉴国外经验，我国的各大股权众筹平台，投资采用的制度大多为"领投和跟投"的制度，这种制度同样存在风险。领投人须投入的资金，一般按比例为投资项目所需募资金额的一部分，然后领投人还会参与融投资项目相关的后续经营管理。而这种制度依赖于两个因素，其一是对领投人有一定的职业要求，即领投人不仅在经济上有一定的资本，同时对于融投资的项目也要相当了解，如果领投人对相关项目以及后续的经营缺乏经验，则会增加经营的风险；其二就是由于股权众筹产生的股东具有分散性，如果缺乏一定的时空集中度，股东的召集和表决缺乏可操作性，这将导致沟通的无效率或部分股东专权，从而加大经营风险。

（3）退出机制不健全

在融资完成后，对于融资企业的管理以及投资者退出机制的不明朗也导致投资者的退出风险增加。而发展时间较长较为成熟的风险投资等投融资制度，则对融资完成后的资金管理的体制机制做了较为完善的制度规定，这种投融资方式下投资者的风险则相对较低，从而在股东权益方面的保护作用较好，然而由于股权众筹出现的时间并不久，而且多数为初创期投资人，项目失败率较高。此外，对于投后管理这一部分所做的则显得十分有限,并没有相对普遍的业内共识,投资人与创业者之间博弈工具欠缺,使投资人退出的风险也大大增加。

(二) 股权众筹过程中融资者风险

(1) 股权众筹异化的风险

"异化"是德国古典哲学中的一个重要概念,意指"主体在一定的发展阶段,分裂出它的对立面,变成外在的异己的力量"。[1] 近年来股权众筹迅速发展,因股权众筹的门槛低,所需的投资金额一般较小,对投资者具备的投资条件限制也较少,越来越多的人投身于股权众筹这一新兴的融投资模式。然而,这种新兴的融资模式目前所依赖的是融资者与投资者之间的诚信,我国目前还尚未有相关的法律细则对这一新兴融资模式做出规制。于是,出现了不法分子钻空子进行违法犯罪活动,"融资者"通过互联网平台发布相关信息,以出售股权获得分红为条件吸引公众投资,而在发布信息这一环节中信息披露缺乏公平的规则,不法分子通过编造众筹的相关虚假信息,伪造众筹资金的用途以及相关的证明文件,通过众筹平台以诈骗的手段获取社会大众的集资款,从而达到集资诈骗的目的。伴随股权众筹的迅猛发展,集资诈骗的案例也屡见不鲜。因众筹平台是向社会公众开放,社会公众在此过程中十分容易受到损失,不利于金融市场平稳发展,因此,当前股权众筹相关法律的出台显得尤为紧迫。

(2) 股权众筹异化非法吸收公众财产罪的风险

应当看到,受法律规定或准入门槛的限制,股权众筹在我国目前尚不具备生存的空间,"所有涉及其中的企业都如履薄冰"[2]。《刑法》第176条规定,非法吸收公众存款或者变相吸收公众存款,扰乱金融秩序的,构成非法吸收公众存款罪。此罪的非法具体表现在:一、企业或者个人在筹集资金时并没有取得相关部门的允许或者伪造信息使公众认为其是合法经营

---

[1] 《辞海》编辑委员会. 辞海(缩印本) [M]. 上海:上海辞书出版社,1999:2021.

[2] 李钰. 众筹业务法律解读 [J]. 金融理论与实践,2014 (11): 72 – 76.

来达到吸收资金的目的；二、通过互联网还有媒体等一些社会大众传媒进行相关的信息的传播；三、向公众做出回报的承诺，通常以股权分红或者实物回报等一些方式；四、吸收资金的对象为社会公众，且是不特定的社会公众。国内有学者认为，"不特定性意味着出资者是与吸收者没有联系的人或单位。"而近年来出现的互联网股权众筹使投资者与融资者直接建立联系，融资者直接面向投资者集资，但相关法律并不健全甚至是缺失状态，使融资者时刻警惕非法集资这条红线。现行《刑法》第192条规定，以非法占有为目的非法集资的构成非法集资罪。例如，某环保公司，2015年通过众筹平台进行融资，该公司对外宣称公司为上市公司，并称其将发行一部分的原始股来进行一轮融资，这使一批投资人认为这是一次潜在的"绩优股"的投资，便纷纷投入资金，最终这一公司非法吸收的公众存款达2亿元，涉及投资人超过了1000位，最终该公司的法人被批捕，这样的案例屡见不鲜。虽然我国众筹平台迅猛发展，但以投资回报为目的的股权众筹依然游走于非法集资的红线边缘，股权众筹明显地存在着法律风险。

（三）股权众筹平台的风险

电商平台股权众筹模式合法性质疑。电商平台是我国众多的股权众筹平台的典型代表，但通过电商平台的股权众筹仍然具有较大的风险：

①该股权融资模式不能与"非法集资"划出明确界线，《中华人民共和国公司法》对于有限合伙企业的人数是有限制的，而互联网股权众筹的本质却在于普惠。同时，投资者作为有限合伙人，其对于自己的股权的行使也被限制，然而，对于投资者是特定还是不特定，依然有争议，筹集资金的信息是通过互联网平台这样的大众媒介发布，因此此种募集方式依然有"公募"的嫌疑。

②股权众筹平台的权利义务设定模糊。对电商平台与投融资双方签订的相关协议进行分析，该平台不仅拥有居间功能，也负有对发生的交易进行监管的职责，而且该平台和投融资双方订立的合同也存在双方权利义务的不对等。因此，股权众筹平台与投融资双方的关系需要进行合理的处理。

③股权众筹本质上是投资方和融资者签订的投资合同，平台仅仅是起到一个媒介的传递作用，因此，平台缺乏相应的保护机制，以降低融资者进行欺诈的概率，同时，投资的领投环节是在领投人与融资者之间完成的，跟投人不在场。于是，领投人和融资者会不会出现串通来损害跟投人利益的行为不能得到较好的避免，即使平台承担担保责任，仍不能解决这一问题，从而对股权众筹行业的发展起到了负面的作用。

（四）投资人的投资风险

（1）信息不对称导致的风险

美国学者斯潘瑟指出："所有金融证券都应当归类为信用商品；金融产品还包含赋予其他当事人或代理商的委托管理权。"[1] 股权众筹很大程度上依赖于诚信，但如果出现信息不对称时，便会产生道德风险。在股权众筹各个环节中，融资者实质处于主导地位，掌握着企业以及融资项目的信息，相对投资者来讲，它的信息优势十分明显，比如在融资者向股权众筹平台提交相关的融资项目信息时，融资者就可以通过对一部分的项目信息不披露来建立自己的信息优势，而在融资项目完成融资之后，将资金用于其他项目，增大投资者风险。

（2）股权分红不确定性

股权众筹的融资者多是初创企业或小微企业，这类企业无论在管理上还是运作上都处于较低水平。据统计，创业公司的成功率低于10%，所以对于投资者来说，只有在公司成功的情况下才有可能得到分红。对于初创企业能不能成功的风险就不用说了，这是投资者应该面对的正常风险。此外，初创企业成功后的分红问题。一般公司成功后并不意味着分红，企业要不要分红，关键在于企业股东在股东会的时候做出的决定，但是股东会最终做出的决定取决于大股东的意志，通过股权众筹方式取得公司股权的投资者们，所占的公司股份的比例往往并不高，这种情况下，对于投资者

---

[1] ［英］佩特·E. 斯潘瑟. 金融市场结构与监管［M］. 戴国强，等，译. 上海：上海财经大学出版社，2005：7.

能不能得到回报在法律上的保护就非常重要。在现实中，公司盈利不分红也是很常见的事情。

(3) 投资者退出困难

《中华人民共和国公司法》对于有限责任公司的股权转让设定了诸多限制，因此投资者在融资企业取得盈利后退出公司难度极大。表现在以下三个方面：一是股东转让自己的股权，须依照《公司法》相关规定，即须经过股东会表决，得到半数以上的股东的支持，股东才能实现股权转让，这使众筹投资者难以退出；二是股东想要退出也受到公司本身内部制定的章程的限制，如果公司在章程中对股权转让做出限制，那么股东如果要转让股权就必须遵守章程；三是初创、小微企业的股权交易流动性较小，不同于上市公司的股权交易，因此股权转让难以实现，最后投资者只能通过将股权折价等方式进行股权转让，不得已而做出处理。

四、股权众筹的法律规制路径

建立与股权众筹对应的法律体系，为众筹过程中的融资者、投资者、众筹平台等主体提供制度依据是首要任务。我国股权众筹制度规范仍然受制于其他规范的适用，在《刑法》《公司法》《证券法》的夹缝中，股权众筹若发挥作用受限是很明显的。股权众筹本质上属于互联网金融，依托于互联网上的证券交易，应结合《公司法》设计初创期的股权架构。并明确将股权众筹与"非法集资"区别，从而服务股权众筹的健康发展。

（一）科学设定刑事边界，确保股权众筹守住刑事红线

2014年，股权众筹发展快速，为了应对飞速发展可能会出现的风险，中国证券业协会发布了《私募股权众筹管理办法（试行）（征求意见稿）》，这是我国第一次正式发布与股权众筹有关的法规。2015年，人民银行、工信部、财政部等十部委联合发布了《关于促进互联网金融健康发展的若干意见》，明确股权众筹的相关业务由中国证监会负责监督管理，这两个官方文件使互联网股权众筹在官方层面有了确切的合法依据。但是在《证券法》中，依然没有相应的配套法律法规对股权众筹进行规范，在这

第八章　互联网金融行业监管及规范完善

种情况下，股权众筹依然不能逃脱游走于法律红线边缘的命运。在当前官方已经承认股权众筹合法性的背景下，刑法方面对于股权众筹的约束，应当具体问题具体分析，结合互联网金融的特征进行处理，对这一新兴的金融模式保持相对宽容的态度，同时要注重在相关的法规上反复校验，从而使相关细则能解决现实问题，而上述管理办法已经制定了相关细则，但由于需要持续审定，至今仍然没有出台正式的立法，这也证明了为股权众筹立法的难度。此外，刑事控制条款力求清晰明确，如防止股权众筹非法集资类罪名边界，应在制定相关细则时着重考虑对于融资者的规定，对融资者的资格以及相关的权利义务做出明确且详细的规定。

（1）限定融资额度

股权众筹在官方文件中把它的范围限定在"小微"中，互联网股权众筹的初衷就是为了解决中小企业、初创企业融资难的问题，目的就是给中小企业拓宽融资渠道，对筹资额应当做出限制，规定应以投资目标行业小微标准一定比例的额度以内，由此将融资的主体限定在小微企业中。同时，要建立相应的审核制度，不仅对企业是否为小微企业进行审核，也要对与融资者相关的企业信息诸如企业的形式、内部的规章制度、当前经营管理的状况、企业的资金情况等进行审核，确保通过股权众筹平台进行融资的企业不是以非法占有为目的的不法分子，在前期审核中最大限度地排除"非法集资"的可能性，而对违反相关细则的融资者可根据实际情况进行处罚。

（2）建立健全股权众筹信息披露制度

应当对融资者披露相关融资项目信息和与项目相关公司的信息做出规定，并进行刑事控制。当前，股权众筹还未被纳入证券法中，证券法的信息披露制度还不能对其发生作用，应比照上市公司规则对欺诈发布、不诚实信息发布的项目方进行行政或刑事处理。而从股权众筹目前发展情况来看，单纯依靠市场的诚信度是难以运行的，所以建立与股权众筹相关的信息披露制度尤为重要，强制性的要求融资者公开与融资项目相关的信息，对恶意不公开或故意隐瞒相关信息的融资者做出相应惩罚，隐瞒的信息涉及欺诈的并且情节严重的要追究相应的刑事责任，从而确保因解决信息不对称问题而出现的合同诈骗等行为，也使在公布信息方面给融资者提供了明确的方向，让融资者明确地了解到股权众筹与刑法之间的界限,减少触犯刑法的概率。

(3) 融资平台规范化

对股权众筹平台经营范围做出限定,并督促平台持续制定众筹规则。同时该平台须经证监会批准或备案,满足网络设施安全条件,防止融资者通过在互联网建立套取资金的虚假平台或者别的方式来继续融资活动,如果在还没有取得资格认证的平台上进行融资活动,则按照《刑法》《证券法》规定的有关罪名追究相关责任人的刑事责任。

(4) 对"红线"涉及的相关法规做出适当调整

伴随着与股权众筹相关的法规出台,刑法的红线也应当做出适当的调整,对于集资诈骗罪、吸收公众存款罪等一些犯罪构成的要素在与互联网相关的股权众筹的问题上做出与具体情况相适应的调整,同时《公司法》《证券法》对于公司股东人数或合伙人的限制做出调整。

(二) 完善我国股权众筹基本制度

股权众筹和金融相关,又和传统的金融有着很多的不同之处,是依托于互联网的新兴金融模式,所以现有的关于传统金融类的法律法规不足以满足现阶段规范股权众筹平台的需求,需要出台规范股权众筹平台的法律法规,建立股权众筹平台活动的法律框架。

股权众筹在一个相对公开的平台上基于企业或项目的创办进行融资,其募集资金的用途是用于生产经营而非进行资本再生性投资,不应当将其纳入到"非法"的范畴之中。❶需要明确股权众筹平台的责任。众筹平台应该承担的义务及责任需要在法律法规上做出明确规定,将股权众筹平台的责任义务上升到法律层面,有助于提高行业规则的权威性和公信力,从而促进股权众筹平台的公正。

(1) 规范股权众筹平台交易信息披露规则

互联网时代是大众网络时代,信息公开的程度很高,但是在大量的信

---

❶ 彭冰. 非法集资行为的界定——评最高人民法院关于非法集资的司法解释[J]. 法学家, 2011 (6).

息中，虚假信息同样甚嚣尘上。而在股权众筹中，信息的真实性至关重要，尤其在投资过程中，无论融资信息还是交易信息，对于后续的经营管理或者是融投资双方纠纷解决都很关键。这是股权众筹是否平稳发展的关键因素之一，除依赖融资者的诚信外，还得依靠股权众筹平台对融资者及与项目相关的信息进行严格的审核。股权众筹平台充当着投资方和融资方建立联系的中介，有着第一道"防火墙"的作用，股权众筹平台加强对融资方及项目信息的筛查有利于防范信息虚假的风险，而单单凭借股权众筹平台的行业自律是不够的，所以应在法律法规层面将股权众筹平台的审核义务明确，并明确审核融资者、中介服务机构信息的责任，从而使审核义务具有强制性，进而使股权众筹平台切实履行信息审核义务，承担信息审核责任。

（2）股权众筹平台做好项目初审工作

股权众筹平台是中小企业进行融资的中介，融资者进入融资程序的第一个环节就是进入融资平台，所以股权众筹必须守好第一道防线，对融资项目是否合法进行严格审查。线上项目在尽职调查中有过错的，中介服务机构承担相应责任，融资平台未能尽职的，承担连带责任。

（3）限定众筹平台的准入条件

有学者提出，注册或许可是防止众筹平台成为欺诈的工具，同时也是保证众筹平台具有履行公正、效率和偿付能力的要求。❶ 对于股权众筹平台，要限定进入行业的条件，从而为股权众筹提供稳定且有保障的平台。首先，在资金上要限定"入门费"，从而保障众筹平台的风险承担能力，为投资者保驾护航。其次，对众筹平台的运营者也要设定一定的条件，要求运营者满足一定的任职资格和年限，从而保障平台的专业运作。

（三）持续推进合格投资者制度，提升投资者权利意识

（1）适当降低投资者的入门要求

2014年出台的《私募股权众筹管理办法（试行）（征求意见稿）》对于投资者资产的要求较高，难以与股权众筹相对灵活的投资相匹配。一定

---

❶ 樊云慧. 股权众筹平台监管的国际比较［J］. 法学，2015（4）：84-91.

程度上会抑制股权众筹的发展。同时《私募股权众筹管理办法（试行）（征求意见稿）》仅规定部分披露事项，并没做到具体问题具体分析，而是仅仅对投资者资产情况设定了较高的入门要求，使大部分公众难以加入到互联网金融之中，例如一些较为熟悉金融但没有足够资金的投资者被拒之门外。股权众筹除了拓宽中小企业融资渠道外，也可作为一种为普通大众创造的投资机会，它对于投资者的投资金额要求低，可以让更多的普通大众参与到互联网金融，而单纯地将加入投资的门槛提高，不仅不利于投资者投资，也不能满足市场对于融资方面的需要，不能真正对金融的发展起到好的作用。

（2）投资者的人数限制

在我国，对于股权众筹的投资者人数的规定适用《公司法》《证券法》的相关法规，限制在200人以下，实质是将互联网股权众筹和传统的公司业务等同，以传统的金融处理方法来处理新兴的互联网金融无疑需要考量互联网金融的变革要求，这一规定使得多个项目无法足额募集资金或出现代持股份情形。从现阶段来看，这样规定避免了盲目放开而造成的系统风险。但从长期来看，这样的限制不能真正地发挥互联网金融的优势之处，难以释放互联网金融所蕴含的创新要求，所以在规避盲目放开限制风险的同时应加快减少风险的制度法规的建设，为股权众筹的真正健康而迅速地发展提供制度法规保障，而不是单纯地为了防范风险而放弃互联股权众筹所蕴含的推动市场发展的巨大能量。

（3）建立投资者的保护制度

众筹面临较高的代理成本以及信息不对称引发的投机主义❶。在股权众筹的各个主体之中投资者处于相对不利地位，主要体现在信息不对称方面，与融资者相比，投资者对于信息的掌握以及之后融资企业的发展情况的了解程度都非常低，所以建立投资者保护制度是至关重要的关键。应从以下角度进行优化：首先，出台披露规则解决信息不对称的问题，拓宽投

---

❶ Ronald J Gilson. Engineering a Venture Capital Market：Lessons from the American Experience [J]. Stan. L. Rev., 2003：1067 - 1077.

资者的信息获取方式及渠道,以及保障投资者获得的融资项目信息的真实性;其次,结合股权众筹的特性,为投资者在融资企业成功融资后的经营活动中提供了解公司经营状况的制度保障,尤其对于股东的分红提供制度保障,使投资者在融资企业盈利后顺利获得收益;最后,建立与股权众筹相适应的退出体制。同时发挥市场的作用,使融资者以最便捷的方式获取资金,还能充分保护投资者的利益❶。

除以上内容外,股权众筹法制的滞后也反映了我国金融风险规制一个较为尴尬的逻辑,即解决信息不对称问题和实现投资者风险承受能力与金融资产风险相匹配的逻辑。在我国金融法的涉众型融资监管范式及投资者适合性原则中,被僵化折射为压抑互联网金融创新及扭曲金融市场的资金融通和价格发现功能的风险管制逻辑。该管制逻辑与互联网金融所缔造之竞争型直接融资市场的悖谬,亦是金融消费者作为价格接受者、资金供给者及风险利用者,以金融风险为介质,与竞争型市场和公开市场定价的作用与反作用,这一悖谬在我国金融法的风险规制范式中未能很好地加以解决。因而,金融消费者保护对我国互联网之风险暴露、风险分散和鼓励竞争的新型风险规制范式的作用机制,亦成为金融消费者保护及风险监管之法律进路的逻辑中枢。基于此,我国互联网金融消费者保护之法律进路即得以在互联网金融平台资质、互联网金融主要业态之金融资产规制、信息机制及融资者和平台的行为义务的体系内展开。

互联网的未来是未知的也是令人充满期待的,互联网金融企业只有保持自身敏锐的洞察力,适时而变,才能保持长久的发展。❷ 应当加速股权众筹法律法规的建设,建立健全互联网股权众筹法律体系,完善相关制度从而最大程度的规避风险,同时加强股权众筹行业自律体系的建设,发挥市场自我完善自我调节的作用,将法律调节与市场调节相结合,充分协调融资者、股权众筹平台、投资者之间的关系,为股权众筹的稳健发展奠定基础。

---

❶ 顾晨. 欧盟众筹市场与监管制度研究 [J]. 金融法苑, 2014 (89): 364 – 386.
❷ 徐二明,谢广营. 互联网普惠金融发展趋向:一种制度性创业视角 [J]. 中国流通经济, 2015, 29 (7): 61 – 69.

第三节　风险资本介入共享经济监管及规制路径构建[1]

每一次重大的技术变革在带来便利的同时，通常也带来不确定风险，而资本的力量通常也是风险频发的重要因素。在平衡资本的利益需求、行业业态的模型化、监管政策的有效供给中，通常需要漫长的博弈过程，甚至会出现政策规范引导下的倒退。如19世纪中叶，机动车的发明导致人的生命财产忧虑甚至让英国议会做出了"机动车速不得快于马车的规范"。作为共享经济影响下的网约车行业，从其出现便吸引了资本市场足够多关注的目光。这种瞄准人出行这一最基本需求，迄今带来巨大变革的商业模式，从2014年初通过资本市场融资、消费市场补贴、社交平台宣传，社交电子商务时代基本业态重塑（智能出行）、场景设计、社交互动，使生活更加便利。风险投资带来的资本市场效率提升迅速；各种商业规则的瑕疵激发了民众的解题意识，新规则在质疑中不断生成，而这些规则也不断修正着过去的商业规则。移动互联时代的到来使得网约车的负面效应也随着民众应用体验的加深而被不断扩大，政府特许的呼声已经成为治理网约车行业的重要目标，我国在诸多城市中开始试行网约车特许经营管理制度，同时行业治理标准体系也在逐步推出。

技术及行业标准、管理制度的不断推出给网约车市场估值带来了巨大的影响，同时未审慎评估该市场规范也带来了实施细则的争议，管理制度的真空期使资本市场观望情绪加重，国内市场和国际市场规则体系的相悖造成了国内市场相对滞后，网约车市场发展放缓。受制于政策风险，风险资本违约率攀升。自由与管制如何平衡成了网约车市场乃至于所有互联网+新兴行业的最关键问题，而风险资本的渗透让这种博弈变得更加复杂。以新技术为核心的社交商务时代，大数据、云计算等技术集成旨在发挥市场功能；以资本发展脉络来看，风险资本对于一个商业模式的发展起

---

[1] 该文曾刊发于2018年12期《经济问题》期刊中。

到了关键性的作用,甚至可能导致商业目标的异化;从市场规制来看,由于市场要素力量的高度集成,管理规范的介入需要更久的博弈,原有管理体系的功能性调整成为政府管制的必然要求。

BAT 相继成功上市以及持续的成长带给风险投资巨大的收益,同时也激发了风投机构的投资热情,代表出行市场变革的网约车行业实务及研究一直广为关注。网约车市场源于共享经济,斯蒂芬妮(Stephany)❶从共享经济出发,分析互联网经济的缘起、业态、制度设计。阿拉兹·泰哈(Araz Taeihagh)❷通过大量的数据分析共享经济的实质。共享经济的一个重要应用——网约车 2015 年逐步受到关注,施立栋❸对 2015 年伊利诺伊州运输贸易协会等组织诉芝加哥市案进行分析,通过波斯纳法官对优步提供更为宽松的规范的理由,由此解析各州之间通过协商争取合法地位、形成地方规范的过程。熊丙万❹对网约车组织、效应、管制进行分析,指出网约车行业的规制与传统出租车行业变革。侯登华❺关注于网约车所涉及主体"四方协议"(平台、车主、汽车租赁公司、乘客)下网约车的运营模式,并分析其监管路径;王静❻从法治政府角度分析网约车新业态所面临的监管困境,提出了解决方案;张效羽❼分析了在《网络预约出租汽车经营管理暂行办法》出台后地方立法合法性如何实现的问题。学者对网约

---

❶ Stephany A. The Business of Sharing: Making it in the New Sharing Economy [M]. Palgrave Macmillan, 2015: 2 – 5.

❷ Taeihagh Araz. Crowdsourcing, Sharing Economies and Development [J]. Journal of Developing Societies., 2017, 33 (6): 1 – 32.

❸ 施立栋. 波斯纳法官谈网约车的规制——伊利诺伊州运输贸易协会诉芝加哥市案 [J]. 苏州大学学报, 2017 (4): 153 – 157.

❹ 熊丙万. 网约车业的组织、效应与管制研究 [J]. 网络信息法学研究, 2017 (7): 119 – 145.

❺ 侯登华. 共享经济下网络平台的法律地位——以网约车为研究对象 [J]. 政法论坛, 2017 (1): 157 – 165.

❻ 王静. 中国网约车的监管困境及解决 [J]. 行政法学研究, 2016 (3): 49 – 59.

❼ 张效羽. 试验性规制视角下"网约车"政府规制创新 [J]. 电子政务, 2018 (4): 32 – 41.

车的分析视角多元化，涵盖合宪性、地方立法、监管规范、运营体系等，但学者在检视制度的同时，对影响网约车发展的重要因素——风险投资、商业规则、国家规范研究非常少，杨东❶提出，对于互联网金融企业应当以信息和信用体系为基础进行管控。对于其估值方式及投资体系、对其影响网约车方式在硕士论文中较多，在《东方财富》《参考消息》中涉及也较多，但未能形成完整的体系。

一、共享经济中的资本话语

（一）共享经济含义及分类

共享经济，是在网络技术、资本驱动下产生并发展起来的，从其产生之初，学界便倾向于建构一个清晰的理论模型去分析该商业业态。学界对共享经济的释义做出多元化的界定。一些学者认为，共享经济（Sharing Economy）通常涵盖一系列描述经济行为和在线交易的术语体系。❷ 它起源于点对点开放网络社群中服务的商品及服务介入。❸ 阿莱克斯·斯蒂芬妮（Alex Stephany）定义的共享经济是把剩余价值重分配给一个社群。❹ 哈佛商业评论认为"共享经济"（Sharing Economy）是一个错误的命名，更合适的词是"渠道经济"（Access Economy）。当分享变成以市场为中介、公司提供在线平台来匹配双方，使用者需要付费，供给方通过所谓的"共享"获利，这当然不是分享，这就是租赁与贩售行为。❺ 这些释义均肯定

---

❶ 杨东. 互联网金融的法律规制——基于信息工具的视角 [J]. 中国社会科学, 2015 (4): 107 – 126.

❷ Taeihagh Araz. Crowdsourcing, Sharing Economies and Development [J]. Journal of Developing Societies, 2017, 33 (2): 1 – 32.

❸ Hamari Juho, Sjöklint Mimmi, Ukkonen Antti. The Sharing Economy: Why People Participate in Collaborative Consumption [J]. Journal of the Association for Information Science and Technology, 2016, 67 (9): 2047 – 2059.

❹ Stephany A. The Business of Sharing: Making it in the New Sharing Economy [M]. Palgrave Macmillan, 2015: 2 – 5.

❺ Sundararajan A. The Sharing Economy: The End of Employment and the Rise of Crowd – Based Capitalism [M]. Mit Press Books, 2016: 1 – 10.

了去中心化的网络技术在商业业态中的基础功能,指向产品和服务的交易。但主要分歧在于其经济性属于盈利性还是公益性,但从实践来看,盈利与非盈利是伴生的,它一方面通过平台对现有产业资源进行更加精准的匹配,另一方面又创设一些机会为盈余资源进行更加合理的调配。显然,这种商业业态无法分割,哈佛商业评论更加符合实践中的情形,即共享经济属于渠道经济。

结合拉歇尔·波茨曼(Rachel Botsman)和鲁·荣格(Roo Rogers)根据共享标的特征,将狭义共享经济分为两类:产品服务系统和再分配市场。产品服务系统中,标的的所有权不变,使用权发生了分割;再分配市场中,使用权伴随所有权一起流转。Airbnb、Uber、滴滴出行、神州租车和Mobike倾向于产品服务系统类型,闲鱼则属于再分配市场类型。[1]

由上可见,国外共享经济释义倾向于通过社群完成现有商品及劳务的充分合理使用,以提升有限资源的价值再造。为打破现有商品及商业模式的定式化,共享经济的理念是试图建构基于信息平台的对于各种资源的整合,从而达到体系赋能、剩余资源整合、循环使用以充分提升现有财富的实际效用。不可否认,互联网为注意力经济,维系该业态生存的唯一动力,便是不断扩展的市场、足够廉价的诱惑,这种业态往往需要资本持续的投入,在此情形下产业资本和金融资本的博弈通常是最重要的。资本的力量催化共享经济,同时也在不断改造新经济形式,共享经济在市场博弈中不断修正自己的商业模式,而涉及面广泛、传导速度极快、政策不稳定等因素给市场带来了巨大混乱。继2016年"分享经济"一词首次写入政府工作报告,2017年政府工作报告中逐步定调共享经济发展,对它的界定属于渠道经济形态。"支持和引导分享经济发展",并强调"本着鼓励创新、包容审慎原则,制定新兴产业监管规则",希望政策规范能够服务于共享经济的发展。网约车是基于移动互联网技术和大数据技术搭建的一个

---

[1] Botsman R, Rogers R. What's Mine is Yours:the Rise of Collaborative Consumption [M]. Harper Collins,2010:300.

相对封闭的个人对个人的客运市场❶，作为一项重要的共享经济商业新业态，得到了广泛的关注。

(二) 共享经济下风险投资介入网约车行业实践

(1) 风险投资不断介入优化着网约车运营体系

共享经济与出行结合产生了优步公司，借鉴美国公司优步（Uber）商业组织、经营体系，在广泛分析调研的基础上，我国在多数地方设立了网络在线交易分配订单系统的网约车公司，技术条件日趋成熟也使它们拥有了其他行业所不具有的集成性和精准性，尤其是专车的出现，对国内城市客运市场带来了巨大的冲击。风险投资自初创便开始投资这些企业，秉持"数据是资产、流量是利润的观念"，阿里和腾讯等互联网巨头、广汽集团等实体经济支持的网约车平台以及大量的国内外风险投资涌向了这一领域。中介市场服务行业选用 EVA 法和可比公司法进行评估❷，并取结果区间交集作为企业价值估计值，在近几年中由于可比公司估值水平迅速提升，以及受风险资本扩容等因素的影响，客观上拉高了初创公司的估值。互联网公司在获得资金的同时签下投资协议，商业运营和治理结构得到了极大改善，但苛刻的投资条款以及对赌式的业绩承诺也使大量公司不得不加大市场资金投放。通过社交及电商平台的广告语及补贴投入从一开始便将注意力经济发挥到极致。"请全国人民打车"便是风险资本话语的最好表达，并促使网约车平台的用户成倍增长。

(2) "烧钱"换估值在网约车行业发展中饱受质疑

投资协议捆绑于数据流量，于是企业由最初主动投放大量的补贴换取流量，但随着流量基数增加、市场疲劳等因素，"烧钱"边际效应逐渐下降。但风险投资端并没有因此而减少投资，随着估值的逐步提升，资金规模也逐渐增大，阿里、腾讯等互联网巨头以及广汽集团等实体经济支持的网

---

❶ 侯登华. 共享经济下网络平台的法律地位——以网约车为研究对象 [J]. 政法论坛，2017（1）：157-165.

❷ 李昱哲，梅丽霞. 并购重组中互联网企业估值定价问题研究 [J]. 中国资产评估，2018（4）：20-24.

约车平台陷入了补贴大战的困境，日亏损额巨大。国外平台进入国内市场之后也被动进行跟投，在大量市场投入的同时，换来了流量的持续上升。这样投资端以巨额的投资投入换来了极高的估值，但对于被投平台来说，大量投资带来的市场端的快速膨胀，这种效应起初是可控的。随着风险投资的逐步投入和市场效应的逐步减弱，风险投资兑现收益的时期到来，被投企业不得不被动提高佣金，减少补贴，来加大营业收入，偿还高额的财务成本。2015年4月12日，神州优车向新三板提交了上市招股书，成为专车行业首家披露业绩的企业。招股说明书中披露，该企业年亏损37亿元人民币。

平台公司的估值虽然经过风险资本的相继确认有一定的安全边际，然而风险资本仍然需要有妥当的退出机制或者从平台公司拿到稳定的回报。风险资本募集资金的成本通常高于信托收益率，通常在投资协议里约定如无法上市则需要兑付年化率为12%的资金成本。随着风险投资的持续加大，风险资金对被投平台的估值逐渐提升与被投平台高昂的财务成本和相对低营收的"剪刀差"逐步拉大。

（3）资本的国际化推动着网约车市场的专业化、国际化，同时也加剧了行业波动

资本市场的巨额投入倒逼网约车行业的变革，丰富平台业务、火拼国内同行、扩展国际市场、争取国际资本成为网约车市场的主要目标。滴滴和快的是在2015年5月左右才上线的快车，之后上线了代驾、巴士等业务；从默默无闻到移动出行领域的巨头，滴滴与快的、滴滴与优步，两次重要的合并成就了滴滴。滴滴、快的和优步的合并使得市场份额一度超过90%，成了出行行业的寡头。

资本的国际化、国内市场的饱和、政策的不稳定等因素推动更大范围的并购，中东和北非的卡里姆（Careem）、欧洲和非洲的泰克斯法埃（Taxify），以及东南亚的Grab。2017年滴滴投资了巴西的叫车软件99。滴滴公司还投资于美国叫车软件来福特（Lyft）和印度的欧拉（Ola）。此外，滴滴也进入到叫车服务以外的领域，投资中国共享单车软件ofo，以及送餐服务软件饿了么。滴滴甚至投资人工智能、无人驾驶汽车等。

持续的行业并购、业态扩展和互联网企业投资，使得网约车平台公司

得到了迅速的扩张，持续投入和不断的变革导致平台公司影响力大增。按照中国互联网络信息中心（CNNIC）最新发布的第42次《中国互联网络发展状况统计报告》❶，截至2018年6月30日，我国网民规模达8.02亿，互联网普及率为57.7%。上半年，分别有30.6%、43.2%和37.3%的网民使用过共享单车、预约出租车、预约专车/快车，用户规模较2017年年末分别增长了11.0%、20.8%和26.5%。共享单车市场由2017年年末的二强争霸重回多强竞争格局，网约车行业出现跨界融合现象。

然而持续的补贴并不能解决所有问题，而且持续的亏损并不是风险投资机构愿意看到的现实，网约车公司埋怨梦想被资本绑架，网约车车主埋怨订单太少、平台交易费用太高，平台上客户埋怨补贴减少，风险投资的份额持有人埋怨收益率得不到保障，野蛮生长的市场逐步回归理性，但代价巨大。资本市场的投资面向滴滴的未来，投资人的回报依靠现有商业模式无法保障，主要是依靠一轮又一轮的估值提升，如果仅仅采用股权转让退出的方式，那下一棒究竟谁来接。

（三）国家及各省规制中的网约车管理制度体系

2016年7月28日，为更好地满足社会公众多样化出行需求，促进出租汽车行业和互联网融合发展，规范网络预约出租汽车经营服务行为，保障运营安全和乘客合法权益，交通运输部联合公安部等七部门公布《关于深化改革推进出租汽车行业健康发展的指导意见》和《网络预约出租汽车经营服务管理暂行办法》。颁布该规范之后，允许地方制定地方性法规对网约车行业进行治理。

随着各地网约车新规的出台，网约车迎来了巨大的风险。一些区域为安全考虑，需要当地车牌当地户籍。根据北京、上海两地的要求，京牌京籍和沪牌沪籍使得符合条件的网约车只有10%的比例，大量网约车司机被迫离场，接单数量也随之下滑。网约车行业开始专项销售汽车，但如何平

---

❶ 国家信息中心信息化研究部. 中国分享经济发展研究报告［R］.（2017-09-11）［2018-06-20］. http://www.cnnic.net.cn/2017.

衡网约车和巡游车比例、发放牌照总量多少、平台派单率是否可以保障、平台收费过高等多种问题影响下，大量的车主面临着巨大的经营风险。与此同时，大量的城市如南京、深圳、太原、武汉相继推出地方性规范，如车辆限制、营运时间、发放牌照等各种方式，网约车市场逐步沉寂，多个地方政府出台了复杂的网约车运营要求，但相关指标是否合理且必要让很多车主产生质疑，如轴距的问题，很多地方出台的规范限制了车型，但基于哪个方面设定的指标并不清楚。数量、价格、安全、资质、平台成为监管重点，❶然而细则却饱受争议。

政策性风险带来的营运性风险越来越大。由于安全事件、投诉数量等因素，一些区域甚至勒令网约车行业停业，并且安排了专门的人员蹲点执法，使得很多网约车司机被以非法营运为理由受到行政处罚，一些区域的合法化遥遥无期，这种政策性的风险又让很多风险资本面临着巨大的投资风险。在猎豹全球智库统计出的打车前十名榜单中，只有滴滴车主和曹操专车两款 APP 的周活渗透率同比未出现下跌。网约车背后汇聚各方资本力量，既有 VC/PE 机构，也有 BAT 以及首汽集团这类的知名车企，各方诉求并不相同。相比互联网巨头的版图布局和流量诉求，在估值虚高的情况下，多数风投机构更希望快速实现退出才最为重要。

二、共享经济中网约车行业治理矛盾分析

（一）政府治理中服务理念和管理理念的定位问题

网约车是一种介于"经典市场交易"和"科层式企业"之间的新型经济组织形态。❷资本与网约车行业的配合代表着市场的力量。在资本的推动下，网约车市场寻求产业突破，通过市场规则构建避开了巡游车市场禁令，形成了四方交易体系，各方通过规避法律寻找到自己的定位；通过大量的投资，对于出行市场进行分层打造，同时也积极推动出行与住宿、娱

---

❶ 王静. 中国网约车的监管困境及解决 [J]. 行政法学研究，2016（3）：49-59.
❷ 熊丙万. 网约车业的组织、效应与管制研究 [J]. 网络信息法学研究，2017（7）：119-145.

乐等方面的融合；平台思维为导向，通过不断扩展市场走向国际化。这种多元化、包容性、宽口径的新业态并不仅仅是共享经济的产物，它代表着"互联网+"影响下，以基本需求为切入点带动相关产业的立体性革命，在此基础上，网约车逐步会成为一个代号，立足基本需求、推动产业融合、提升区域协作、建构商业帝国成为行业的未来目标，显然这在以往的行业中是无法实现的。

　　国家对网约车行业管制思维并没有改变。然而，在现有管理体系下，政府对于网约车的定位，是把它作为公共出行、公共交通工具的补充。什么是补充呢，补充就是不能成为人们出行的首选。在此情形下，多数地方立法者以网约车安全问题、驾驶员资格、驾驶车辆要求等各个方面设置门槛，形成了网约车整体体系的一致性和地方规范要求各自为政之间的矛盾，这一矛盾属于市场与规范之间的矛盾。作为一种新的业态，显然采用旧的管理模式，不利于其发展。如何形成一种既服务于现有市场改革、又能很好的服务于新的商业业态的治理模式更为重要，具体体现在以下三个方面：

　　①竞争秩序维护的问题，即网约车与巡游车竞争市场的协调问题，也就是网约车市场化运营体系的市场化定价与巡游车市场特许价值的重估。在我国已有的体系中，根据城市的承载力、客户的需求、消费水平等综合划定了城市巡游车运营许可，而随着城市的不断扩容，在运营时段、运营区域、运载能力等方面均有一定程度的欠缺，政府的许可与市场动态调整之间很难形成均衡。城市巡游车许可制度已经无法满足实际需求，而巡游车由于信息不对称，导致很多巡游车运营效率低下。

　　②制度规范如何服务于商业规则的问题，即网约车中出现的共享经济层面如顺风车等形式如何进行门槛及规则设计的问题。任何新的业态带来便利的同时，也会带来相应的风险，商业计划的理性设计也需要不断地根据市场调整，诚然网约车也出现了诸多问题，如网约车安全问题、网约车诚信问题等，此种因果关系并不应当成为我们拒绝网约车的理由。网约车作为一种新的业态，运营团队应当有义务不断优化商业规则，在区域和时点调整中实现规则的完善。

　　③不断提升的合规成本问题。新的业态带来了体制性成本大幅增加，

使运营公司面临巨大的政策及规范风险，一些区域性互联网金融公司在无法通过正当程序获得救济权利情况下，便铤而走险采用贿赂的方式来应对不稳定的法律环境，多数风险投资机构陷入挤压运营方的情形，甚至出现商业贿赂的行为。

（二）风险投资与共享经济之间的匹配问题

在资本、技术、信息的驱动下，网约车行业发展超出人的想象。国家和地方政策和规范的相继不断出台，也使各个区域政策、规范与国家政策规范之间存在着诸多的不协调，各个地方政府的规范由于没有非常好的市场基础和整体的统筹，从而使网约车行业面临着诸多运营风险，这一运营风险又直接导致风险资本始终处于体制性风险中，以至于经营性的风险根本无暇顾及。

（1）网约车市场的运营体系严重依赖于风投融资

风险资本兴起于20世纪70年代后，以财务投资为主要目标，希望能够通过对实体经济较好的评审能力、预测能力，为目标企业设定合理的估值，最终从资本市场、股权转让等形式退出。互联网产业从一开始便受到诸多世界风险投资资本的青睐。然而风险资本对互联网产业的投资争议就从来没有结束，软银赛富、红杉资本等专业机构投资诸如 eBay、新浪、搜狐、阿里巴巴、京东商城等互联网公司一直存在质疑，质疑的主要方面是因为利润的持续亏损，网约车行业无疑也是如此，如何平衡网约车运营和持续的亏损，是风险投资面临的一大重要问题。

（2）风险资本对互联网产业期待过高

风险投资资本通常在投资之前，要进行尽职调查、合理估值，在签署投资协议之后，对于目标企业资金投向、管理层稳定性、公司业绩标准也有严格的限制。由于风险投资移植到我国时间较短，而且多数项目经理实操经验欠缺，大量募集的资金使用效率低下。在网约车公司热度空前的状况下，信奉"风口来了，猪也能上树"这一信条，诸多公司涌向了网约车公司，在持续的运营不确定性、政策不确定性等因素影响之下，很多公司又通过自身的股东及董事地位逼迫运营层让步，逐步走向前台，当风险资本逐步走向经营层面时，通常商业模式又背离了初衷。

（3）经营风险与政策性风险下互联网产业风投回报率难以保证

风险投资使用的资金多数属于募集所得，募集的形式有众筹、私募等形式，其资金成本通常要高于信托资金收益率。综合各方面加权后，现有的低收益率的商业模式根本无法满足其对资金收益率的判断。这样多数风险投资只能依靠中介市场机构评估估值不断提升来兑现收益，或者采用风险投资的转让逐步退出，以及采用 IPO 的形式通过上市来退出。而企业的不确定性又带来了市场诚信体系的破坏，进而引发对投资人的违约和对公众的违约事件，造成了恶劣的影响。

（三）新旧业态并存下规制理论实现问题

在系统论、控制论、信息论等理论体系的引导下，互联网技术的催化使各个学科的融合加速发展，原有的约束条件发生了巨大的变化，新旧商业模式的替代性效应需要包容性的制度。在现有体制中，资本、技术、信息的融合无法用精确的量化工具来表征盈利的具体时间表，而管理体制也倾向于以原有的规范体系来维系对新商业业态的管理，在实践中，大量的政策、地方性规范在并未对市场进行审慎评估、甚至在不了解交易体系的前提下，制定了大量的政策和规范，地方政策和规范互相移植，而随着形势的变化，如出现空姐被网约车司机杀害等安全事件时，各个立法者又倾向于修改以使其规范更加严格，促使行业的政策和规范风险不断提高，从而又加大了风险资本挤兑行业、急于退出的情形，道德风险和逆向选择的情形大量出现。如何在保障改革创新的基础上，能制定包容性较强的制度体系，是"互联网+"形势下规制建设的重要任务。

三、资本与行业控权下的均衡——共享经济软法治理

（一）协同性创新视野下特许经营价值和资本估值平衡的实现

（1）以更好地服务社会、满足需求作为治理的目标

党的十九大报告把五位一体的总体布局和四个全面的发展路径写进党

第八章 互联网金融行业监管及规范完善

章，其核心目标在于持续的改革推动民众发展权的提升，进而实现美好生活的愿景。而改革通常与旧的体制之间存在着较大的冲突，共享经济从其初衷来看是促进资源的最佳配置，推动对旧的商业规则、规范的价值重估，各种约束条件的变化必然会对规范提出更高的要求，即在旧的规范中寻求一种替代或平行的制度体系，使得传统业态和新的业态能够互相兼容。世界各国也在研究它的出现带来的制度性困局以及解决方案，Rauch 系统研究了美国地方立法机构如何应对优步的兴起等。优步通过优化自身规则，积极与管理者沟通消除运营的风险、在各地提起诉讼时寻求司法救济、推动各州立法的改革，逐步实现自我的保护。这种建基于 20 世纪 70 年代的规制缓和的措施无疑为网约车行业带来了极大的发展空间。同时，我们也应该看到征信体系在新金融市场中的核心地位，要以征信体系作为控制风险资本的重要手段。❶

（2）以精准服务作为推动治理改革的重要基础

我国旧的制度规范来源于特许经营价值为行业的准入门槛，一旦设定，其改造成本巨大，所以多数政府的网约车实施细则中使用特许经营、证照管理等"老套路"管理新业态，这种管理体制无法满足社会需求。通过大数据、云计算，平台公司拥有大量的数据资源，并且能够通过数据分析进行精准配置。以市场交易中相关变量的波动，形成数理模型，并且通过模型不断修正现有的商业模型，使僵化的商业模型逐步优化，在此过程中协同性创新治理体系期待通过对必要的刚性规范的制定，逐步修正特许经营权体系。

（3）平等、非歧视应当成为改革的重点，要强化地方网约车政策公平竞争审查

针对一些限制竞争的地方政策，建议按照国务院公平竞争审查制度的要求，提高政策透明度，取消各种不平等、不合理、歧视性条款，如各种与出行安全无关的限制性指标，及违反劳动权的户籍限制等要求。同时树立"政府监管平台、平台和市场约束车辆和司机"的理念，推动平台落实

---

❶ 杨东. 互联网金融的法律规制——基于信息工具的视角 [J]. 中国社会科学，2015（4）：107-126.

主体责任。政府发挥协同创新精神，利用网约车带来的市场化不断修正特许经营制度更为合理。

（二）网约车治理体系软法治理之维

党的十九大报告提出，在加强和创新社会治理领域要建立共建共治共享的社会治理格局，推进科学立法、民主立法、依法立法，以良法促进发展、保障善治。提出良法善治的治理目标，必然需要实事求是地面对社会需求，发挥社会自身规则生成的内源性，从而通过发现、表达，"立法者应该把自己看作一个自然科学家。他不是在创造法律，也不是在发明法律，而仅仅是在表述法律。"显然符合社会现实的法律制度才会化解矛盾，推动美好生活目标的达成。

在资本和运营方驱动下，网约车行业以普惠为目标介入市场，挖掘市场需要推动有效供给。在不断完善自身规则的基础上，并没有回避社会实际，积极推动自我规则的改造，以出行为基础不断扩展各类应用让自身的规则更加拥有市场基础和人的认同度。并且与政府协商，逐步促使生成新的规范体系。显然，新的商业业态生成了可以不断优化的商业规则体系，这些规则并不是一朝一夕建构的，而是需要通过理性思辨和事件驱动等情形下不断完善和优化。他们通常的建构路径包括伦理规则体系的构建、交易制度构建、行业协会量化模型和指引性规范的出现，最终出现政府软法基础上的治理规范。当然这一过程并不是一个简单的循环，而是需要各个变量内部的变化和相关变量之间的修正为基础。

显然，这种拥有较高社会适应性的新规则无疑需要被管理方认可，并且积极推动实现市场交易规则和管理体系的兼容，以较小的社会成本实现社会的良性治理。以打造平等非歧视的市场体系为基本价值目标，推动网约车行业动态调整自我体系，同时不断推动综合治理、协同治理，推动多个部门联席会议，解决经营困局。德国历史法学派萨维尼曾提出，法律是德意志民族精神的产物。他将规范的正当性阐释为发现社会独特性的产物，显然推动协商性执法和司法工作也是发现规范的过程，规范生成的同时也完成了良法善治的社会治理目标。

(三) 通过穿透和对抗确立风险资本审慎监管制度

(1) 建立与互联网企业对应的互联规范体系

卡斯特里（Castelle）建议将金融市场不断演进的规制理念应用于分享经济的监管。在金融市场的发展中，自由和管制一直是金融监管逻辑中最重要的权变因素，美国次贷危机后美国的《多德—弗兰克华尔街改革和消费者保护法》旨在抑制和限制金融市场的混业经营风险。与网络金融科技发展相应的监管科技显然也是希望能够利用规范监管来实现金融监管的目标，试验性规制、渐进式调整应该成为规范的主流方向❶。网约车行业的发展过多地受到风险资本的影响，甚至有一些公司则由协同、辅助，到被主宰，根本无法实现其商业目标，最终在巨大的负债下只能通过加重了客户的负担来兑现。究其原因是业绩承诺和股权对赌并不公开所致，在此基础上，要求风投公司、平台公司对双方投资协议、运营情况公开应当成为披露规则，在此基础上形成与市场体系对应的规范体系，显然意义重大。

(2) 对独立第三方市场中介机构尽职免责和严格问责

风险资本财务投资属性使多数风险投资公司会与目标企业签署复杂而完善的投资协议，这一过程通常需要资产评估机构的估值和会计师事务所审计、律师事务所律师工作报告予以综合评价。但是，一些中介服务机构工作人员与风投机构和平台公司内部串通，给投资人和客户带来了巨大的损失。因此尽职免责、严格问责必然会迫使平台公司、风投机构和相关机构及人员逐步趋于理性。

(3) 推动投资者教育、推动投资人与风投公司之间的对抗，以保障投资人权利

①对于风投机构而言，接受信托责任、践行行业伦理无疑是最为重要的内容，因此需要明确基金从业人员的宣誓制度，对基金从业人员严格市场禁入制度，以及在我国刑法中设置资格刑代替行政处罚。

---

❶ 张效羽. 试验性规制视角下"网约车"政府规制创新 [J]. 电子政务，2018 (4)：32-41.

②通过大数据实现信用体系的关联，对国内外投资资金进行反洗钱核查，实现功能监管中的穿透式监管，这样会使很多机构无法利用复杂的权益结构实施违法行为。对于我国而言，多数风险资本依靠国外品牌背书、刚性兑付等先例的存在，多数投资人期待能够有低风险高回报的项目，虽然我国私募基金管理办法中明确了投资人冷静期、合格投资人的条件，但仍然需要加强投资人和资产管理人之间的对抗。

③我国尚处于风险投资的初级阶段，认识能力、经验等各个方面拥有丰富实操经验和资格的优秀投资经理非常少见，因此更加迫切的需要基金业协会进行投资者教育。

新技术的发展孕育了新的业态，代表普惠目标的共享经济无疑对实现美好生活功不可没。然而金融资本无疑在这一场变革中发挥了至关重要的作用，无论是商业业态生成、遇到重大危机、面临市场繁荣，金融资本的意志推动着规则的生成和变革，显然平等非歧视已经成为重要的市场理念，为了实现协同创新，必然需要我们在治理体系中明晰网约车体系特点，有目的地推动社会治理体系的优化。在这一进程中，协同推进软法治理体系生成，促进共享经济正本清源、金融资本有序参与大有裨益，从而真正服务于人民群众对美好生活的向往。

第四节　区块链行业的监管及规制路径构建

区块链代表着互联网金融的一个新的技术领域，该业态依托一定的技术模型，代表着开放的数理模型。这一数理模型与互联网模型耦合后，形成了较好的技术控制模型。同时该技术与分布式账本和非对称性加密程序结合，为权属体系和去信用机制带来了较好的市场认同度，甚至在某种情况下，对世界各国央行的货币发行造成一定的影响。其特殊的计价系统和交易系统又为这一模型提供了很好的流动性，其去信用机制与非法证券结合起来，使一国金融系统受到较大的影响。这一切都使监管和规制呈现更为复杂的样态。2019年6月，脸书（Facebook）发布区块链白皮书，并宣布将开发稳定币 Libra 及其配套钱包 Calibra，声称其使命是建立一套简单的、无国界的货币和为数十亿人服务的金融基础设施。脸书作为全球最大的社交网络平台，准备动用其丰富的资源推出特别宏大的发币计划，期待实现超主权货币与创新性技术结合，这再一次激发了颠覆世界货币金融体系的无限想象。这一区块链计划迅速引发各界关注和全球热议，如国际货币基金组织（IMF）针对这一挑战，提出了自己的发币计划。美国众议院财政服务委员会已致函要求脸书停止开发，信中提到："Libra 和 Calibra 可能会对以瑞士为中心的一个新全球金融体系产生帮助，而该体系将会挑战美国的货币政策和美元地位。"如果 P2P 网贷、股权众筹只是改变金融市场微观结构的话，显然区块链代币将会影响到区域或全球的宏观金融框架。

一、区块链技术源起、构造及风险

金融区块链技术应用兴起于 2009 年，自中本聪（Satoshi Nakamoto）发表《比特币：一种点对点的电子现金系统》一文以来，以区块链为底层技术的区块链金融即告诞生，并很快席卷全球。[1] 其核心为去信用分布式账本的加密体系，近年来应用较多，如数字货币、智能合约的快速发展。该技术会引发互联网上传统信任机制的改变，传统信任机制一旦改变便会通过"蝴蝶效应"影响社会发展的各个方面，金融监管、法律规范、商业模式等都将无法避免地受到区块链的颠覆与变革。区块链技术作为一种创新的技术将成为"互联网+"深化发展，尤其是互联网金融发展过程中新的突破口，它进一步优化和凸显了互联网思维及其精神。但是，科学技术是一把双刃剑，我们在高度重视区块链技术带来巨大变革的同时，还需秉持理性和辩证的态度看待区块链技术可能存在的风险和挑战——区块链技术仍然需要不断地完善成熟，技术提供商需要向世人证明区块链技术的成熟程度和稳定性。具备高效、便捷、低成本优势的区块链技术虽可以解决

---

[1] Reuben Grinberg. Bitcoin: An Innovative Alternative Digital Currency [J]. Hastings Science & Technology Law Journal, 2012, 4 (1): 159-208.

诸多传统行业中信息不对称的现象，但也给当前的诸多监管模式带来巨大的挑战，因此还需要统一的市场规范。我国目前仍未大规模应用区块链技术，但是随着技术发展的深入，区块链规范发展的法律法规将逐渐完善。❶

区块链技术的发展源于其特殊的技术构造，主要分为以下要素：

①分布式账户。作为区块链的底层核心技术，分布式账户（Distributed Ledger）与传统由中央机构或系统单方记载数据的"中心化"记账模式存在根本差异。分布式账户要求每个数据节点对数据的存储必须完整连续、规范统一、加密不可篡改，且各个节点相互之间独立而平等，存储的数据由网络中的每个数据节点同步共享，不存在"中心"与"非中心"之分。

②区块链。区块链（Blockchain）是分布式账户的应用形式之一。区块链上的每个区块（Block）表明两个网络参与者之间通过交换最小数量的公共信息进行交易的意图。一旦网络中的计算机对交易的有效性达成共识，它就将被作为链上的一个新的区块被记录并加上时间戳。网络用户被赋予一个如同社交媒体简介页面一样被分享在网络上的公钥（Public Key）以及一个被保密的私钥（Private Key）。公钥的作用在于告诉网络参与者在何处传递价值，私钥则用作所有权证明，类同密码。❷

③区块链金融。区块链技术在金融领域的广泛应用形成区块链金融。目前引起公众广泛关注的区块链金融形态主要包括"区块链＋货币""区块链＋银行""区块链＋证券"。"区块链＋货币"即加密数字货币（Cryptocurrency），是由私人设计发行、不具备货币特征与功能的数字化符号（如"比特币"），目前绝大多数认可加密数字货币合法地位的国家均将其定性为一种特殊商品或资产。"区块链＋银行"主要指向基于区块链所进行的价值转移即支付结算活动。传统支付结算的共性特征在于由银行作为服务提供者和规则制定者，银行在支付结算活动中占据主导地位。如果说

---

❶ 杨东，潘曌东. 区块链带来金融与法律优化 [J]. 中国金融，2016（8）：25 - 26.

❷ Mark Fenwick, Wulf A Kaal & Erik P M. Vermeulen, Regulation Tomorrow: What Happens When Technology is Faster than the Law? [J]. American University Business Law Review, 2017, 6 (3): 561 - 594.

此前的互联网金融已经导致银行作为金融中介功能的一定程度衰退，则区块链金融将进一步加剧金融脱媒。"区块链＋证券"主要指向基于数字货币所进行的 ICO 等融资活动，即由企业或个人公布创业项目方案，以自行定义的代币（Token）公开募集比特币等主流数字货币的资金融通活动。

新的技术也带来了诸多风险。有学者提出，区块链被公认为自印刷术发明以来对法律实践最具破坏性的技术创新。❶ 这给我国现行的金融监管体系带来了一系列挑战，如何对金融区块链技术进行有效监管，是当前亟待解决的一个问题。围绕私人数字货币（Crypto Currency）的流通及以主流私人货币为基础所进行的 ICO（Initial Coin Offering）等融资活动，由于缺乏监管约束、行业自律及透明度欠缺、信息不对称等原因，成为各种违法犯罪活动的温床，这无疑会对国家经济安全和社会秩序稳定造成极大威胁。基于此，欧、美等国家与地区已相继构建较为完善的规制体系，我国则除为数不多的几个禁令之外，并未形成系统规制，以致一度占全球 80%的中国数字货币交易游离于法律监管之外，数字货币的各种风险愈加突显，并在针对部分业务的禁止措施出台后形成了"禁而不止"的尴尬局面。美国等发达国家具有数字货币等金融区块链技术的先发优势，金融区块链技术应用、业务风险及其监管均能在这些国家找到"原型"，它们的监管实践经验对我们在确定区块链金融应用的业务实质、界定和管理监管对象、建立监管沙箱机制等方面具有重要的借鉴意义和启示作用。❷ 域外"智慧监管（Smart Regulation）"理论与实践对我国具有较大启发意义。有学者主张以智慧监管为视角，分析我国区块链金融规制所存在的问题，并

---

❶ Aaron Wright & Primavera De Filippi. Decentralized Blockchain Technology and the Rise of Lex Ryptographia［J/OL］. SSRN1213（2015－05－15），http：//papers. ssrn. com/sol3/papers. cfmabstractid＝2580664//Elizabeth Sara Ross，Nobody Puts Blockchain in A Corner：The Disruptive Role of Blockchain Technology in the Financial Services Industry and Current Regulatory Issues，Catholic University Journal of Law and Technology，2017，25（2）：353－386.

❷ 黄锐. 金融区块链技术的监管研究［J］. 学术论坛，2016，39（10）：53－59.

在此基础上尝试探索我国区块链金融法律规制体系的构建路径。❶

二、区块链规制之智慧监管

20世纪90年代中期,多国政府及监管学者开始采取更加细致入微的方法解决问题,寻求以早期成功经验为基础,同时又能克服其局限性的方式重塑环境监管。以 Neil Gunningham、Peter Grabosky、Darren Sinclair、Ian Ayres、John Braithwaite 等学者为代表,提出了系统的智慧监管理论。❷ 该理论旨在有效利用公共资源,促进使用多元监管手段,强调公众参与的权利。总的来说,智慧监管可谓是在命令控制型监管与放松管制之间建立中间道路的全部努力的总称。❸ 所谓智慧监管,系指一种包含灵活性、富于想象力和创新性的社会控制形式的监管多元主义。其框架设计原则有以下四个方面。

(1) 监管理念

较之命令控制型监管多采用命令手段进行自上而下的控制,智慧监管更彰显公平与效率,尤其是在包括区块链金融在内的金融科技领域。同时,较之命令控制型监管对于风险防范的单一价值追求,智慧监管则试图在风险防范、促进创新以及消费者保护等多个价值追求之间取得平衡。

(2) 监管主体

命令控制型监管认为监管是一个由国家(政府)和企业构成的二元过程,而智慧监管则认为监管主体的外延应更为广泛,包括作为传统强制执

---

❶ 朱娟. 我国区块链金融的法律规制——基于智慧监管的视角 [J]. 法学, 2018 (11): 129 - 138.

❷ Neil Gunningham, Peter Grabosky & Darren Sinclair. Smart Regulation: Designing Environmental Policy [M]. Oxford: Clarendon Press, 1998; Ian Ayres & John Braithwaite. Responsive Regulation: Transcending the Deregulation - Reregulation Debate [M]. New York: Oxford University Press, 1992; Cass R Sunstein. Paradoxes of the Regulatory State [J]. University of Chicago Law Review, 1990, 57: 407; Stepan Wood & Lynn Johannson. Six Principles for Integrating Non - Governmental Environmental Standards into Smart Regulation [J]. Osgoode Hall Law Journal, 2008, 46 (2): 345 - 396.

❸ Stepan Wood & Lynn Johannson. Six Principles for Integrating Non - Governmental Environmental Standards into Smart Regulation [J]. Osgoode Hall Law Journal, 2008, 46 (2): 345 - 396.

行主体的政府,以及第二方(企业自身)和第三方(包括行业协会、市民社会等)。政府的首选角色是为第二或第三方承担更大的监管责任创造必要条件,作为后者发挥监管职能的促进者和协调者,而非直接进行干预。

(3)监管方法

不同于命令控制型的单一工具方法,智慧监管的核心在于:在横向维度,利用多元化的工具政策(包括正向激励、行业监管、自我监管以及信息策略等)和各监管主体的互补性组合来弥补独立监管工具的弱点;在纵向维度,建立监管工具金字塔,采用渐进式监管手段,首先采用自我监管等软性规制策略,逐步提升监管力度,直至强制性的惩罚手段。由于政府在所有监管主体中强制力度最大,故而政府在促使工具金字塔协调和逐步升级方面发挥关键作用,填补金字塔中可能存在的任何差距或空白,并促进不同层级之间的联系。

(4)监管规范

命令控制型监管倾向于建立基于详细规则的刚性监管体系。然而,基于规则的监管因其无法提供必要的灵活性从而可能会抑制创新或无法达到立法者预设的监管目标。而智慧监管为使监管策略具有相对于技术创新的开放性与包容性,更倾向于基于原则的规制,要求监管机构放弃对终局性和法律确定性的追求,转而采取应急的、灵活的、对创新持开放态度的原则性规范。

智慧监管为我国区块链行业监管提供了经验,由于区块链代币需虚拟货币发行,因此该领域的疯狂投资也值得各国思考自身货币发行和流通体系存在的问题。

三、我国区块链行业规制路径选择

(一)转变规制理念

构建区块链金融规制体系的先决性条件有两个:

第一,是否将区块链金融纳入规制体系;第二,如果纳入,则采取何种价值追求。

如前所述，区块链金融是最具破坏性的技术创新。根据美国学者观点，破坏性创新意指一种根本性、结构性的技术变革，这种变革并非原有基础上的改良，而是在技术获得飞跃后对既有基础的颠覆，是一种全新路径。缺乏对破坏性创新的投资可能导致市场主导地位的突然丧失，甚至在这些市场中完全被取代。复杂的破坏性创新时代，知道何时以及如何构建监管干预措施变得更加困难，在这种情况下监管者不可避免地会选择谨慎而不是拥抱风险，但这种谨慎的结果将会导致新技术更难以及时有效地进入市场。过去两年中，金融监管机构已经开始寻求金融稳定和消费者保护的传统目标（金融危机后监管变化的重点）和促进增长与创新的新目标之间的平衡，其结果是包括技术在内的监管创新过程和对现有框架的更改。因此，面对急剧的技术变革与不断的金融创新，"金融监管机构必须制定新的监管措施，包括使用技术，来平衡创新和经济发展以及金融稳定和消费者保护的需要。"

（二）扩展规制主体

可见，对于区块链金融的监管承袭了命令控制型监管惯性，虽牵涉若干主体，但这些主体从本质上来说均系（Neil Cunningham）所谓之"第一方主体"，由此而形成政府单向监管、市场主体被动服从的监管格局。然而区块链金融的尖端技术性、高速发展性与高度复杂性特征使得仅靠政府进行单一监管已远远不够。

在多主体参与的多元共治格局的构建中还要注意两点：第一，其他主体的监管是对政府监管的补充而绝非替代，这些主体仅在没有政府直接干预或政府不适宜干预之处发挥作用，不能因此而刻意弱化政府作用。第二，在智慧监管模式下，政府是多元共治体系中的领导者和协调者，其首要角色是为行业协会、其他社会主体及第三方平台等共同发挥监管职能创造必要条件。

（三）优化规制方法

"拥有一套明确的标准，采用更灵活的实施方法来达到这些标准"意味着更有效的监管。智能监管倾向于选择一系列具有互补作用的工具进行组合，而不是采用单一的工具方法。

（1）行业规制

所谓行业规制，即由行业组织（介于政府与企业个体之间）制定与行业内的企业行为相关的规则和标准（行为准则），并由组织根据行为准则在行业内实施诸如登记备案、合规监测、违规惩戒等自我规制行为。较之国家监管，行业协会的规制具有专业性、信息充分性、及时性等优势。由于行业协会将在一定程度上分享市场干预权，故而理顺行业规制与国家监管之间的关系，推动行业协会由自律向自治本质的回归对于行业协会能否成为一个有效监管主体至关重要。

（2）自我规制

基于区块链金融的高度专业性，识别和监测相关行为难度极大。可通过自我规制策略解决这一问题。与行业协会所进行的社会控制相反，自我规制建立于企业自主自愿的基础之上，然而，企业通常并无自我规制意愿，故而这一规制方式必须由政府充当促进者和协调者。通过集体制裁的方式，包括事前预缴保险或事后制裁等方式，来激励企业进行自我约束，同时利用其所掌握的专业知识与优质信息在成员间进行相互监督。自我规制充分利用了行业参与者的卓越知识，一定程度上缓解了监管者知识不足与监管资源稀缺的问题。如果区块链金融参与者得以被激励以适当水平进行自我监管，监管机构将能以最小成本显著降低系统性风险。

（3）信息策略

由于区块链金融具有高度专业性并潜藏极大风险，真实、充分、及时的信息披露能够帮助消费者做出正确判断，并提升监管的有效性。所涉及的披露内容主要应包括区块链金融企业本身的相关信息、交易所涉风险信息、企业信用信息等。信息策略主要通过第三方平台登记制度得以实现，并由平台履行审核义务，平台应向消费者实时公开相关信息，并接受消费者有关虚假信息的举报。

（四）持续优化的法律规范体系

缺乏有效的法律框架将成为创新的重大障碍。区块链金融恰如一把"双刃剑",之所以近年来屡被利用为违法工具,主要原因便在于未能对之依法规制。原则性立法将有效解决规则性立法相对于技术快速更新的滞后及由此而派生的规制适度性与有效性问题。从法律框架来看,嵌入现有证券监管法规[1]无疑是一种较为妥当的方法。区块链的出现对现有证券市场的法律制度和框架提出了重大挑战。对于现有的证券体系来说,信任机制和信息披露依赖于法律的强制性规定,交易机制以第三方机构作为信用中介来保障实现,结算和清算则以集中式的清算机构为中心来完成,这些制度基础和路径依赖都面临着区块链技术的革新和颠覆,我国对于"区块链+证券"究竟应该采取何种监管路径和法律政策？面对区块链新技术革命,政策制定者有两种选择,其一,将区块链嵌入现有的证券市场法律法规体系,进行小范围的修改或者制度补给即可；其二,改变现有的法律体系去适应新技术的应用。显然,在我国,前者在现阶段更具可行性和操作性。现有证券法律框架和体系无须改变,对发行人的准入、责任、交易等规定都可延续。

对于区块链应用于证券市场的法律监管,一方面应重视交易所的自律监管,将监管权力下放到交易所,鼓励交易所进行"区块链+证券"试点,制定自治规则；另一方面,我国可以借鉴英国、新加坡等国的监管沙箱机制,给予金融领域的技术创新和应用以法定许可的权利。目前区块链监管框架尚未在全球范围内制定公布,法律制定者应抓住这次重要的科技变革机遇,积极参与国际区块链标准协议的制定,鼓励交易所等机构为国际标准的制定积极做好各项准备。

（五）加密证券交易系统试点

美国的 NASDAQ 和 LING 都已经建立基于区块链技术和加密算法的加

---

[1] 万国华,孙婷. "区块链+证券"的理想、现实与监管对策研究［J］. 上海金融,2017（6）:58-64.

密证券交易系统（Cryptosecurities Market），并顺利完成私募股权的试点和交易，LING 甚至向 SEC 提交了公开发行证券的申请并获得了批准。随着区块链技术发展的逐步深入，我国证券市场在顺应潮流进行"区块链+证券"实验时，也可以由交易所牵头，建立基于区块链技术的加密证券交易系统，但是由于现阶段法律环境、证券市场发展阶段的限制，加密证券交易试点必须在以下两个条件下运行。

（1）选择性市场

加密证券交易系统是一个选择性市场（Alternative Trading Market），而不是替代性市场，不能完全取代现行的证券交易系统。电子邮件的出现迅速颠覆了传统的邮递模式，但是传统的邮递和邮局依然存在，依然有人选择邮局传递信件。同理，在新旧技术交替的时代，必须给予投资者充分的自主选择权利。加密证券交易系统建立后，可以与现行的证券交易系统并行，两种证券投资和交易方式供投资者自由选择，由于加密证券交易系统内的交易能够实现点对点实时交易，并不需要第三方券商等中介机构的参与，即使传统证券交易方式依然存在，证券公司依然有生存的空间，但是中介市场一定会大大萎缩，重新进行产业转移和资源的整合。在加密证券交易系统内，可以依靠彩色币技术确定发行的证券类型、监管层批准等情况，并对证券转让施加相关限制。同一发行人可以同时在加密证券交易系统和传统证券交易平台两个市场进行证券的发行，但是投资者拥有的一家公司的两个系统内的证券，不能相互转换，因为即使是同一家公司的证券，在两个系统中可能也会有完全不同的估值和价格，除非得到所有股东的同意。

（2）仅限于场外交易

现阶段我国证券市场的发展还不够成熟，监管和法治化之路任重道远，采用"区块链+证券"的方式促进证券市场的发展是一个契机，同时也是一个巨大的挑战。出于市场风险和监管难度的考虑，公开发行和交易等场内核心业务暂时还不适合采用区块链技术。而我国多层次资本市场中，场外市场业务具有体量大、分散性、区域性的特征，各地区场外交易分散运营，业务协调成本较高，对于企业融资和发展也具有很大的局限性。如果在我国场外交易市场建立统一的区块链证券交易市场，面向全国各地区，或由几个大的交易市场共同组成联盟区块链市场，共用证券基础设施，就能打破地域限制，节约成本，同时又能提高资本融通效率，更好地为中小企业服务。

（六）严格治理非法证券交易

当前"区块链＋证券"还处于蓬勃发展的初级阶段，在鼓励支持区块链技术创新的同时，其可能引发的金融风险也应引起我国证券业和监管部门的重视，避免其成为非法金融活动的来源。区块链目前在技术上仍然不够成熟，其潜在的风险和漏洞还在研究之中。在这样的背景下，如果区块链技术被不法之徒滥用，就会酝酿很大的市场风险，前两年的比特币"投机"热就是一例。互联网金融初出茅庐之时，也颇受市场人士追捧，但是在缺乏监管和指引的情况下，P2P网贷债权分拆、交易平台圈钱跑路现象比比皆是，大大损害了证券市场的有序发展和广大投资者的利益。在"区块链＋证券"的业务中，如果交易的跟踪、项目资金使用的全程监控以及智能资产合约所需要的风险控制措施无法发挥作用，则很可能会发生打着"区块链＋证券""区块链＋金融"的旗号，实则进行非法证券和金融活动以牟取暴利的行为，像P2P网贷"跑路"这样的非法活动将再次重演。因此，我们要规范区块链技术在证券市场的发展，守住监管底线，打击以发展区块链为名的非法集资、非法金融活动，鼓励符合证券监管和行业规则的技术创新。区块链技术在金融领域应用，必须做到严格监管。首先是明确区块链技术对金融领域发展的价值，确定具体监管范围与监管对象；其次是借鉴先进区块链技术应用经验，结合金融领域实际监管情况，积极改革创新监管模式，提高金融行业区块链技术监管质量；最后是完善监管制度，国家方面针对区块链技术改善立法，贯彻落实区块链技术法治监管要求，真正完善金融服务行业管理标准，确保区块链技术的科学应用。

在数字加密货币的冲击下，传统货币理论乃至整个金融理论和监管论受到巨大挑战。由于主权国家超发、滥发货币，导致严重的通货膨胀，国民财富遭受损失。很多经济学家和法学家表示了忧虑，也试图提出新的解决方案。最具代表性的理论是由哈耶克提出的货币非国家化，他指出在主权国家控制之下的信用货币超发问题是其自身无法克服的，因此应该回到货币发行的非国家化道路，比如由企业或其他市场主体来发行货币。然而，如何让货币的币值稳定成为金本位崩溃之后世界各国未能解决的问题。此外，还有货币的寻锚问题，锚定什么样的资产才能够让货币的币值稳定？货币发行数量如何与经济发展相匹配和相适应？传统货币理论的一系列问题无法解决，使学界对数字加密货币充满期待。我国学者黄镇对区块链代币的未来做出如下设想：方案一，逐步对比特币、以太币乃至将来的 Libra 纳入监管，也就是所谓的"染色方案"。对事实上已经具有世界影响的全球货币或世界货币进行收编认可，由各主权国家逐渐纳入监管轨道。目前具备前提条件，但"收编""染色"有很多技术问题需要解决，主权国家对这一方案的认可有难度。方案二，由现行国际货币基金组织或类似的组织发行超主权的国际货币或者全球货币。国际货币基金组织在 Libra 推出计划之后，也声称即将推出 IMFCoin。在当前国际货币基金组织一揽子计划中推出数字货币，即中国学者姚余栋和杨涛提出的 eSDR 方案，或许是当前条件下数字货币推进的最佳选择。方案三，由各主权国家发起创设新的数字货币国际组织，推动发行全球性的数字货币。或者，主要数字货币发行机构主动与主权国家监管当局合作，共同发起全球性质的数字货币国家组织。但是，创设新的国际组织合作协调尚需时日。以上三个设想有着较强的可能性，也为互联网金融在世界领域中的国家之间、区域之间、世界各国监管提出了新的要求。

第五节 程序化交易行业监管及规制路径构建[1]

技术革命深刻地影响着社会经济结构，我国面临着资本市场逐步开放交易日益复杂与自身发展相对滞后的矛盾。随着我国资本市场的全面、有

---

[1] 部分内容刊发于《南方金融》2019 年第 8 期。

序对外开放，科技变革带来金融创新及场域变化，极大地变革着交易市场微观结构。然而，2013 年国内光大"乌龙指事件"、2015 年恒生"HOMS 系统"事件等带来负外部性，为监管提出新的要求。2019 年 2 月，习近平指出："金融制度是经济社会发展中重要的基础性制度。"❶ 新的语境下如何在创新和规制中建构包容审慎兼容的规范体系，推动金融创新、保障金融安全、促进市场效率，是我们面临的重要任务。同时市场治理需"坚持文明互鉴、对外开放，但不能机械临摹、全面移植。"❷ 规范治理应立足资本市场国际化新场域，分析科技变革带来的监管风险，解决好变革与监管矛盾，从而保障投资公平和金融安全。

国内学者最初较多关注技术指标交易，随着国外对高频交易溯因考察增多，我国学者逐步开始关注程序化交易与目标市场的关系。21 世纪初陈红❸借 ETF 及衍生交易的引入探讨程序化交易的价值发现功能。周欣❹关注到期货市场开放应重视"直接接入市场"风险管理功能。Haldane 和 May❺运用"食物链动力学和网络传染病研究方法"，分析跨市场风险。张戈等❻介绍了程序化交易并提出需要控制风险。陈梦根❼对国际资本市场介绍了算法交易发展历程与现状。郭喜才❽提出量化交易未来主要是"期现

---

❶ 习近平主持中共中央政治局第十三次集体学习并讲话 [N/OL]. (2019 – 02 – 23) [2019 – 03 – 20]. http://www.gov.cn/xinwen/2019 – 02/23/content_ 5367953.htm.

❷ 张文显. 治国理政的法治理念和法治思维 [J]. 中国社会科学, 2017 (4): 40 – 66.

❸ 陈红. ETFs—海外创新经验与中国制度建设 [J]. 广东金融学院学报, 2005 (3): 38 – 42.

❹ 周欣. 国际期货市场"直接接入市场"（DMA）风险管理举措比较及启示 [J]. 管理现代化, 2009 (2): 59 – 61.

❺ Haldane AG, May RM. Systemic Risk in Banking Ecosystems. Nature 2011, 469 (7330): 351 – 355.

❻ 张戈, 程棵, 陆凤彬, 汪寿阳. 基于 Copula 函数的程序化交易策略 [J]. 系统工程理论与实践, 2011, 31 (4): 599 – 605.

❼ 陈梦根. 算法交易的兴起及最新研究进展 [J]. 证券市场导报, 2013 (9): 11 – 17.

❽ 郭喜才. 量化投资的发展及其监管 [J]. 江西社会科学, 2014, 34 (3): 58 – 62.

统计套利"和"基于大数据的量化分析","风险控制"和"加强金融监管"是重点。

互联网金融对程序化交易市场结构产生了深刻的影响。刘伟等❶提出需要监测量化基金的同质化交易倾向。魏建国等❷提出应用技术规范模型进行监管。李永森❸指出,"注册制改革""场外市场发展""场内市场发展"迫切需要加强程序化交易监管。叶强等❹将程序化交易列为"国家战略需求"和"关键科学问题",应重视"程序化交易对市场影响机制"以及"风险与监管"命题。吴晓求❺提出"强化监管独立性",处理好"金融创新与风险管控"关系。邢会强❻指出我国监管政策应"予以适当的限制或抑制",管理规则应不断修订。彭志❼提出应对"异常程序化交易和高频交易进行规制"。樊纪伟❽提出借鉴国际经验,对高频交易监管。杨东❾指出对互联网金融建立"数据驱动监管为核心""智能化的实时监管""并试点性的监管沙箱"。王垚等❿高频交易的固有弊端促使严格规范与监

---

❶ 刘伟,封涌. 我国量化基金同质化交易倾向研究[J]. 上海金融, 2015(4): 83 - 86.

❷ 魏建国,李小雪. 基于 lnRV - VaR 模型的沪深 300 股指期货风险测度与管理研究[J]. 武汉金融, 2015(5): 15 - 18.

❸ 李永森. 资本市场面临重大制度变革[J]. 中国金融, 2016(2): 35 - 37.

❹ 叶强,刘作仪,孟庆峰,马涛,张紫琼,熊熊,李建平,文凤华,卢乃吉,郭海凤,李勍. 互联网金融的国家战略需求和关键科学问题[J]. 中国科学基金, 2016, 30(2): 150 - 158.

❺ 吴晓求. 股市危机:结构缺陷与规制改革[J]. 财贸经济, 2016, 37(1): 22 - 32.

❻ 邢会强. 证券期货市场高频交易的法律监管框架研究[J]. 中国法学, 2016(5): 156 - 177.

❼ 彭志. 量化投资和高频交易:风险、挑战及监管[J]. 南方金融, 2016(10): 84 - 89.

❽ 樊纪伟. 日本应对高频交易的规制及启示[J]. 证券市场导报, 2018(7): 65 - 70.

❾ 杨东. 监管科技:金融科技的监管挑战与维度建构[J]. 中国社会科学, 2018(5): 69 - 91.

❿ 王垚,樊纪伟. 高频交易的域外规范与监管及借鉴[J]. 证券法律评论, 2018: 344 - 354.

管。徐广斌，张伟❶提出基于大数据和人工智能的识别技术进行市场监控。樊纪伟，刘珂，蒋哲远❷从期货交易计算机语言形成解释器，服务于监管。

国内学者以金融市场发展和智能化金融为基础，对金融市场发展和监管的引入、风险事件及对监管的启示、金融监管体制变革、借鉴国外经验、技术手段监控市场等多角度分析。但对资本市场开放新的场域、互联网金融平台责任、高频交易和算法交易跨市场风险较少述及。拟以技术与金融交易新场域变革为着眼点，分析其内在风险、尝试搭建监管框架，以服务于现实需要。

一、程序化交易规范生成及交易与监管新场域

（一）程序化交易概念界定及规范表达

程序化交易源于1983年美国纳斯达克出现的电子交易，因"复杂、高利润使得计算机为基础的交易得到交易者的青睐。"❸曾出现过"量化交易""程序化交易""算法交易"及"高频交易"等名称，学界无统一、权威的定义，有学者关注程序，称为程序化交易（Program Trading），强调"通过既定程序或特定软件"❹；有学者关注算法，"凡利用计算机系统根据特定的数据模型、策略和算法"❺，称为算法交易（Algorithm Trading）；也有学者关注交易速度，"利用超级计算机以极快的速度处理市场上最新出现的快速传递的信息流"，称为高频交易（High Frequency Trading）。由此得出，程序化交易，也被称为量化交易（Quantitative Trading）源于西方资

---

❶ 徐广斌，张伟. DeepEye：一个基于深度学习的程序化交易识别与分类方法[J]. 大数据，2018，4（5）：94－102.

❷ 樊纪伟，刘珂，蒋哲远. 期货程序化环境下模型描述语言解释器的研究与设计[J]. 计算机应用与软件，2018，35（8）：107－112.

❸ Aldridge I. High－Frequency Trading：A Practical Guide to Algorithmic Strategies and Trading Systems [M]. Hoboken：Wiley. 2013：1.

❹ 路一. 程序化交易在中国资本市场的发展现状、问题及建议[J]. 中外企业家，2015（1）：106.

❺ 刘逖. 市场微观结构与交易机制设计高级指南[M]. 上海：上海人民出版社，2012：569－583.

本市场走势技术、指标化的数理或交易模型，依托于软件开发平台生成交易策略，采用自动化或半自动化交易的发现交易机会、执行交易指令的市场交易类型。程序化交易对系统的处理速度、吞吐量、容量有极致的要求，是资本的时间和市场的极致微分。

风险事件频发促使各国纷纷规范程序化交易。美国较关注交易品种和规模，将其界定为篮子交易（Basket Trading），纽约股票交易所将程序化交易定义为含有15只股票以上、交易额在100万美元以上。2015年10月我国证监会公布《证券期货市场程序化交易管理办法（征求意见稿）》规定："通过既定程序或特定软件，自动生成或执行交易指令的交易行为。"这一规范侧重于交易主体及方式。在适用规范中，美国联邦法院援引2011年出台的《托德·弗兰克法案》规定，以"防欺诈法规"裁定交易员米歇尔·科斯夏商品交易欺诈以及幌骗罪名成立。2013年，我国"光大证券乌龙指"事件，因技术系统和违规交易行为，涉案人员被认定构成内幕交易。2015年股市异常波动中，我国对股指期货交易进行临时管控。2016年恒生电子因HOMS系统场外配资被证监会处罚。巨大的风险使得监管者出台了新的规则，欧洲国家倾向于以征税的方式来迫使交易者降低交易频率。2013年，意大利首次"对持续时间不到0.5秒的股权交易征收0.02%的税。"❶因担心市场波动性加大，一些欧洲国家甚至提出削减或禁止高频交易。❷

（二）程序化市场交易和监管场域变化

程序化交易兴起于英美并有着长期研究和实践，已经涵盖了股票市场、外汇市场、债券市场、期货、期权与衍生品市场等。2004年后，随着互联网基础设施的不断提升，程序化交易进入快速发展时期。2007年美国

---

❶ Stafford, Philip. Italy Introduces Tax on High – Speed Trade and Equity Derivatives [N]. The Financial Times, 2013 – 09 – 03.

❷ Ross Alice K, Will Fitzgibbon, Nick Mathiason. Britain Opposes MEPs Seeking Ban on High – frequency Trading. UK Fighting Efforts to Curb High – risk, Volatile System, with Industry Lobby Dominating Advice Given to Treasury [N]. The Guardian. 2015 – 01 – 02.

已经有超过 90% 的对冲基金采用程序化交易。近几年，美国交易规模呈指数级增长，其市场份额在 2009 年达到了 73%，到 2018 年机构投资者的程序化交易基本已经覆盖绝大部分市场交易。据美国彭博亿万富翁指数（Bloomberg Billionaires Index）显示，超级对冲基金如格里芬的城堡基金（Citadel）、西蒙斯的文艺复兴科技公司等规模持续扩张。❶ 在欧洲资本市场，2007 年伦敦证券交易所约有 70% 的订单是通过程序化交易执行的。其他区域市场也快速跟进，东京证券交易所、香港联交所、新加坡交易所和悉尼交易所逐步成为程序化交易主要市场，个人投资者交易比例迅速降低。程序化交易对交易结构产生了巨大影响，纽约、伦敦、东京、上海等区域，确保利用传播速度来进行建模并交易，资本市场联动形成协同定位现象。

程序化交易推动着金融创新。首先，加大了流动性。移动互联技术推动了互联网金融科技平台公司发展，场外资金流动更加迅速。通过分割交易、策略交易、做市交易、风控交易、高频交易等形式显著提升了市场流动性。其次，程序化交易促进了交易主体分层。市场活跃度上升使多空交易、杠杆交易、场内外交易越来越迅捷，证券期货公司、基金公司、私募基金、科技平台公司等形式逐步占据了核心地位。❷ 最后，价格发现功能提升。程序化交易以最佳价格切入、交易策略生成、最快执行、最大收益为目标，促进各种证券价格的市场化，套利交易也促使各个市场的价格功能逐步完善，交易促进了金融市场的进一步分工。交易所专注整体交易增长和风险防控、交易咨询公司注重信息证券化、金融科技公司注重交易开发数据模型、金融交易平台公司专注吸引投资者、私募公司和基金公司注重资产配置。

---

❶ 姚波. 全球最富裕对冲基金大佬一年赚 16 亿美元［N］. 中国证券报，2019 - 2 - 18（12）.

❷ 陈梦根. 算法交易的兴起及最新研究进展［J］. 证券市场导报，2013（9）：11 - 17.

（三）资本市场深化改革的监管新面向

自 2005 年我国启动汇率改革和证券市场股权分置改革，学者关注到期货市场开放需重视"直接接入市场"风险管理功能。❶ QFII 对市场定价逐步加强，陆港通的开通和沪伦通的筹备，我国资本市场被纳入 MSCI（美国明晟公司）和新兴市场指数，我国公司境外上市、境外机构设立中国概念 ETF、指数期货等。党的十九大以来，资本市场对外开放力度逐步加大：放宽国内金融机构外资持股比例上限，持续推进信用评级行业对外开放，这些倒逼着我国资本市场制度改革，以适应开放的要求。2018 年开放力度尤为显著：

①在期货市场，原油期货成为首个国际化期货品种，铁矿石期货正式实施引入境外交易者业务，PTA 期货成为首个引入境外交易者品种。

②在债券市场，绿色债券指数和中国气候债券指数、债券指数产品挂钩 CFETS－BOC 交易型债券指数、中债估值中心与全球著名信息服务商 IHS Markit 公司向全球联合发布中债 iBoxx 指数。

③在证券市场，沪伦通进入倒计时，美国 MSCI 将中国 A 股纳入新兴市场指数和 ACWI 全球指数。

④在外汇市场，外汇交易中心为银行间市场债券指数产品提供发行、交易和信息披露服务，银行间外汇市场推出撮合交易（CLOB）以及询价点击成交（ESP）功能。❷

市场改革内生需求如"注册制改革""场外市场发展""场内市场发展"迫切需要加强监管，❸ 程序化交易的资产定价、风险传导、跨市场交易，为监管基础设施建设、反洗钱国际协同、监管规范国内及国际协同、监管市场变革与监管手段滞后等矛盾带来了契机，同时，我国仍然面临着市场定价同国际市场定价权的竞争等系统改革。

---

❶ 李永森. 资本市场面临重大制度变革［J］. 中国金融，2016（2）：35－37.
❷ 2018 中国金融十大新闻［J］. 中国金融家，2019（Z1）：90－93.
❸ 周欣. 国际期货市场"直接接入市场"（DMA）风险管理举措比较及启示［J］. 管理现代化，2009（2）：59－61.

二、互联网金融场域下程序化交易风险分析

（一）信用及信息风险的重新定义

（1）互联网金融公司信用及信息违法搜集频现

平台公司为吸引客户，非法利用小恩小惠获取投资人信用信息，并且将这些个人信息进行打包出售。网络银行、手机银行等因交易和支付过程均在移动互联网上完成，交易的虚拟化使金融业务失去了时间和地理限制，电话营销和网络营销公司非法利用这些低成本的数据和流量，信息诈骗、黑客攻击等犯罪手法泛滥。一些平台公司为增加利润，利用信用审查漏洞，为市场外交易者提供场外配资。如2015年恒生HOMS系统违法提供场外配资，为市场带来了巨大的负面影响。一些公司破产，投资者信用档案被弃置，使得监管程序化交易溯因审查难度较大。

（2）互联网金融冲击着国内信用微观结构

互联网金融为现有银行与客户之间增加了平台代理，新的商业模式如众筹、共享经济等多元化的资讯通道引导着资金的流向，信用及业务的期限结构变化显著，如支付宝对银行期限及利率的影响。移动互联技术应用使资金的聚散更为迅捷，比特币等代币工具去中心、去信用化，极大影响着一国金融安全。近年来，泛亚、易租宝等事件显示，信用风险的传导更加迅捷。境内市场和境外市场的联动在支付交易中越来越频繁。如我国支付机构渠道缺乏监管，使国际资金非法利用平台在国内从事外汇、期货市场的场外交易，导致大量国内交易者受损。

（3）资产全球化不平衡配置带来的区域金融安全风险

资金全球化不平衡配置带来区域金融安全风险，这使国际资本市场的跨国之间、跨市场之间的联动性加强，它为投资者带来便利的同时，由于国际之间信用制度不统一、审查不严格、国际信用缺乏联动，导致信用问题较为严重。加之传统银行机构较为关注利润和规模，在发展规模同时对账户管理重视不够，导致信用信息失真频现。因投资信用制度核查缺陷，利用程序化违规交易情形转移资产逐渐增多，如套取外汇投放国际市场。

（二） 网络技术平台承担责任量化难题

互联网平台公司介入金融行业，主要是基于渠道优势或技术优势，在其服务中也主要为客户提供资金服务和技术服务。利润是重要因素，多数平台公司会依附于证券公司和期货公司，起初为这些公司招募并筛选投资人，部分智能技术平台公司开始向数字服务转型。

（1）平台公司市场端服务风险

网络平台低盈利使其功能容易异化。资本盈利的传导效应在互联网金融环境下提升显著，平台提供信息咨询服务功能显然无法满足发展要求，受盈利所迫，违规为交易者提供优先级资金。如P2P网贷平台违规为期货交易、外汇交易、场外交易者提供高息借款，形成场外配资资金来源。一些国际资本利用平台违规为投资人配资，也加大了市场波动。

（2）智能平台技术服务风险

对于技术平台公司来说，投资端主要依托量化交易平台提供交易策略，在智能投顾中体现为"数字技术"服务，涵盖开发语言、技术架构、系统架构等内容。"普通平台提供趋势、反趋势等对行情和交易逻辑要求不高的策略，高端平台提供趋势、套利、对冲、高频等对行情和交易要求高、逻辑复杂度高的策略。"❶ 中低端平台如交易开拓者（TB）等，高端交易平台如Progress Apama、国泰安量化投资平台等。近些年，"开发平台+人工智能"的智能投顾应用语言主要有Matlab、Python、C++等，如JoinQuant聚宽量化交易平台、BigQuant-人工智能量化投资平台等。平台收益引导着资金的流向，如投资者在2018年向智能贝塔交易所交易基金（ETF）投入了776亿美元，比前一年增长了12.4%。❷ 其突出风险包括：提供模型及数据服务和策略交易的同质化，无法服务于交易。国外交易模型源代码需要升级和不断优化，由于国内交易实盘测试时间端、政策干预

---

❶ 聂延龙. 国内量化交易平台[N]. 期货日报，2012-11-26（004）.
❷ 姚波. 智能贝塔ETF 2018年吸金776亿美元. 中国证券报，2019-2-18（12）.

频繁，客户端实际效用差别极大。由于市场规则的缺乏，有效监管仍然在探索中，平台的准入条件和运营等各项指标仍然在形成中。

（3）智能平台安全风险

网络环境和技术平台欠缺统一标准，网络安全问题频现，黑客攻击大量存在。交易操作导致的电子错误以及系统错误的存在，使这种电子数据服务仍然存在不确定的风险。

（4）风险投资的介入加大了平台外部风险❶

由于平台模型大都来自国外，其发展严重依赖外来风险投资，市场开发需要大量的资金或渠道，客户量和资金量成为平台实力的重要指标，因此平台的竞争较为残酷。由于平台数据库、源代码、技术架构、技术能力不同，因而它们在服务中差异较大，榜单效应也使一些平台存在操纵市场、虚增利润的现象。在近年来做市商交易中，曾经出现平台公司私自修改交易数据，使高杠杆投资者爆仓的情形。

（三）市场波动风险与流动性悖论

（1）程序化交易放大了波动风险

在现有技术指标进行建模后，算法交易为降低市场冲击成本，挖掘套利机会，利用事件驱动、分割交易等指令交易。由于程序类似，大量的交易者在竞争中各项交易出入场点位日趋趋同，加剧了市场波动。巨额而现实的利润甚至使部分投机者利用冲击市场带来的波动套利。2010年由于美国股市"闪电暴跌"，道琼斯30种工业股票平均价格指数盘中暴跌近1000点，导致许多公司股价最大跌幅高达99%。事后调查报告指出风险源于交易公司在市场饱受压力时交易电脑自动执行卖出指令。此外，"光大乌龙指"事件在自营盘买入指令下迅速推高了成分指数股票价格，从而带动了其他程序化交易执行。量化交易通过"期现统计套利"和"基于大数据的

---

❶ 刘鹏. 自由与管制的均衡——以风险资本投资网约车市场制度为视角［J］. 经济问题, 2018（12）：117 – 123.

量化分析"❶，该研究结论认为，金融交易同质化是程序化交易风险的重要诱因。❷ 美国学者运用"食物链动力学和网络传染病研究方法"解释跨市场风险。❸ 该研究对于发生在伦敦期货交易所、日本东京交易所中恐慌性抛售事件，同样有着较强的解释力。交易资金的不均衡配置加剧了各区域、各市场之间的对冲和套利，资金的时间价值的极致追求使各国资本市场波动明显，如新兴市场和发达市场的投资矛盾。

（2）程序化交易流动性悖论存在

由于频繁使用定量资金进行交易，成交量上升并没有带来市场整体流动性增加。由于日内交易的存在，投机者不断加大频率，交易指标从日线逐步变为小时线、十五分钟线、甚至五分钟线。这些专业的投机者会提出返佣、返还头寸等不合理要求，对经纪业务产生了负面的影响。对于多数价值投资者来说，这种交易事实上并没有真正发现价格扭曲，反倒造成了价格扭曲，而利用巨量资金、频繁交易带来的扭曲反倒成为交易者的操纵手段。当市场真正需要流动性时，这种乘数效应并没有带来流动性，成为价值投资者、欧洲多数国家质疑程序化交易的重要诱因。现代金融市场的发展表明，金融机构本身的利益更加重要，在逐利中为市场带来的负外部性不容忽视。市场公平和效率一直存在着矛盾，而市场发挥价格机制需要在不断博弈中才能出现，如果市场规则对资金和速度过于宽容，显然市场信号被扭曲的负外部效应将促使交易者逆向选择。

（四）跨市场交易新场域的风险溢出

资本资产定价模型（CAPM）带来组合资产配置的同时，加大了资产配置的复杂性，交易市场的全球化也使得组合资产监管更为困难。互联网金融造成资本市场的竞争加剧及对跨国流动的复杂化，使得全球性的跨国

---

❶ 郭喜才. 量化投资的发展及其监管 [J]. 江西社会科学，2014（3）：58 – 62.

❷ 刘伟，封涌. 我国量化基金同质化交易倾向研究 [J]. 上海金融，2015（4）：83 – 86.

❸ Haldane A G, May R M. Systemic Risk in Banking Ecosystems [J]. Nature, 2011, 469（7330）：351 – 355.

公司或金融互联技术公司通常涉足几个金融市场。即使是监管技术和监管程序的改进，也跟不上交易的步伐。这种联动性使得"金融监管限度、金融安全定义、市场交易秩序"很难形成较为平衡格局。监管主体较多关注国内市场，对国外资本市场缺乏了解，对国内市场监控、国外市场监控都较为困难。程序化交易带来的"市场操纵、交易异常、系统风险等监管问题"[1]也使监管难度加大。

国内多市场操纵加大了监管难度。期货市场、证券市场、实体经济联动使资本并不拘泥于单一市场损失，投资者更为重视对冲交易来进行整体盈利测算。在实体经济企业利用期权或期货杠杆操纵、证券市场和股指期货市场之间的操纵，这种跨市场交易的复杂性，使违规的识别、取证越来越难。资产国际配置加大国际监管难度。资本盈利与否的全球计量对各区域、各市场影响各不相同。随着各国证券、期货、衍生品交易越来越多运用自动定量交易，跨市场、跨区域对冲交易逐步增多，投资者在全球范围内对资产配置和计量，使区域性市场的影响逐步加大。近年来，新加坡针对我国证券市场的新华富时指数期货与国内的证券 A50 成分股票之间联动效应显著，国内市场波动与期指交割关系密切。

程序化交易尤其是高频交易的风险溢出效应也不容忽视。市场在博弈之后，通常会逐步确立自身的交易信用，盈利信息最终会体现在榜单中。资金和市场影响力掌握在部分机构投资者手中，这些组织的个人影响力很容易造成价格发现功能的扭曲，资本市场波动的核心为估值的争夺。智能模型在频繁交易中，失效时间是市场无法预知的。此外，交易的盈利和亏损都是瞬间的，这也容易造成交易者的短视和心态的不稳定。资本市场交易者在应用数理模型时存在群体非理性的可能性。这就需要我们重视基础市场价格的真实性，尤其是证券市场对实体经济的准确反映。在我国基础资产市场的稳定是衍生品市场健康的重要保障。

---

[1] 陈梦根. 算法交易的兴起及最新研究进展 [J]. 证券市场导报，2013（9）：11-17.

三、程序化交易市场治理路径选择

(一) 扩大信息基础：以 CRS 为核心推进信用信息制度体系国际化

(1) 推动国内与国际征信体系兼容发展是解决征信问题的基础

首先，交易主体征信是基础，近年来，我国在逐步落实共同申报准则（CRS）。该准则提倡各成员国签署公民信息交换的协议。❶ 我国应当在与国外共享这些信息的同时，注意个人隐私权的保护。

其次，对于市场交易主体采用相对统一的国际财务准则。2016 年，《国际财务报告准则合作协议》旨在通过统一财务标准来促进资本市场的透明度。各会员国应推动其目标：为公众利益制定一套高质量、可理解、可执行和全球公认的财务报告准则（IFRS 标准）❷，并推进其严格适用。应该对交易机构信用状况进行前置审查，尤其是外汇市场主体。推动各项征信制度并网共享，以确保监管所需必要信息的及时获取。

(2) 以穿透为目标，推动信用体系透明化

推动资本市场主体交易透明化，以穿透监管为基础，对于资本市场主体进行分析，明确关联关系，从而可以最大程度上消除征信问题。该制度也会对涉及国际市场和国内跨市场操纵的预防带来很好的效果。这样优先发挥市场对于资源的决定性作用。具体包括：以《征信业管理条例》中银行账户监管为基础进行反洗钱监控，逐步推动公用信息、财产信息并入征信。逐步实现"保障金融信用信息基础数据库的建设、运行和维护。"❸ 对个人信息隐私权进行合理保障，以杜绝互联网公司低成本获取和违规使用。信用体系应着眼于循环体系，需要对金融征信、行政管理征信、商业

---

❶ What is the CRS？[EB/OL]. http：//www.oecd.org/tax/automatic - exchange/common - reporting - standard/.

❷ International Organization of Securities Commissions and IFRS Foundation：Statement of Protocols for Cooperation on International Financial Reporting Standards [EB/OL]. (2016 - 05 - 14) [2019 - 03 - 20]. https：//www.iosco.org/publications/? subsection = agreements_ with_ other_ institutions.

❸ 袁新峰. 关于当前互联网金融征信发展的思考 [J]. 征信, 2014 (1)：42.

征信体系信用信息有效期逐步动态化。此外，须注重交易资金真实，确保为市场提供合法、合理的流动性。

（3）监管机构遵循信用信息监管的必要和合理原则

监管机构应逐步在监管行为实施中形成交易者信息披露指引，并且与交易者进行协商，以保证监管者从交易所或交易方搜集到足够的信息。国际监管中，独立第三方出具的外部审计、会计报告非常重要，鼓励各国监管部门协调监管，并可以尝试各国公司海外上市、国外指数期货等市场的司法协助、域外管辖。

（二）统摄与权衡：规则和技术同构推进市场治理

（1）推进国际规范和国内规范的兼容

2011年，国际证监会组织发布技术变革对市场完整性与效率的影响及监管建议，涵盖高频交易的监管基础设施准入公平、监管机构的设置、交易控制机制以及对违规行为采取处罚措施等内容。我国应借鉴这一规范中的合理制度进行优化。公共利益为基础，兼顾国际规则兼容性是统摄规则的基础。

在规范完善中应注意如下问题：

首先，交易主体及模型备案。《中国金融期货交易所交易细则》规定了主体及交易模型的备案制度，2015年10月公布《证券期货市场程序化交易管理办法（征求意见稿）》沿袭了这个规范，这种监管备案目的是监控程序化交易以防市场冲击。不可忽视，交易程序开发是科研人员工作的智力成果，源代码容易被抄袭，另外，巨额利润使监管主体看到巨大的利益而被俘获，故此可以考虑在独立第三方进行监控，以确保程序化交易主体的保密性。

其次，诚信原则和公平原则统摄智能合约执行。程序化交易依赖于智能合约的执行，在智能合约生成并发出指令视为要约，权衡交易频率的高低确定挂单最短周期。可以使用监管科技评测是否构成"幌骗"交易。"塞单"是从效率市场角度利用交易物理优势强行交易，在规制时需要慎重。智能投顾中合约实质为电子代理，在合约错误、黑客攻击等情形发生时，应当由合约双方协商处理，这种市场交易考验着双方的协商治理能力。发生合约给市场带来系统性风险时，监管部门则需要对其管制。跨市场套利的研发者多为平台公司，监管者应在实践中不断提高，加强协同监管，有效打击内幕交易和操纵市场。在国际市场中，应当在国际证监会组织监管协作框架下，推动国际监管协作机制。如与设立国内相关资产交易市场的平台公司寻求联合监管，尝试监管规则的域外管辖。

（2）推进监管沙箱和监管科技为中心的技术治理

通过沟通和商谈，尊重创新引导商业规则变化，鼓励监管者与被监管者通过规则指引、谅解备忘录等形式，对金融创新进行保护，利用监管科技（RegTech）对交易进行控制。监管科技将确定的交易规则植入交易所系统中，监控并调整交易。如推动深度学习技术在程序化交易的智能识别与分类方法，对数据集识别和分类。❶ 利用 lnRV – VaR 模型来改进市场风险 β 系数、设立动态保证金水平。❷ 交易所的市场预警和异常交易处置机制还有待完善，对异常程序化交易和高频交易的技术标准通过大数据、云计算的方式逐步生成。尤其是在系统性金融风险可能性较大时，可以采取限定程序化交易阈值区间、临时停止交易和全天停止交易熔断机制。可以考虑通过自然语言处理等形式，实时对交易策略进行解释。❸ 监管者可尝试要求信息披露、经济激励、风控合同等智能规则。

（3）通过规范和技术，推动柔性权衡治理

刚性与柔性规范的兼容，在治理中尊重被监管者的程序性权利，对于规则的量化尽可能权衡市场数据实际，并且充分听取被监管者观点，以求实现二者的协同。这维护了整体性规范，同时又尊重市场选择。不仅符合实质法治的要求，同时也体现了法的审慎性、稳定性和可预测性的基本原

---

❶ 徐广斌，张伟．DeepEye：一个基于深度学习的程序化交易识别与分类方法 [J]．大数据，2018（5）：94 – 102．

❷ 魏建国，李小雪．基于 lnRV – VaR 模型的沪深 300 股指期货风险测度与管理研究 [J]．武汉金融，2015（5）：15 – 18．

❸ 刘珂，蒋哲远．期货程序化环境下模型描述语言解释器的研究与设计 [J]．计算机应用与软件，2018（8）：107 – 112．

理。监管科技还可以还原多市场联动过程中的交易异动的情形，从而识别并控制系统性金融风险。在法律规范路径中，应更多地体现交易实际，并采用《证券法》《刑法》修改或扩大解释方法来解决新的问题。

程序化交易的场域变化和技术变革倒逼监管改革，其中金融制度是核心。互联网金融推动金融脱媒使金融市场内在期限结构、交易结构、风险形式处于深刻变化中。以宏观审慎为基础，信用监管、功能监管、激励监管三位一体，目的在于发现基于社会底层治理体系变革带来的监管矛盾，使刚性的规范逐步弹性化。交易在不断变化发展，这也决定了监管规范不可能一劳永逸。在市场主体知情、参与和表达、监督中，意在逐步改变过往治理中过多适用刚性规范带来的矛盾，使规范逐步贴近事物发展的规律，以求在互联网金融和对外开放场域下，能够形成本国较之于国外的制度比较优势，从而更好地服务经济发展。

结　语

　　经济结构的调整深深地影响着金融行业，在新技术革命下互联网金融也在不断解构和重组，实现对实体经济的匹配，这便需要我们更关注实体经济信号的真实反应、保障基本权利的契约实现、在竞争秩序中的公正价值、监管和规制中的相宜性，从而实现现阶段自身制度的供给，同时也能够应对世界各国制度竞争的需求。在契约自由和商谈语境中，从理念、体系、征信等方面打破金融资源分配失衡的僵局，市场的多元化也在呼唤多元化的规制体系，技术的高度集成也使监管面临市场和治理的双重风险。这一国际性需求也使我国现有科层制体系需要不断地调适，从而构筑一个适应社会中各个阶层和群体内生需求的分布式金融服务的制度体系。党的十九大报告提出了"健全金融监管体系，守住不发生系统性金融风险的底线"和"创新监管方式"两大任务，为我国金融监管体制的改革与创新指明了方向。应立足资本国际化新场域，不断实现金融稳定和监管方式创新。在"创新监管方式"方面，不断提升商谈理念，力求实现良法善治，运用法治思维，主动迎接技术革命，将创新监管作为合规监管与风险监管的必要补充，在不危害金融稳定和竞争秩序的前提下，推动金融科技和互联网金融创新的市场发展；在"守住不发生系统性金融风险的底线"方面，应建立并完善日常的、长效的和动态的监管机制，针对互联网金融和科技金融监管的数据监管特性，以权利体系为核心，在区域风险和行业风险中维护各方主体权益，确保数据搜集的完整性、准确性以及数据分析的合理性、靶向性，对互联网金融和金融科技中大量琐碎且瞬息万变的非结构性信息进行结构化处理，通过多元化的监管措施，维护竞争秩序，促进多元治理手段并用，构建一个以风险技术分析为基础的更为合理的监管架构，以实现维护金融秩序、保持金融稳定、推动金融创新的监管目标。精致的规则体系仍然需要很好地融入现实需求，如何划定规则的弹性实施标准仍有待解决；此外，体制和制度的调适仍需要完善的反馈机制和监督机制，这些机制的优化又需要面向碎片化、多元化的制度设计初衷。这些问题仍有待于在未来研究中加以审慎分析，从而在法治中国背景下实现明智治理。

参考文献

一、外文文献类

[1] Peter Baldwin. The Motorway Achievement: Visualization of the British Motorway System [M]. Thomas Telford Publishing, 2004: 30.

[2] European Commission Press Release Database: Capital Markets Union: Commission supports crowdfunding as Alternative Source of Finance for Europe's Start – ups [EB/OL]. (2016 – 09). http://europa.eu/rapid/press – release_IP – 16 – 1647_en.htm? locale = en.

[3] Minjeong Kim, Chung Joo Chung, Jang Hyun Kim. Who Shapes Network Neutrality Policy Debate? An Examination of Information Subsidizers in the Mainstream Media and at Congressional and FCC Hearings [J]. Telecomunications Policy, 2011, 35 (4): 314 – 324.

[4] Tim Wu. Network Neutrality, Broadband Discrimination [J]. Journal of Telecommunications and High Technology Law, 2003 (2): 141 – 178.

[5] Mark N, Cooper, et al. Open Architecture as Communications Policy Preserving Internet Freedom in the Broadband Era [R]. Stanford: Center for Internet and Society, Stanford Law School, 2004: 102.

[6] Feenberg A. Transforming Technology: Critical Theory of Technology [M]. New York, Oxford: Oxford University Press, 1991: 14.

[7] IMF and FSB. The Financial Crisis and Information Gaps: Second Phase of the G20 Data Gaps Initiative (First Progress Report) [R]. 2016 – 9.

[8] Mishkin, F S. The Predicting Power of the Term Structure of Interest

Rate [J]. Economic Review, 1995 (32): 26 - 351.

[9] Merton R C. Operation and Regulation in Financial Intermediation: a Functional Perspective [G]. //P Endund et al. Operation and Regulation of Financial Markets (The Economic Council, Stockholm), 1993: 7 - 11.

[10] EddyWymeersch, The Structure of Financial Supervision in Europe: About Single Financial Supervisor, Twin Peaks and Multiple Financial Supervisors [J]. The Review of the Economic Studies, 2007 (8).

[11] Corkery, Michael (9 May 2016). "As Lending Club Stumbles, Its Entire Industry Faces Skepticism". The New York Times. Retrieved 10 May 2016.

[12] Gregor Dorfleitner, Lars Hornuf. Matthias Schmitt & Martina Weber, FinTech in Germany [M]. Cham: Springer International Publishing AG, 2017: 5.

[13] Douglas W Diamond & Philip H Dybvig. Bank Runs Deposit Insurance, and Liquidity [J]. Journal of Political Economy, 1983, 91 (3): 401 - 419.

[14] Colchester et al. U. K. Takes Novel Approach on Fintech; Financial Conduct Authority's Regulatory Sandbox is a Way for Companies to Test New Ideas without Being Bogged down by Authorization Process [J/OL]. (2016 - 04 - 11) [2019 - 05 - 19]. Wall Street Journal, http://search.proquest.com/docview/1779864135? pq - origsite = summon.

[15] Financial Conduct Authority, Regulatory Sandbox, November 2015.

[16] Stephany A. The Business of Sharing: Making it in the New Sharing Economy [M]. Palgrave Macmillan, 2015: 2 - 5.

[17] Taeihagh, Araz. Crowdsourcing, Sharing Economies, and Development [J]. Journal of Developing Societies, 2017, 33 (2): 1 - 32.

[18] Hamari Juho. Sjöklint Mimmi, Ukkonen Antti. The Sharing Economy: Why People Participate in Collaborative Consumption [J]. Journal of the Association for Information Science and Technology, 2016, 67 (9): 2047 - 2059.

[19] Sundararajan A. The Sharing Economy: The End of Employment and the Rise of Crowd – Based Capitalism [M]. Mit Press Books, 2016: 1 – 10.

[20] Botsman R, Rogers R. What's Mine is Yours: the Rise of Collaborative Consumption [M]. Harper Collins, 2010: 300.

[21] Reuben Grinberg. Bitcoin: An Innovative Alternative Digital Currency [J]. Hastings Science & Technology Law Journal, 2012, 4 (1): 159 – 208.

[22] Aaron Wright & Primavera DeFilippi, Decentralized Blockchain Technology and the Rise of Lex Ryptographia [J/OL]. SSRN 1213, http://papers.ssrn.com/sol3/papers.cfmabstractid=2580664. (2015 – 05 – 15), //Elizabeth Sara Ross. Nobody Puts Blockchain in A Corner: The Disruptive Role of Blockchain Technology in the Financial Services Industry and Current Regulatory Issues, Catholic University Journal of Law and Technology, 2017, 25 (2): 353 – 386.

[23] MarkFenwick, Wulf A Kaal & Erik P M. Vermeulen, Regulation Tomorrow: What Happens When Technology is Faster than the Law? [J]. American University Business Law Review, 2017, 6 (3): 561 – 594.

[24] Neil Gunningham, Peter Grabosky & Darren Sinclair. Smart Regulation: Designing Environmental Policy [M]. Oxford: Clarendon Press, 1998.

[25] Ian Ayres & John Braithwaite. Responsive Regulation: Transcending the Deregulation – Reregulation Debate [M]. New York: Oxford University Press, 1992.

[26] Cass R. Sunstein, Paradoxes of the Regulatory State [J]. University of Chicago Law Review, 1990, 57: 407.

[27] Stepan Wood & Lynn Johannson. Six Principles for Integrating Non – Governmental Environmental Standards into Smart Regulation [J]. Osgoode Hall Law Journal, 2008, 46 (2): 345 – 396.

[28] SeeStepan Wood & Lynn Johannson. Six Principles for Integrating Non – Governmental Environmental Standards into Smart Regulation [J]. Osgoode Hall Law Journal, 2008, 46 (2): 345 – 396.

[29] Stafford, Philip. Italy Introduces Tax on High-speed Trade and Equity Derivatives [N]. The Financial Times, 2013-09-03.

[30] Ross Alice K, Will Fitzgibbon, Nick Mathiason. Britain Opposes MEPs Seeking Ban on High-frequency Trading. UK fighting Efforts to Curb High-Risk, Volatile System, with Industry Lobby Dominating Advice Given to Treasury [N]. *The Guardian*, 2015-02-02. .

[31] Haldane A G, May R M. Systemic Risk in Banking Ecosystems [J]. Nature, 2011, 469 (7330): 351-355.

[32] Ronald J Gilson. Engineering a Venture Capital Market: Lessons from the American Experience [J]. Stan. L. Rev., 2003: 1067-1077.

[33] Aldridge I. High-Frequency Trading: A Practical Guide to Algorithmic Strategies and Trading Systems [M]. Hoboken: Wiley, 2013: 1.

二、著作及译著类

[34] [法] 昂立·彭加勒. 科学与方法 [M]. 李兴民, 译. 北京: 商务印书馆, 2010: 18.

[35] 苏力. 波斯纳及其他 [M]. 北京: 北京大学出版社, 2018: 14.

[36] [美] 罗斯科·庞德. 法律史解释 [M]. 邓正来, 译. 北京: 商务印书馆, 2016: 232.

[37] 张小强. 网络经济的反垄断法规制 [M]. 北京: 法律出版社, 2007: 27.

[38] W. 钱·金, 勒妮·莫博涅. 蓝海战略——超越产业竞争, 开创全新市场 [M]. 吉宓, 译. 北京: 商务印书馆, 2005: 7.

[39] 何平平, 车云月. 互联网金融 [M]. 北京: 清华大学出版社, 2017: 8.

[40] 李成. 金融监管学 [M]. 北京: 高等教育出版社, 2007: 41.

[41] 高富平, 张楚. 电子商务法 [M]. 北京: 北京大学出版社, 2006: 68.

[42] 马克思恩格斯选集 (第4卷) [M]. 北京: 人民出版社, 2012:

265.

［43］马歇尔·麦克卢汉．古腾堡的群星（The Gutenberg Galaxy）［M］．多伦多：多伦多大学出版社，1962．

［44］马克思恩格斯文集（第1卷）［M］．北京：人民出版社，2009：192.

［45］J T. 哈迪．科学、技术和环境［M］．唐建文，译．北京：科学普及出版社，1984：7.

［46］［英］伯特兰·罗素．西方的智慧［M］．北京：世界知识出版社，1992：362.

［47］［法］卢梭．论科学与艺术［M］．何兆武，译．北京：商务印书馆，1963：9.

［48］［德］马克思．1844年经济学哲学手稿［M］．北京：人民出版社，1985：85.

［49］马克思恩格斯文集（第5卷）［M］．北京：人民出版社，2009：486.

［50］［美］E. 拉兹洛．决定命运的选择：21世纪的生存抉择［M］．李吟波，等，译．北京：三联书店，1997：6.

［51］［德］海德格尔．演讲与论文集［M］．孙周兴，译．北京：生活·读书·新知三联书店，2011：3－37.

［52］陈学明．二十世纪的思想库——马尔库塞的六本书［M］．昆明：云南人民出版社，1989：1.

［53］李桂花．科技哲思——科技异化问题研究［M］．长春：吉林大学出版社，2011：149.

［54］陈振明．法兰克福学派与科学技术哲学［M］．北京：中国人民大学出版社，1992：298.

［55］［美］马尔库塞．单向度的人［M］．刘继，译．上海：上海译文出版社，1989：123.

［56］［德］哈贝马斯．作为"意识形态"的技术与科学［M］．李黎，郭官义，译．学林出版社，1999：38－83.

[57][德]黑格尔．哲学史讲演录（第二卷）[M]．贺麟，王太庆，译．北京：商务印书馆，1959：301．

[58][加]芬伯格．在理性与经验之间：论技术与现代性．高海青，译．北京：金城出版社，2015：6－7．

[59][美]布莱恩·阿瑟．技术的本质[M]．曹东溟，王健，译．杭州：浙江人民出版社，2014：186．

[60][德]哈贝马斯．在事实与规范之间[M]．童世骏，译．北京：生活·读书·新知三联书店，2003：705．

[61][美]哈威尔·杰克逊，小爱德华·西蒙斯．金融监管[M]．吴志攀，等，译．北京：中国政法大学出版社，2003：1004－1005．

[62][法]费尔南·布罗代尔．15至18世纪的物质文明、经济和资本主义[M]（第一卷）．顾良，施康强，译．上海：生活·读书·新知三联书店，1993：566．

[63]许传华，徐慧玲，周文．互联网金融发展与金融监管问题研究[M]．北京：中国金融出版社，2015：3－9．

[64]刘建刚，董琳．互联网金融消费者权益保护法律实务[M]．北京：中国财富出版社，2016：106－112．

[65]邢会强．互联网金融的法律与政策[M]．北京：中国人民大学出版社，2017：30－38．

[66]贲圣林、张瑞东．互联网金融理论与实务[M]．北京：清华大学出版社，2017：40－48．

[67]《辞海》编辑委员会．辞海（缩印本）[M]．上海：上海辞书出版社，1999：2021．

[68]张明楷．刑法学[M]．北京：法律出版社，2011．

[69][英]佩特·E．斯潘瑟．金融市场结构与监管[M]．戴国强，等，译．上海：上海财经大学出版社，2005：7．

[70]刘逖．市场微观结构与交易机制设计高级指南[M]．上海：上海人民出版社，2012：569－583．

三、期刊类

[71] 王怀勇，钟颖．论互联网金融的软法之治［J］．现代法学，2017（6）：94．

[72] 李有星，陈飞，金幼芳．互联网金融监管的探析［J］，浙江大学学报，2014（4）：87

[73] 杨东．互联网金融的法律规制——基于信息工具的视角［J］．中国社会科学，2015（4）：107

[74] 岳彩申．民间借贷的激励性法律规制［J］．中国社会科学，2013（10）：121．

[75] 杨东．互联网金融风险规制路径［J］．中国法学，2015（3）：80－97．

[76] 吴晓灵．互联网金融应分类监管区别对待［J］．IT时代周刊，2013（21）：14．

[77] 叶强，刘作仪，孟庆峰，马涛，张紫琼，熊熊，李建平，文凤华，卢乃吉，郭海凤，李勐．互联网金融的国家战略需求和关键科学问题［J］．中国科学基金，2016，30（2）：150－158．

[78] 王庆功．网络经济条件下的垄断市场与《反垄断法》的完善［J］．社会科学研究，2009（3）：83－88．

[79] 黎四奇．中国普惠金融的囚徒困境及法律制度创新的路径解析［J］．现代法学，2016，（5）：93－103．

[80] 杨东．监管科技：金融科技的监管挑战与维度建构［J］．中国社会科学，2018（5）：69－91

[81] 许多奇．互联网金融风险的社会特性与监管创新［J］．法学研究，2018，40（5）：20－39．

[82] 李真．互联网金融：内生性风险与法律监管逻辑［J］．武汉金融，2014（5）：35－37．

[83] 沈伟，余涛．影子银行的监管逻辑和进路：以影子银行本质属性为切入点［J］．学海，2017（2）：188－195．

[84] 邹军. "网络中立": 美国立法之困及启示 [J]. 现代传播（中国传媒大学学报）, 2014, 36 (12): 123-127.

[85] 高亮华. "技术转向"与技术哲学 [J]. 哲学研究, 2001 (1): 25.

[86] 李桂花, 张媛媛. 超越单向度的人——论马尔库塞的科技异化批判理论 [J]. 社会科学战线, 2012 (7): 30.

[87] 郑戈. 人工智能与法律的未来 [J]. 探索与争鸣, 2017 (10).

[88] 傅强. 监管科技理论与实践发展研究 [J]. 金融监管研究, 2018 (11): 32-49.

[89] 许多奇. 互联网金融风险的社会特性与监管创新 [J]. 法学研究, 2018, 40 (5): 20-39.

[90] 俞思瑛, 季卫东, 程金华, 郑戈, 侯利阳. 对话: 技术创新、市场结构变化与法律发展 [J]. 交大法学, 2018 (3): 55-78.

[91] 宋洋, 徐英东, 张志远. 互联网金融创新与监管双赢: 规避和管制的博弈分析 [J]. 社会科学研究, 2018 (4): 25-31.

[92] 孔明安. 论法律的范式转换及其辩证法——从哈贝马斯的商谈论谈起 [J]. 国外社会科学, 2018 (5): 4-11.

[93] 吴晓求. 股市危机: 结构缺陷与规制改革 [J]. 财贸经济, 2016 (1): 22-32.

[94] 张晓朴. 互联网金融监管的原则: 探索新金融监管范式 [J]. 金融监管研究, 2014 (2): 6-17.

[95] 樊纪伟, 王垚. 高频交易的域外规范与监管及借鉴 [J]. 证券法律评论, 2018: 344-354.

[96] 杨东. 互联网金融风险规制路径 [J]. 互联网金融法律评论, 2015 (2): 22-25.

[97] 吴晓求. 中国金融监管改革: 逻辑与选择 [J]. 财贸经济, 2017, 38 (7): 41.

[98] 温信祥, 叶晓璐. 法国互联网金融及启示 [J]. 中国金融, 2014 (4): 75-77.

［99］叶晓兰．国外网络银行的监管及其借鉴［J］．上海金融学院学报，2008（5）：61-65．

［100］彭志．量化投资和高频交易：风险、挑战及监管［J］．南方金融，2016（10）：84-89．

［101］袁新峰．关于当前互联网金融征信发展的思考［J］．征信，2014（1）：42．

［102］王希军，李士涛．互联网金融推动征信业发展［J］．中国金融，2013（24）：60．

［103］李博，董亮．互联网金融的模式与发展［J］．中国金融，2013（10）：19-21．

［104］黄燕云．P2P网贷发展与监管［J］．中国科技经济新闻数据库，2016（11）：41-43．

［105］郑又源．我国信用评级机构规制与监管问题研究［J］．兰州大学学报（社会科学版），2010，38（6）：126-128．

［106］曹亚廷．P2P网贷与征信系统关系研究［J］．征信，2014（11）：15-18．

［107］付巧灵、韩莉．第三方担保对P2P网贷的风险作用机理［J］．时代金融，2016（4）：169-170．

［108］宋怡欣，吴弘．P2P金融监管模式研究：以利率市场化为视角［J］．法律科学（西北政法大学学报），2016（6）：163-170．

［109］肖凯．论众筹融资的法律属性及其与非法集资的关系［J］．华东政法大学学报，2014（5）：32．

［110］李钰．众筹业务法律解读［J］．金融理论与实践，2014（11）：72-76．

［111］彭冰．非法集资行为的界定——评最高人民法院关于非法集资的司法解释［J］．法学家，2011（6）．

［112］樊云慧．股权众筹平台监管的国际比较［J］．法学，2015（4）：84-91．

［113］顾晨．欧盟众筹市场与监管制度研究［J］．金融法苑，2014

(89)：364-386.

[114] 徐二明，谢广营．互联网普惠金融发展趋向：一种制度性创业视角［J］．中国流通经济，2015，29（7）：61-69.

[115] 施立栋．波斯纳法官谈网约车的规制——伊利诺伊州运输贸易协会诉芝加哥市案［J］．苏州大学学报，2017（4）：153-157.

[116] 熊丙万．网约车业的组织、效应与管制研究［J］．网络信息法学研究，2017（7）：119-145.

[117] 侯登华．共享经济下网络平台的法律地位——以网约车为研究对象［J］．政法论坛，2017（1）：157-165.

[118] 王静．中国网约车的监管困境及解决［J］．行政法学研究，2016（3）：49-59.

[119] 张效羽．试验性规制视角下"网约车"政府规制创新［J］．电子政务，2018（4）：32-41.

[120] 杨东．互联网金融的法律规制——基于信息工具的视角［J］．中国社会科学，2015（4）：107-126.

[121] 侯登华．共享经济下网络平台的法律地位——以网约车为研究对象［J］．政法论坛，2017（1）：157-165.

[122] 李昱哲；梅丽霞．并购重组中互联网企业估值定价问题研究［J］．中国资产评估，2018（4）：20-24.

[123] 王静．中国网约车的监管困境及解决［J］．行政法学研究，2016（3）：49-59.

[124] 杨东，潘曌东．区块链带来金融与法律优化［J］．中国金融，2016（8）：25-26.

[125] 黄锐．金融区块链技术的监管研究［J］．学术论坛，2016，39（10）：53-59.

[126] 朱娟．我国区块链金融的法律规制——基于智慧监管的视角［J］．法学，2018（11）：129-138.

[127] 万国华，孙婷．"区块链+证券"的理想、现实与监管对策研究［J］．上海金融，2017（6）：58-64.

［128］张文显．治国理政的法治理念和法治思维［J］．中国社会科学，2017（4）：40－66．

［129］陈红．ETFs—海外创新经验与中国制度建设［J］．广东金融学院学报，2005（3）：38－42．

［130］周欣．国际期货市场"直接接入市场"（DMA）风险管理举措比较及启示［J］．管理现代化，2009（2）：59－61．

［131］张戈，程棵，陆凤彬，汪寿阳．基于Copula函数的程序化交易策略［J］．系统工程理论与实践，2011，31（4）：599－605．

［132］陈梦根．算法交易的兴起及最新研究进展［J］．证券市场导报，2013（9）：11－17．

［133］郭喜才．量化投资的发展及其监管［J］．江西社会科学，2014，34（3）：58－62．

［134］刘伟，封涌．我国量化基金同质化交易倾向研究［J］．上海金融，2015（4）：83－86．

［135］魏建国，李小雪．基于lnRV－VaR模型的沪深300股指期货风险测度与管理研究［J］．武汉金融，2015（5）：15－18．

［136］李永森．资本市场面临重大制度变革［J］．中国金融，2016（2）：35－37．

［137］邢会强．证券期货市场高频交易的法律监管框架研究［J］．中国法学，2016（5）：156－177．

［138］彭志．量化投资和高频交易：风险、挑战及监管［J］．南方金融，2016（10）：84－89．

［139］樊纪伟．日本应对高频交易的规制及启示［J］．证券市场导报，2018（7）：65－70．

［140］樊纪伟，王垚．高频交易的域外规范与监管及借鉴［J］．证券法律评论，2018：344－354．

［141］徐广斌，张伟．DeepEye：一个基于深度学习的程序化交易识别与分类方法［J］．大数据，2018，4（5）：94－102．

［142］刘珂，蒋哲远．期货程序化环境下模型描述语言解释器的研究

与设计 [J]. 计算机应用与软件, 2018, 35 (8): 107-112.

[143] 路一. 程序化交易在中国资本市场的发展现状、问题及建议 [J]. 中外企业家, 2015 (1): 106.

[144] 李永森. 资本市场面临重大制度变革 [J]. 中国金融, 2016 (2): 35-37.

[145] 周欣. 国际期货市场"直接接入市场"(DMA) 风险管理举措比较及启示 [J]. 管理现代化, 2009 (2): 59-61.

[146] 刘鹏. 自由与管制的均衡——以风险资本投资网约车市场制度为视角 [J]. 经济问题, 2018 (12): 117-123.

[147] 刘伟, 封涌. 我国量化基金同质化交易倾向研究 [J]. 上海金融, 2015 (4): 83-86.

[148] 袁新峰. 关于当前互联网金融征信发展的思考 [J]. 征信, 2014 (1): 42.

[149] 刘珂, 蒋哲远. 期货程序化环境下模型描述语言解释器的研究与设计 [J]. 计算机应用与软件, 2018 (8): 107-112.

四、学位论文类

[150] 罗昕. 美国网络中立规制研究: 脉络、实质与启示 [D]. 武汉: 华中科技大学, 2012.

[151] 穆海韬、黄连慧. "双重"市场化背景下信用评级业转型监管研究 [D]. 昆明: 中国人民银行昆明中心支行, 2016.49-53.

[152] 马刘霞. 对我国信用评级行业监管体系的探讨 [D]. 太原: 中国人民银行太原中心支行, 2016.30-32.

[153] 周雪梅. 次级债危机对我国证券期货市场信用评级业发展的启示 [D]. 杭州: 浙江大学, 2015: 147-150.

[154] 赵恒吉. 论新形势下我国 P2P 网络贷款平台的风险与监管 [D]. 沈阳: 辽宁大学, 2014: 330.

[155] 余及尧. 互联网金融财务困境预警与监管对策 [D]. 福州: 中国人民银行福州中心支行, 2016: 43.

五、其他类别

[156] 国家信息中心信息化研究部. 中国分享经济发展研究报告 [R] [EB/OL]. (2019-02-28) [2019-06-04] http://www.cnnic.net.cn/2017.

[157] 郑伟彬. 美国废除"网络中立"原则，影响几何？[EB/OL] (2017-12-18) [2018-07-06]. http://www.bjnews.com.cn/opinion/2017/12/18/468990.html.

[158] 牛琪、缪晓娟. 中国回应谷歌事件强调互联网企业依法运营 [EB/OL]. (2010-1-14). [2018-10-28]. http://finance.ifeng.com/news/tech/20100114/1709886.shtml.

[159] 吴思. 互联网金融监管研究系列：英国P2P的发展状况 [EB/OL]. http://news.hexun.com/2016-01-25/182005015.html

[160] 李冰：以"科技应对科技"成金融监管新趋势 互联网巨头扎堆布局监管科技 [EB/OL]，证券日报，2019-03-01（B1）. https://news.p2peye.com/article-535954-1.html.

[161] 刘丽. 央行指导意见明确股权众筹定位强调"公开小额"发展方向 [J/OL]. 经济参考网，2015-07.

[162] 谢平，邹传伟. 互联网金融模式研究 [R]. 北京：中国金融四十人论坛，2012.

[163] 国家信息中心信息化研究部. 中国分享经济发展研究报告 [R/OL]. (2017-09-11) [2018-06-20]. 2017. http://www.cnnic.net.cn/.